北京联合大学“高参小”项目

快乐艺术体操

姚明焰　朱艳　主编

北京体育大学出版社

策划编辑：吴　珂
责任编辑：吴　珂
责任校对：凯　瑞
版式设计：李　鹤

图书在版编目（CIP）数据

快乐艺术体操 / 姚明焰, 朱艳主编. -- 北京 : 北京体育大学出版社, 2018.6
ISBN 978-7-5644-2951-5

Ⅰ. ①快… Ⅱ. ①姚… ②朱… Ⅲ. ①艺术体操－小学－教学参考资料 Ⅳ. ①G624.81

中国版本图书馆CIP数据核字(2018)第133406号

快乐艺术体操　　**姚明焰　朱艳　主编**

出版发行：北京体育大学出版社
地　　址：北京市海淀区农大南路1号院2号楼4层办公B-421
邮　　编：100084
网　　址：http：//cbs.bsu.edu.cn
发 行 部：010-62989320
邮 购 部：北京体育大学出版社读者服务部 010-62989432
印　　刷：北京虎彩文化传播有限公司
开　　本：710mm × 1000mm　1/16
成品尺寸：170mm × 240mm
印　　张：14
字　　数：258千字
版　　次：2018年6月第1版
印　　次：2019年11月第1次印刷
定　　价：40.00元

丛书编委会

本书编委会

前 言

近年，北京市小学阶段生源数量呈现明显上升趋势，为破解“入学难”“择校热”“质量不均衡”等难题，提升普通学校办学水平，北京市通过高校、社会力量参与小学体育美育特色发展工作（简称“高参小”），打破高校与小学“关门办学”的“高墙”，促进校际互动，提升教育均衡。截至目前，已有140余所小学与高校、艺术院团和艺术机构、体育俱乐部等构成“对子”，在融合教学、课外活动、互动教研等方面取得了初步成效。

“高参小”项目进一步加强高校与中小学生的联系与合作，帮助中小学开展特色发展和建设，形成向真、向善、向美、向上的育人氛围，形成小学教育质量的新均衡，该项目的开展能够推动和引导义务教育阶段小学音乐、体育、文艺工作科学、有序地发展，帮助中小学在音、体、美等方面构成体系，具备能力，全面提升素质教育的能力，提高学校的办学水平和教育质量，因此具有非常重要的意义。

为进一步深化北京高校、社会力量参与北京市小学体育、美育发展工作内涵，积极推动“高参小”项目深入发展，北京联合大学体育团队通过分析美国学校的体育改革计划的真实案例及百项科学研究成果，对约翰·瑞迪、埃里克·哈格曼在《运动改造大脑》提出的科学理念进行了实践内容的注入，让学生、家长、教师了解到运动不仅能健身、锻炼肌肉，还能锻炼大脑。丹麦葛莱体育学院倡导的“游戏就是生活，让我们打造积极的生活方式”这一教学理念特别适合学前体育和小学体育课程，让孩子在快乐中自发地享受体育运动，为此，北京联合大学体育团队经过开课前深入的调查研究，将最前沿的运动课程与我国小学教学的实际现状进行了合理的调整与融合，通过国内业界顶级教师团队的专项技术与理论优势，推出《快乐艺术体操》《快乐啦啦操》《快乐踏板操》《快乐足球》《快乐体操》五种深受少年儿童喜欢的项目教材。本套教材以“新”“活”“奇”为特点，从学生的接受能力出发，以深入浅出的教学方法，达到培养学生参与体育锻炼、探索和学习体育项目技能兴趣的目的。

未来，北京联合大学体育团队将推出更多优秀体育课程案例与教材，融入北京市教委高校、社会力量参与小学体育、美育发展工作教育教学改革的活动中，让创新的课程设计与小学学生的年龄特点相结合，通过运动塑造学生的心智，让孩子更聪明、更强壮、更快乐、更幸福！

此外，要特别感谢中国体操协会、北京市海淀区体操健美操协会、北京师范大学、北京体育大学、北京农业大学的专家在本套书的编撰过程中给予的大力支持与帮助！

目　录

第一章　校园快乐艺术体操基础知识 / 1

第一节　认识艺术体操 / 1

第二节　艺术体操与轻器械 / 2

第三节　艺术体操与音乐 / 5

第二章　校园快乐艺术体操基本功练习 / 7

第一节　艺术体操柔韧练习 / 7

第二节　艺术体操力量练习 / 13

第三节　艺术体操垫上技巧练习 / 19

第三章　校园快乐艺术体操身体练习 / 26

第一节　身体基本动作与组合 / 26

第二节　徒手体操成套练习 / 78

第四章　校园快乐艺术体操器械练习 / 109

第一节　器械基本动作与组合练习 / 109

第二节　器械成套动作练习 / 139

第五章　校园快乐艺术体操成套动作创编方法 / 187

第一节　成套动作创编的基本原则 / 187

第二节　成套动作创编的基本要素 / 189

第三节　成套动作创编的基本步骤 / 192

第六章　校园快乐艺术体操教学与指导方法 / 195

第一节　校园快乐艺术体操的教学方法 / 195

第二节　艺术体操教学指导建议 / 198

第七章　校园快乐艺术体操教学文件编写范例 / 200

第一节　艺术体操教学大纲编写范例 / 200

第二节　艺术体操教学进度编写范例 / 210

第一章 校园快乐艺术体操基础知识

第一节 认识艺术体操

艺术体操是一项优美的体育运动项目，被形象地称为“地毯上的芭蕾”。艺术体操是一项在音乐的伴奏下，运用柔韧、波浪、跳跃、转体和配合等身体动作，配合绳、圈、球、棒、彩带等轻器械动作而进行的体育运动。艺术体操根据不同练习目的和内容难易程度，分为大众艺术体操和竞技艺术体操两类。

大众艺术体操主要在学校的课内外体育活动中开展，不受场地、时间、环境、音乐、人数、器械等因素的限制，不仅可以徒手练习，还可运用丰富多样的轻器械进行练习。轻器械不仅包括绳、圈、球、棒、带，还包括纱巾、扇子、彩旗、体操棍等简单易操作的器械。大众艺术体操的练习目的，主要是锻炼身体，培养动作美、形体美，促进身心健康发展，提高审美能力。

竞技艺术体操是指具有高难度、高水平的比赛项目，分为个人项目和集体项目。个人比赛项目包括绳操、圈操、球操、棒操、带操五项器械。根据国际体操联合会规定，每次个人比赛只选择五项器械中的四个项目进行比赛。个人项目成套动作时间为1分15秒至1分30秒。集体项目由五名运动员完成，比赛由两套器械动作构成，一套为同种器械，另一套为两种不同器械，比赛时间为2分15秒至2分30秒。正式的艺术体操比赛对场地也有规范的要求，要求在高6米以上、13米×13米的场地上进行比赛。竞技艺术体操的练习目的主要是在竞赛中获得好成绩。

第二节　艺术体操与轻器械

手持轻器械做动作是艺术体操的特征，也是进行艺术体操练习和竞赛的主要内容。当徒手练习有了一定基础后，可进行手持轻器械的练习。手持轻器械一般可做不同形式的举、摆动、绕环、“8”字动作、抛、接、转动、滚动、拍/击、从器械中、上、下通过等器械动作。练习时要求器械动作是身体动作的一部分，与身体动作和谐一致。由于手持器械做动作加大了动作难度、幅度和运动强度，通过轻器械练习能进一步发展小肌肉群的控制力和准确性，提高身体的协调性、韵律感和表现力。

艺术体操轻器械根据练习者的年龄特点，分为儿童艺术体操器械和成人艺术体操器械两种，也有的分为大、中、小号三类不同型号的器械。本节主要介绍适合小学生应用的绳、圈、球、棒、带、纱巾器械及其基本应用方法。（表1）

表1 儿童艺术体操器械规格

名称	器械	规格
绳		1. 儿童绳的长短根据练习者的身高而定。绳两端各打一个结，双脚踩绳中段，双脚分开与肩同宽，手持绳头至腋窝下。 2. 绳的材料为棉、麻或合成纤维。
圈		1. 儿童圈内径为70~75厘米，重量最多300克。 2. 圈的材料一般为塑料。
球		1. 儿童球直径为16.5厘米，重量300~320克。 2. 球的材料为橡胶。

续表

名称	器械	规格
棒		1. 儿童棒长36~40厘米，重量110~150克。 2. 棒的材料为塑料或合成橡胶。
带		1. 儿童彩带棍长50厘米，带长5米。 2. 彩带棍与带之间用尼龙绳或金属链连接。棍为玻璃纤维；带为绸缎。
纱巾		1. 儿童纱巾长为1.8米，宽为1米。 2. 纱巾的材料为轻薄的尼龙纱。

一、绳

绳是最长应用的艺术体操项目之一。绳子长而细软，通过绳的练习，有助于培养人体灵巧、快速、协调性和准确性等身体素质和运动能力。跳绳在我国民间广泛开展且历史悠久，具有较好的锻炼基础。

绳的基本技术有：摆动、转动、绕环、“8”字绕、过绳小跳和过绳大跳、抛、接、小抛绳的一端、缠绳等。绳的技术质量要求器械运用正确，手持绳的两端，并注意绳形、运动面等。

二、圈

圈是一项具有较高锻炼价值的运动项目。通过圈的练习，有助于培养人体灵巧、快速、协调性和准确性等身体素质和运动能力。和跳绳运动一样，呼啦圈运动在我国大众体育锻炼中，具有良好的群众基础。

圈在艺术体操器械中属于幅度最大、动作变化最多的一种轻器械。根据圈的自身特点，除了可以做摆动、绕环、“8”字绕之外，还可以做转动圈、翻转圈、旋转圈、滚动圈、钻过圈或跳过圈等技术动作。此外，在抛接技术上可以使用不同的器械面，如垂直面上抛、水平面上抛、斜面上抛、旋转抛等。

圈的基本动作有：滚动（身上或地面）、转动（绕一手或绕身体的某一部分转动，绕圈的轴转动，圈在地面上或在身体某一部位上转动或是悬空转动）、抛、接、从圈中穿过、圈上动作或圈上通过、摆动、绕环、“8”字动作等。圈的技术质量要求器械应用正确，圈的运动面平稳准确、圈滚动流畅、圈转动的速度均匀等。

三、球

球深受儿童的喜爱，球操动作具有滚动、反弹等特性，所以动作幅度大，优美流畅而有节奏感，对发展儿童身体的灵巧性、协调性、柔韧性，提高动作的准确性、方位感和反应速度具有很好的作用。

一套球操，除了拍球、抛球、滚球等基本动作外，还可保持球在手上平衡做绕环、螺旋和“8”字绕动作。做球的各种动作时，要求练习者与球尽量处于运动状态，同时与各种舞蹈步、身体波浪、跳步、转体、平衡等身体动作紧密配合，使球操动作更具有弹性和动力性。

球的基本动作有：抛、接、拍球、滚动（身上或地面）、反弹、摆动、绕环、“8”字绕、翻转、球在一只手上或身体某一部位保持平衡等。球的技术质量要求器械运用正确，拍球有节奏，滚动平稳流畅，抛球时动作舒展、接球时有缓冲等。

四、棒

棒是艺术体操中较难掌握的器械之一，它是唯一用两只手同时操纵两个器械的项目，并要求练习者左右手都要熟练掌握。由于棒的动作的多样性和复杂性，要求练习者具有高度集中的注意力和快速的反应能力。通过棒的各种练习可以提高运动员的节奏感、灵敏性、协调性，增强上肢肌肉力量和小肌肉群的控制力。

棒的基本动作包括：各种小绕环、小五花、摆动、绕环、“8”字绕、抛、接、滚动、敲击及不对称动作等。棒的典型技术是小绕环和五花动作。棒的技术质量要求器械运用正确，棒的运动面平稳准确、转动速度均匀及正确的握棒方法。

五、带

带是艺术体操项目中最具动感和大幅度的项目，带操动作柔软、飘逸，流动感强，深受女性的喜爱。它可作为比赛项目，又可作为表演项目，更可以通过带操的练习激发练习者的浓厚兴趣，以达到健身的目的。持带练习不仅可以发展肩部、臂腕的力量，也可以发展上肢关节的灵活性、协调性。

带的基本动作包括：蛇形、螺形、摆动、绕环、“8”字绕、抛、接、小抛、从带的图形中或图形上通过等动作。带的技术质量要求器械运用正确，带的形状清晰、流畅，运动面及握带方法正确，身体动作幅度大。

六、纱　巾

纱巾是大众艺术体操器械之一，纱巾主要作为锻炼和表演项目，在学校课堂教学、运动会、大课间及文体活动的展演中，被广泛采用。纱巾质地柔软、飘逸，具有良好的锻炼和表演效果，深受女生的喜爱。纱巾操可有效培养学生身体的柔韧性、韵律感和协调性。

纱巾的基本动作包括：摆动、绕环、“8”字绕、抖动、抛接纱巾等动作。纱巾的技术质量要求动作流畅、连贯、飘动不息，避免做过急过快的动作和突然改变纱巾运动轨迹、运动速度的动作。

第三节　艺术体操与音乐

音乐是艺术体操的灵魂，动作表现音乐，音乐烘托动作。艺术体操的各种练习和成套动作都在音乐伴奏下完成。身体的摆绕、波浪、跳跃、平衡、转体等基本动作，在节奏明快、旋律优美的音乐配合下，使身体动作更具节奏感和表现力，同时器械动作的完成也更加准确、灵活、有动感。

在艺术体操比赛中，每套动作都要求有音乐伴奏，没有音乐伴奏的比赛成套动作将不予以评分。艺术体操个人成套动作的音乐时间一般为1分15秒至1分30秒，集体成套动作的音乐时间为2分15秒至2分30秒。低龄儿童的艺术体操比赛，音乐的时间一般剪辑在1分00秒至1分15秒。一般情况下，动作风格需符合音乐的整体情绪，而且在比赛的成套动作中一般要有三组与音乐节奏相关的舞步来表现动作与音乐的关系，这充分体现了音乐在艺术体操中的重要性。

小学生艺术体操一般选择节奏明快、清晰，旋律优美活泼的音乐。音乐的时间长短和节奏的强弱与快慢，代表着成套动作的长短度、动作速度和运动强度；音乐的风格直接影响着成套动作的整体风格。

第二章
校园快乐艺术体操基本功练习

第一节　艺术体操柔韧练习

柔韧练习是艺术体操基本功练习的重要内容。在有训练的情况下，小学生的柔韧素质很容易得到发展和增强。如果不具备良好的柔韧性，就会影响到艺术体操基本动作的完成，影响到动作的幅度、美观和表现力。

在艺术体操训练中，发展柔韧素质的方法一般较简单，最基本的方法是伸拉法。伸拉法可分为动力伸拉法和静力伸拉法两种。动力伸拉法是指有节奏地对身体某部位反复做伸展性或牵拉性动作练习，使肌肉、韧带逐渐地被拉长。静力伸拉法是指当身体某部位的肌肉、韧带被拉长到一定程度的时候，保持静止不动，使被伸拉部位的肌肉、韧带持续地被拉长，从而有效发展身体的柔韧性。在艺术体操柔韧练习中，一般动力伸拉法与静力伸拉法交替进行。练习的形式多种多样，如可扶把练习或利用外部阻力的拉伸练习等。

一、肩部柔韧性练习

肩关节柔韧性对增大上肢动作的幅度和提高动作的优美性具有重要的意义。发展肩部柔韧性的主要练习方法如下。

（一）跪式压肩

两腿跪立，大腿垂直于地面，上体前屈，两臂前伸着地（低头，尽量使肩接近地面），有节奏地向地面振动拉伸肩部韧带（图2-1-1-1）。

练习提示：大小腿成90° 夹角，臀部不能后坐，可将手臂置于高物之上，低头向地面振动（图2-1-1-2）。

图2-1-1-1

图2-1-1-2

（二）持绳转肩

直立，两手持绳两端，与肩同宽上举（图2-1-1-3）。两肩同时经上向后绕环至体后下举（图2-1-1-4），再向前绕环、还原。

练习提示：可根据练习者的柔韧程度调整握绳的宽度，两肩同时用力绕环，避免两肩不均衡用力、依次绕环。

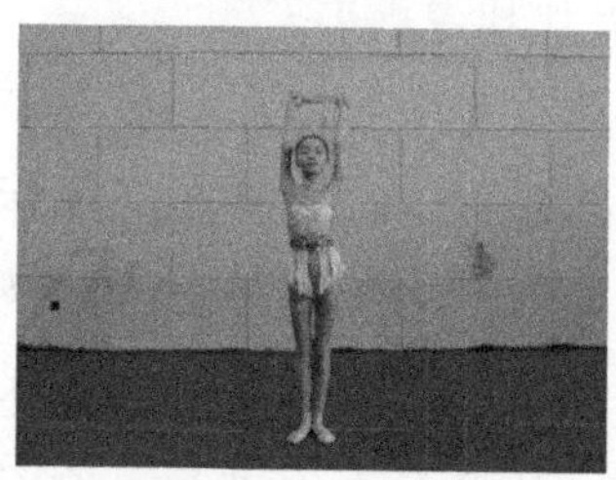

图2-1-1-3

图2-1-1-4

（三）两臂振肩

直立，收腹立腰，两手十指交叉相握，两臂伸直上举（掌心向上），肩部发力向后振动（图2-1-1-5）。

练习提示：肘关节伸直，两肩同时用力向后振动。

图2-1-1-5

二、胸腰柔韧性练习

胸腰柔韧性对掌握艺术体操身体波浪、摆动绕环以及体后结环等动作非常重要，并对表现力也有着特殊的意义。

（一）跪式压胸

两腿跪立，大腿垂直于地面，上体前屈，抬头，尽量使胸接近地面，两臂前伸着地，有节奏地向地面振动（图2-1-2-1）。

练习提示：大小腿成90°夹角，臀部不能后坐，可将手臂置于高物之上，抬头向地面振动（图2-1-2-2）。

图2-1-2-1

图2-1-2-2

（二）仰卧推起成桥

屈膝分腿仰卧，两臂屈肘于肩后撑地（手指冲向脚的方向），两手推地成直臂支撑，同时两脚蹬地、腰腹上顶成下腰状（图2-1-2-3、图2-1-2-4）。

练习提示：两腿用力蹬直膝关节，增大胸、腰弯度。顶起过程不要低头，推起顶髋抬头。可由辅助者扶住练习者腰部两侧协助完成顶桥动作。

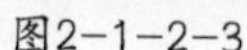

图2-1-2-3

图2-1-2-4

（三）劈叉下腰

两腿前后分开成纵叉，前脚尖向外旋，后腿尽量贴地，上体后屈，异侧手或双手握住脚踝（图2-1-2-5）。

练习提示：上体后屈下腰时，保持前腿脚踝外旋，保持身体稳定。可将腿部架于高物之上以增加难度完成练习（图2-1-2-6）。

图2-1-2-5

图2-1-2-6

三、下肢柔韧性练习

下肢的柔韧性对增大下肢运动幅度、提高动作完成的质量和优美感具有直接的作用。

（一）体前屈

直腿坐立于地面，两臂上举，上体向前屈抱住腿，背部伸直（图2-1-3-1）。

练习提示：膝关节伸直，背部挺直，向下振动贴于大腿。也可将腿部放于高物之上以增加难度（图2-1-3-2）。

图2-1-3-1

图2-1-3-2

（二）纵　叉

由站立开始，直腿向前后滑动分腿至前、后腿全部贴地（图2-1-3-3）。

练习提示：髋部坐正，脚面外开，后腿膝关节伸直。可分别将前后腿放于高物上以提升难度（图2-1-3-4）。

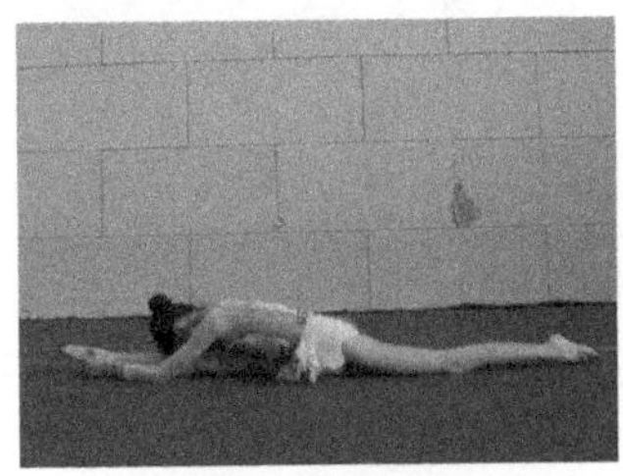
图2-1-3-3

图2-1-3-4

（三）横　叉

由站立开始，分腿滑下至两腿贴地，脚尖向外旋，两脚后跟与臀部在一条线上（图2-1-3-5）。

练习提示：脚踝外旋，膝关节伸直，身体保持平衡。也可以屈膝或者在腿部架高物来以提升难度（图2-1-3-6、图2-1-3-7）。

图2-1-3-5

图2-1-3-6

图2-1-3-7

四、脚背柔韧性练习

脚背的柔韧性和灵活性以及外展控制能力，不仅有利于提高转体和平衡动作时的立踵高度和稳定性，同时使腿部外形显得更加美观。

（一）压脚背

跪立，双膝离地，脚背贴于地面，膝关节垂直于地面，脚跟并拢，臀部坐于脚跟处，两手体侧撑地（图2-1-4-1）。

练习提示：重心落于脚，踝关节伸直且并拢。初学者可单腿依次完成（图2-1-4-2）。

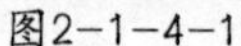

图2-1-4-1

图2-1-4-2

（二）足尖立

直立，脚趾发力提踵站立，膝关节伸直，脚后跟夹紧，有节奏地提踵下压或有控制地提踵站立（图2-1-4-3）。

练习提示：脚趾发力，保持身体平衡，将脚踝立到最高点。

图2-1-4-3

第二节　艺术体操力量练习

力量素质是艺术体操能力练习中重要的内容之一，它在很大程度上影响着动作完成的速度和力度表现。力量包括绝对力量、速度力量及力量耐力。艺术体操对弹跳力、腰腿的控制力具有特殊的要求。

在艺术体操力量练习中，主要方法为阻抗练习法。阻抗练习主要分为两大类：一类是克服自身体重（或某部位身体重量）的练习，如支撑类、俯卧撑、跳跃类等练习；另一类是克服外部器械阻力的练习，如哑铃、弹力带、沙袋等练习。每一种练习的次数、组数、节拍或支撑控制的时间代表了练习的负荷量与强度。

一、上肢力量练习

（一）跪卧撑

两膝跪于地面，两手撑地，与肩同宽。两臂屈肘至90°（重心前移至两臂背部挺直下压），然后两臂推直，上体抬起（图2-2-1-1、图2-2-1-2）。

练习提示：腿、臀、背部保持一条直线，腹部收紧，颈部保持直立。在练习初期，可由辅助者扶住腰部两侧协助完成，也可加难变成俯卧撑。

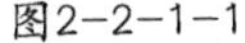

图2-2-1-1

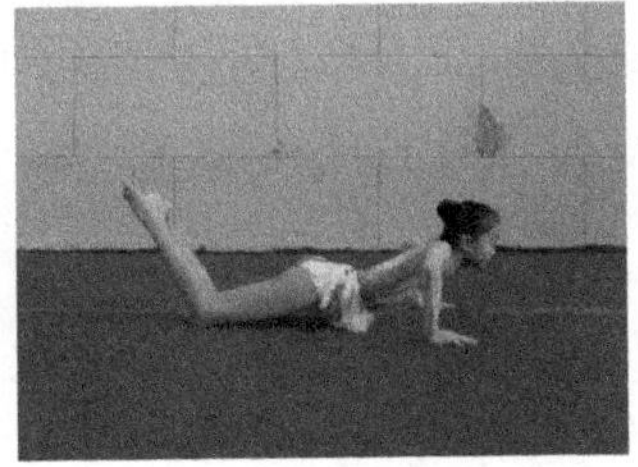

图2-2-1-2

（二）仰卧撑

直腿仰卧，两臂于肩侧撑地（手指尖指向脚的方向），肩部向侧外展，腹部挺起成仰撑（图2-2-1-3）。

图2-2-1-3

练习提示：手臂支撑要有力，身体尽量向上顶起，收紧臀部、腰部，挺胸、抬头、展肩，成反弓形。可由辅助者扶住练习者腰部两侧协助完成。

二、躯干腰腹肌力量、背肌力量

（一）仰卧起上身

仰卧，直腿或屈膝，两臂上举。用力收腹，抬起上体（同时两臂向前抬至上举），然后控制还原（图2-2-2-1、图2-2-2-2）。

练习提示：两腿保持不动，腹部发力，有控制地抬起和躺下，练习初期可由辅助者固定其脚踝完成此练习。

图2-2-2-1

图2-2-2-2

（二）仰卧两头起

仰卧，两臂上举，两腿伸直并拢。收腹，上体与两腿同时抬起，收腹成直角坐，两手触及脚尖后控制还原（图2-2-2-3）。

练习提示：腹部始终收紧，手脚配合协调，身体控制平稳，脚尖、膝盖绷直。

图2-2-2-3

（三）仰卧举腿

仰卧，两臂侧举或上举，两腿伸直向上抬起，抬至垂直于地面后有控制地还原（图2-2-2-4）。

练习提示：腹肌用力，两腿膝关节、脚面绷直，有控制地还原。

图2-2-2-4

（四）俯卧两头起

图2-2-2-5

俯卧，两臂上举，两腿伸直。两腿上举的同时挺胸抬头起上体，然后还原成俯卧（图2-2-2-5）。

练习提示：背肌紧张用力，上体和两腿同时上抬，动作协调，幅度尽量大。

（五）俯卧结环

图2-2-2-6

俯卧，两臂上举，上体抬起，抬头挺胸的同时，两腿屈膝后举，两手尽力抓住两脚踝部或小腿中部，脚尖触及头后部（图2-2-2-6）。

练习提示：背肌发力，大腿尽量上抬。

（六）俯卧起上体

图2-2-2-7

俯卧，两臂上举，经体侧绕至上举，同时上体抬起至垂直位，然后还原（图2-2-2-7）。

练习提示：抬起上体时，腿保持稳定并贴于地面。初学者可由辅助者固定脚踝后完成此练习。

（七）俯卧后举腿

图2-2-2-8

俯卧，上体保持不动，两腿伸直并拢，一腿或两腿尽量向后上方抬起，然后还原（图2-2-2-8）。

练习提示：膝关节伸直，背肌用力，腿尽量向上摆动，不要掀胯。

三、腿部爆发力练习

（一）直体跳

直立，稍屈膝、蹬地直体跳起，空中膝关节脚面绷直，两臂随之摆动（图2-2-3-1）。

练习提示：脚趾发力蹬地跳起。腰腹收紧，空中保持重心稳定，落地稍屈膝缓冲。

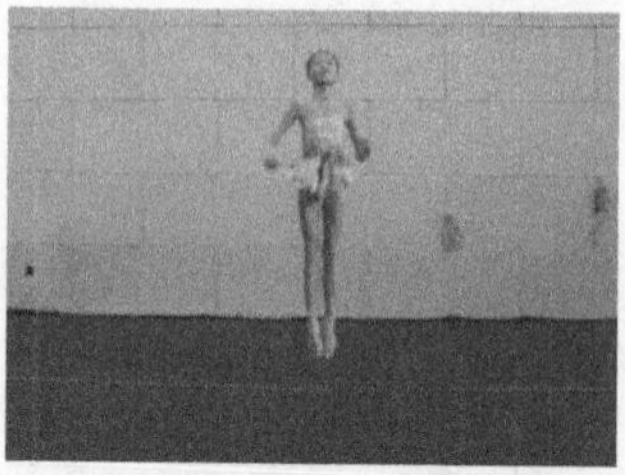

图2-2-3-1

（二）团身跳

直立，稍屈膝缓冲，蹬地跳起，空中收腹提膝，两臂随之摆动（图2-2-3-2）。

练习提示：脚趾发力蹬地跳起。空中快速收腹屈膝抬腿，膝关节尽量贴于胸部，蹬腿伸直，同时收腹拔腰，稍屈膝缓冲落地。

图2-2-3-2

（三）仰卧踢前腿

仰卧，两臂侧举，右（左）腿贴于地面，左（右）腿伸直向上踢腿（腿稍向外旋）（图2-2-3-3、图2-2-3-4）。

练习提示：髋部贴于地面，腹部和大腿发力上踢，注意贴于地面的腿不要离开地面。

图2-2-3-3

图2-2-3-4

（四）侧卧踢侧腿

身体向左（右）侧卧，左（右）臂屈肘撑于地面，右（左）臂扶于腹前，右（左）腿外旋，膝关节伸直踢于耳后（图2-2-3-5、图2-2-3-6）。

练习提示：踢腿时，保持重心稳定，腰腹、臀部夹紧，不要前倾或后仰。

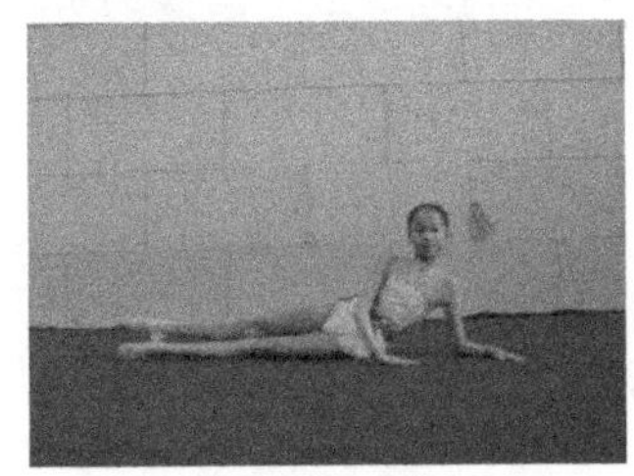

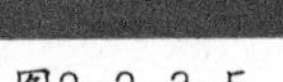

图2-2-3-5

图2-2-3-6

（五）跪撑踢后腿

跪撑，右（左）腿外旋后伸，两臂伸直抬头、挺胸同时向上踢后腿，使头部尽量贴近大腿（图2-2-3-7、图2-2-3-8）。

练习提示：支撑腿的大腿与小腿成90°，踢腿时保持重心稳定，不要掀胯，脚面、膝盖绷直。

图2-2-3-7

图2-2-3-8

四、脚踝练习

（一）提　踵

直立，脚趾发力提踵站立。膝关节伸直，脚后跟夹紧，有节奏地完成提踵、下压，或有控制地提踵站立（图2-2-4-1、图2-2-4-2）。

练习提示：脚趾发力，收腹立腰保持身体平衡，将脚踝立到最高点。可单腿依次完成提踵练习。

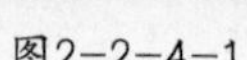
图2-2-4-1

图2-2-4-2

（二）单足小跳

单腿站立，另一条腿屈膝。站立腿脚趾发力蹬地向上跳起，两臂随之向上摆动（图2-2-4-3）。

练习提示：跳起后蹬地腿充分伸直绷脚面，落地缓冲再继续跳起。可借助垫子泄力增大难度。

图2-2-4-3

（三）跳　绳

直立，双脚蹬地跳起，空中膝关节脚面绷直，落地缓冲再跳起（图2-2-4-4）。

练习提示：脚趾发力蹬地跳起，可改变跳绳动作调节难度（图2-2-4-5）。

图2-2-4-4

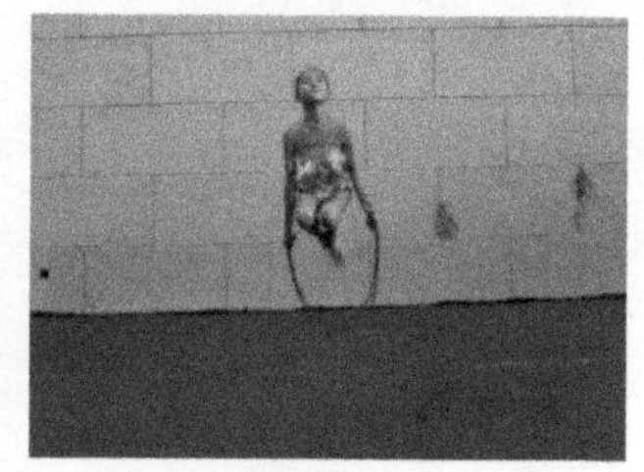
图2-2-4-5

第三节　艺术体操垫上技巧练习

技巧动作是艺术体操动作中的一类。艺术体操的技巧动作主要是采用垫上支撑移动，单臂、双臂过渡性支撑（不能有停顿），双腿不经垂直部位通过的动作，一般用得较多的是通过单臂或双臂过渡性支撑滚过去的动作或经过肩、胸支撑的翻转动作，如前滚翻、侧滚翻、侧手翻、前软翻等。本教材选用了部分艺术体操常用而简单的小技巧动作，学生在运动实践中，还可进一步发展更多更美的小技巧动作。在进行小技巧动作练习时，徒手掌握后，可持轻器械进行反复练习。

一、前滚翻

蹲立，两手向前撑地，两脚蹬地，同时提臀、屈臂低头，使头后部、背、腰、臀依次着地，同时团身，两手抱膝。当臀部着地时，上体起，同时一腿屈膝外开，另一腿屈膝踩地，两手自然扶于体侧（图2-3-1-1至图2-3-1-4）。

练习提示：滚动过程中，含胸团身，让整个滚动过程圆滑。

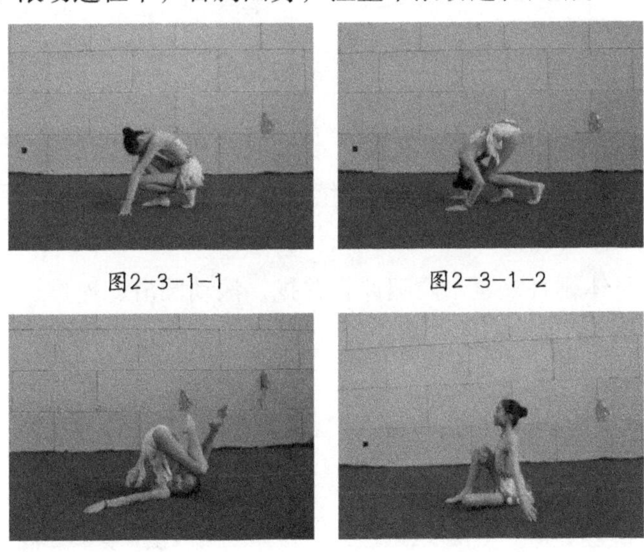

图2-3-1-1　图2-3-1-2

图2-3-1-3　图2-3-1-4

二、侧滚翻

跪姿预备，两臂前伸撑地，臀部向右（左）坐于地面，右肩、背部着地，屈膝团身，继续向右（左）滚动，右（左）手推地成跪姿还原（图2-3-2-1至图2-3-2-4）。

练习提示：滚动时充分收腹含胸团身，肩、背部滚动圆滑连贯。

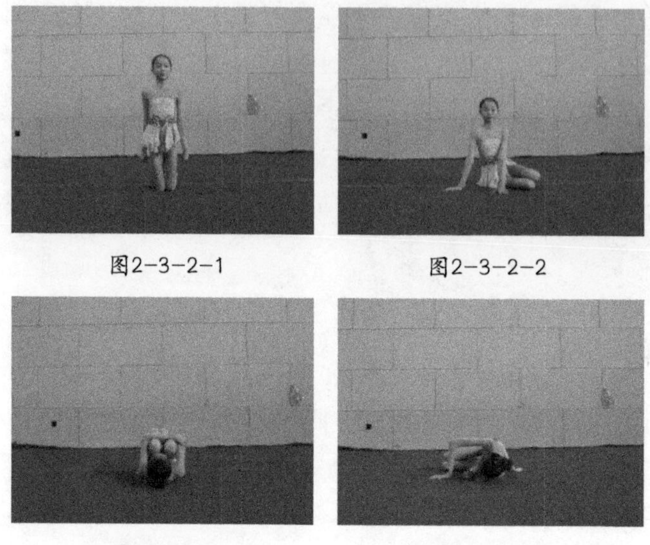

图2-3-2-1　图2-3-2-2

图2-3-2-3　图2-3-2-4

三、仰卧直体侧滚

仰卧，两臂上举，身体充分伸直，上体向左（右）拧转，带动髋、腿向右（左）转180°成俯卧，接着利用惯性继续向左（右）转180°成仰卧（图2-3-3-1至图2-3-3-4）。

练习提示：身体绷直夹紧，两腿伸直并拢，滚动圆滑、连贯。

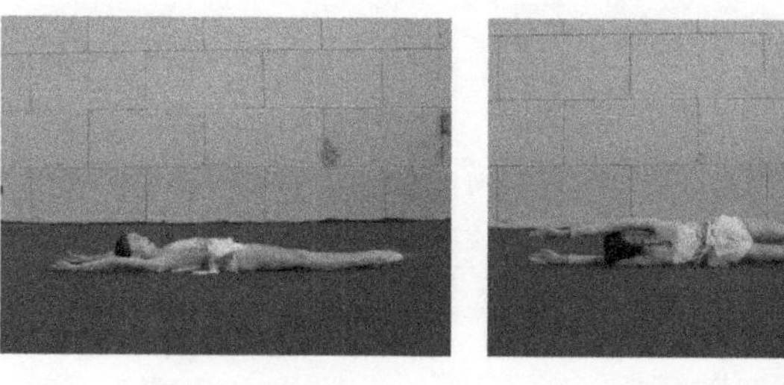

图2-3-3-1　图2-3-3-2

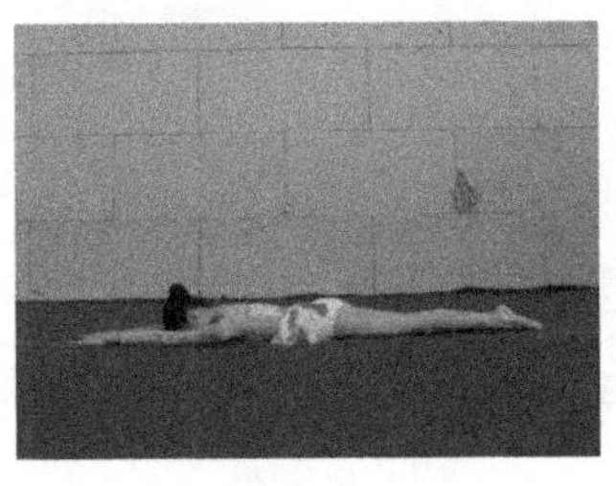
图2-3-3-3

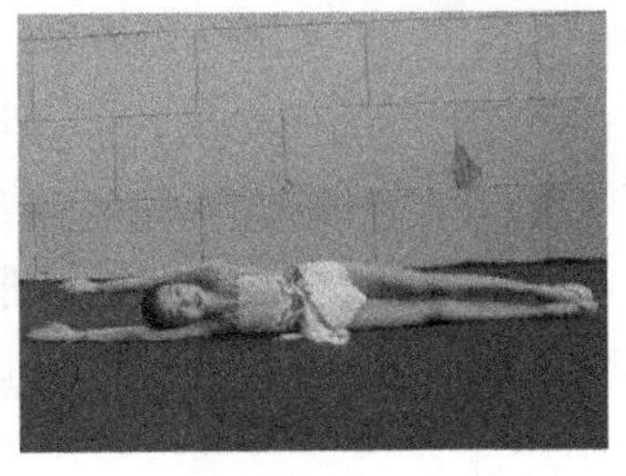
图2-3-3-4

四、反背弓滚动

俯卧，起上体，两腿屈膝上抬，两臂水平打开扶于脚踝。背肌发力，借助上体与两腿的张力，向上抬起成反背弓，前后往返摇动（图2-3-4-1、图2-3-4-2）。

练习提示：上体充分上抬，大腿离开地面，前后摆动时连贯。

图2-3-4-1

图2-3-4-2

五、劈叉抱腿滚动

成前后劈叉姿势，身体前屈胸贴腿，两手抱住脚踝，向左或向右滚动一圈（图2-3-5-1、图2-3-5-2）。

练习提示：两腿充分伸直，身体紧贴于腿，向侧滚动时，腿的开度尽量保持180°。

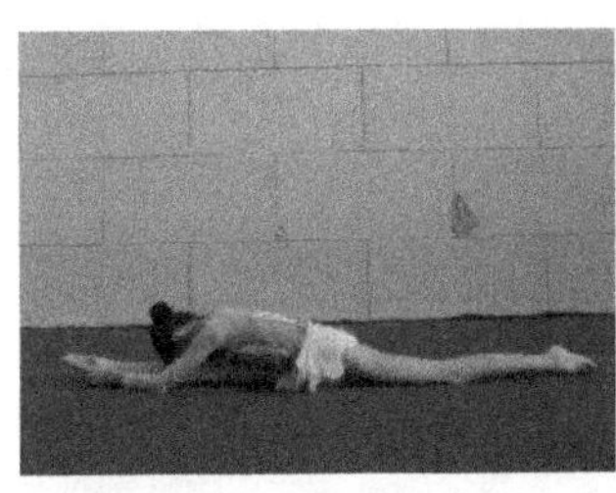
图2-3-5-1

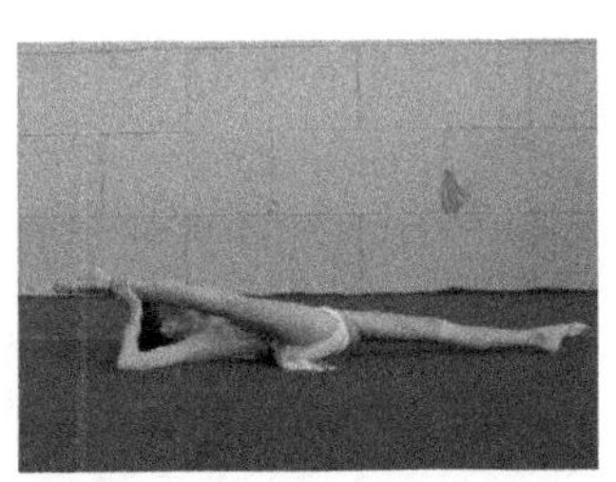
图2-3-5-2

六、乌龙角柱

分腿坐于地面，上体向左侧倒，同时右腿向左经头的方向与地面平行摆动，翻臀、肩背着地，两臂侧伸。紧接着左腿也向左经头的方向与地面平行摆动，与右腿在空中相交，然后起上体，右手撑地，成右腿屈腿、左腿伸直半劈腿坐（图2-3-6-1至图2-3-6-4）。

练习提示：两腿分开幅度尽量大，快速、依次摆动腿，整个动作过程协调、连贯，尽力保持身体的平衡。

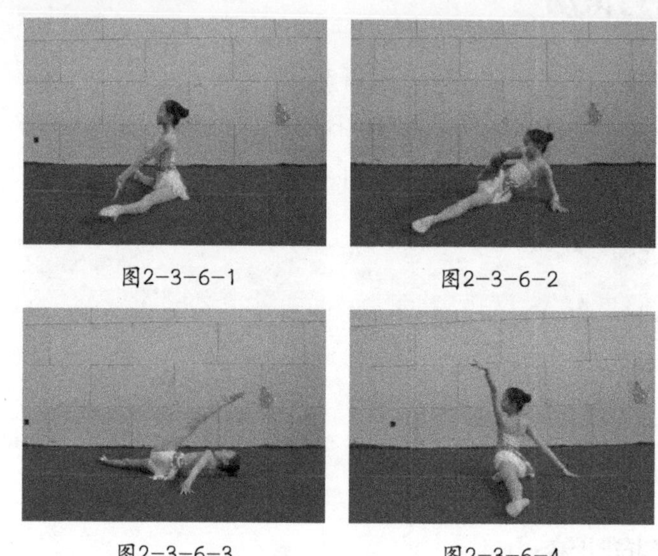

图2-3-6-1　图2-3-6-2

图2-3-6-3　图2-3-6-4

七、跪姿分腿背滚

跪姿预备，两臂前伸撑地，臀部向右（左）坐于地面，背部着地，仰卧成两腿横叉分开，继续向右（左）滚动，屈膝收回成跪姿还原（图2-3-7-1至图2-3-7-4）。

练习提示：滚动时身体顺势侧倒，动作连贯。仰卧时两腿尽量分开。

图2-3-7-1

图2-3-7-2

图2-3-7-3

图2-3-7-4

八、侧手翻

面对前方站立，两臂前上举开始，左（右）腿屈膝支撑，重心随之前移，身体稍向右转，左、右手依次积极撑地，同时左（右）腿蹬地、右（左）腿摆起，经手倒立时紧腰顶肩，右（左）脚靠近右（左）手落地成分腿站（图2-3-8-1至图2-3-8-4）。

练习提示：直臂顶肩，推手有力，直腿上摆，展髋夹臀。辅助者可站在左（右）前方，扶于练习者腰部两侧，协助完成翻转成站立姿态。

图2-3-8-1

图2-3-8-2

图2-3-8-3

图2-3-8-4

九、胸倒立

跪立开始，上体经后屈，尽量向前上挺髋、展胸，接着上体前倒经髋、腹、胸依次贴于地面滚动至胸和下颚贴在地面，两腿顺势后上举成胸肩支撑倒立（图

2-3-9-1、图2-3-9-2）。

练习提示：髋关节充分前顶，身体前倾时重心随之前移，背部和大腿后部肌肉用力控制身体平衡，配合手主动支撑，双腿顺势向上伸直。

图2-3-9-1

图2-3-9-2

十、屈腿坐挺髋起

两腿屈膝与肩同宽坐于地面，左臂在体后侧撑地，右臂前举。重心前移，膝、髋、腰、胸尽力前顶至两腿，同时向前上方顶髋，左手推地，右臂尽量上伸，抬头挺胸起成站立姿态（图2-3-10-1至图2-3-10-4）。

练习提示：左手推地，重心移至两脚，同时向上顶髋。屈腿坐时两脚尽量靠近臀部，用力推手，挺身。可由辅助者一手托腰，一手握住右臂，帮助推起。

图2-3-10-1

图2-3-10-2

图2-3-10-3

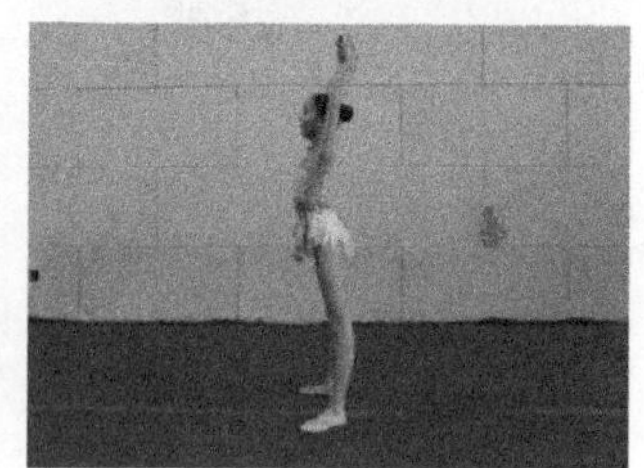

图2-3-10-4

十一、单肩挺身后滚翻

由屈腿坐撑开始，上体后倒举腿翻臀向上顶起成肩倒立，两臂侧伸，向左偏头，充分展髋，胸、腹、腿、依次着地成俯卧后，借助惯性两臂推地上体抬起至垂直位（图2-3-11-1至图2-3-11-4）。

练习提示：辅助者可站在练习者侧后方，当做展髋时，可双手握住小腿向上提拉，帮助练习者控制身体稳定性。

图2-3-11-1　图2-3-11-2

图2-3-11-3　图2-3-11-4

第三章 校园快乐艺术体操身体练习

第一节 身体基本动作与组合

身体基本动作是艺术体操的基础。通过身体动作练习培养正确的身体姿态，掌握身体动作的正确方法，增强动作的协调性、节奏感和表现力，为器械动作的学习打好基础。

一、身体基本形态及基本动作

（一）身体基本形态

1. 上肢基本形态

上肢基本形态包括手形和臂形，其形态表现为：手指自然伸展并拢，大拇指和中指相对并稍向内收，形成兰花指手形。臂、肘、腕、指形成一圆滑的弧线形态，形成臂形（图3-1-1-1）。

图3-1-1-1

2. 下肢基本形态

下肢基本形态包括腿形和脚形，其形态表现为：膝关节伸直，脚面绷起，腿舒展并稍向外旋。规范优美的腿部形态首先应该是直并能自然地稍向外旋展，且肌肉匀称有弹性，腿部无论处于静态还是动态，都可以从整体上给人以展长、结实而有力感（图3-1-1-2）。

图3-1-1-2

3. 躯干基本形态

躯干基本形态表现为：收腹、立腰、展胸、沉肩，躯干保持舒展挺拔的状态。

4. 基本站立姿态

人体直立，两腿并拢伸直，臀部内收夹紧，同时收腹、立腰、展胸，肩平展并放松下沉，头颈正直，眼平视前方，使躯干保持“三直”，即腿直、背直、颈直的舒展挺拔的状态。两臂自然下垂，放于体侧，掌心向内。两脚尖夹角在45° ~60° 之间为宜（图3-1-1-3）。

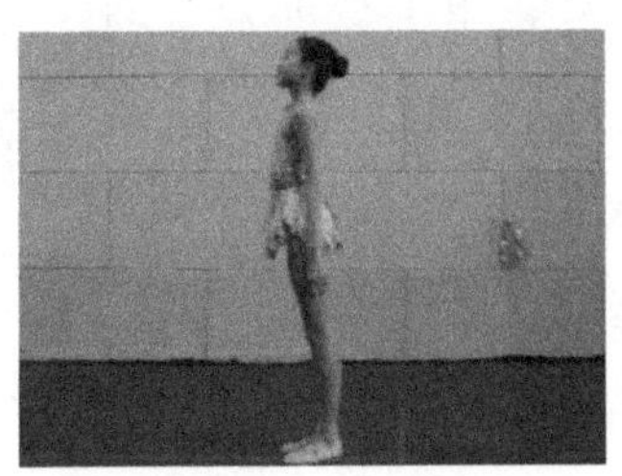

图3-1-1-3

站立要领：站立时，躯干挺直的发力点应在腰部，背肌收缩用力，向上顶直躯干、肩胸外展；做夹臀动作时，需两脚和两腿外展，使臀大肌充分收缩夹紧。

（二）艺术体操基本动作

艺术体操练习的身体基本动作概括起来主要包括以下5类动作。

1. 头颈基本动作

头颈基本动作包括头部向各个方向的屈（低头）、伸（抬头）、转动和绕环等。

2. 上肢基本动作

上肢基本动作包括上肢向各个方向的屈伸、摆动、绕环和波浪动作等。

3. 下肢基本动作

下肢基本动作包括下肢的屈伸、摆动、提踵、移重心，向各个方向的点地、迈步以及并步、弓步、足尖步、柔软步、滚动步、变换步、华尔兹步、波尔卡步等基本步伐。

4. 躯干基本动作

躯干基本动作包括躯干的屈伸、摆动、绕环、波浪等基本动作。

5. 身体基本动作

身体动作包括转体、平衡、跳跃、支撑、翻滚等不同形式的身体动作。

二、地面姿态与组合

（一）基本坐立姿态

直腿坐立于地面，上体直立，立腰、展胸，肩平展并放松下沉，头颈正直，眼平视前方。两腿并拢前伸，膝关节伸直，脚跟并拢，脚面绷直，两脚由右脚开始，依次进行练习，两臂在体侧自然伸展，指尖触地板（图3-1-2-1）。

图3-1-2-1

坐立要领：坐立时收腹，力点在腰背，向上顶直躯干，展胸立颈，两腿并拢绷直。

（二）坐姿组合

本组合时间为1分40秒，共19个八拍，其中包含坐姿、跪姿、勾绷脚、体前屈等垫上基本动作以及地面踢腿动作。坐姿组合主要发展小学生核心部位的力量、节奏感和协调控制能力。

图3-1-2-2

※预备姿势

※第一段

直腿坐立于地面，上体直立，两臂打开于体侧撑地（图3-1-2-2）。

★第一个八拍

1~2拍：上体不动，右脚勾，左脚绷直（图3-1-2-3）。

图3-1-2-3

3~4拍：上体不动，右脚绷直，左脚勾。

5~6拍：与1~2拍动作相同。

7~8拍：与3~4拍动作相同。

★第二个八拍

第二个八拍与第一个八拍动作相同。

★第三个八拍

1~8拍：上体不动，两脚同时勾起，并由内向外做绕环动作，至绷脚还原（图3-1-2-3）。

★第四个八拍

1~8拍：上体不动，两脚同时向外侧打开做向内绕环动作，至绷脚还原。

★第五个八拍

1~4拍：上体前屈，同时右臂侧上举，左臂前伸够脚尖，两腿保持不动（图3-1-2-4）。

5~8拍：上体还原直立，两臂侧上举做推波浪一次，两腿保持不动（图3-1-2-5）。

图3-1-2-4

图3-1-2-5

★第六个八拍

第六个八拍与第五个八拍动作相同，但方向相反。

★第七个八拍

1~8拍：两臂由后向前做绕环至两手扶于脚背，同时上体前屈（图3-1-2-6）。

图3-1-2-6

★第八个八拍

1~8拍：两臂由前经上向后做绕环打开，上体还原，两腿保持不动。

★第九个八拍

1~2拍：上体向右转体，两臂侧上举，同时右腿屈膝脚尖点地（图3-1-2-7）。

图3-1-2-7

3~4拍：还原。

5~6拍：与第1~2拍动作相同，但方向相反。

7~8拍：还原。

★第十个八拍

1~4拍：低头含胸，两腿屈膝，脚尖点地，同时两臂由侧上举抱于腿前（图3-1-2-8）。

图3-1-2-8

5~8拍：两腿伸直还原，两臂由前经两侧，侧上举打开，上体还原。

★第十一、十二个八拍

第十一个八拍与第九个八拍动作相同，但方向相反。

第十二个八拍与第十个八拍动作相同。

※第二段

第二段起始姿势如图（图3-1-2-9）。

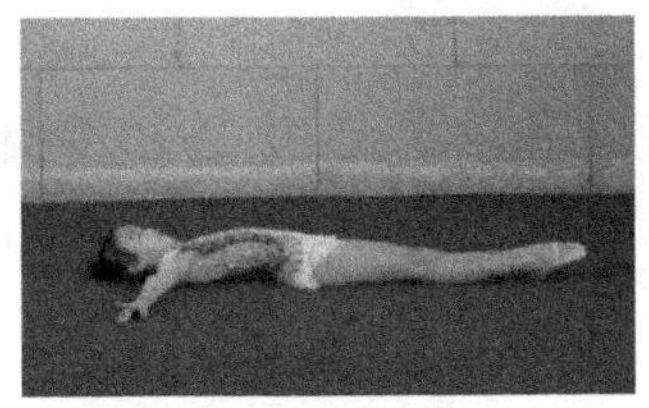

图3-1-2-9

★第十三个八拍

1~2拍：左腿不动，右腿屈膝脚尖点地（图3-1-2-10）。

3~4拍：右腿还原。

5拍：右腿前踢90°（图3-1-2-11）。

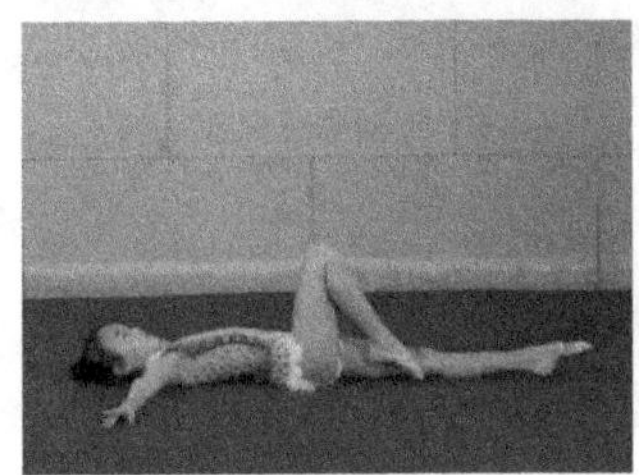

图3-1-2-10

图3-1-2-11

6拍：右腿落回，还原。

7~8拍：与5~6拍动作相同。

★第十四个八拍

1~2拍：向左侧转动90°，左臂向上伸直，右臂体前撑地，右腿向上屈膝，脚尖点于左腿膝盖内侧（图3-1-2-12）。

3~4拍：上体不动，右腿还原。

5拍：右腿上踢90°（图3-1-2-13）。

6拍：右腿还原。

7~8拍：与5~6拍动作相同。

图3-1-2-12

图3-1-2-13

★第十五个八拍

1~2拍：俯卧于地面，两腿后屈，两手经侧于体后握住脚踝。

3~4拍：上体后屈，起背肌，使上体与大腿离开地面（图3-1-2-14）。

5~6拍：与1~2拍动作相同。

7~8拍：两臂前伸，两腿伸直，还原俯卧（图3-1-2-15）。

图3-1-2-14

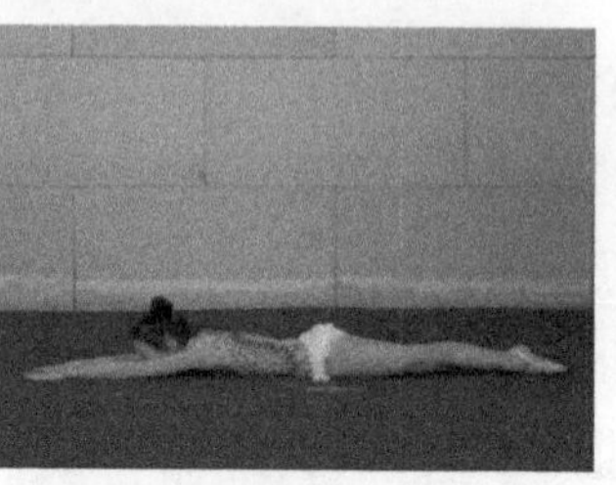

图3-1-2-15

★第十六、十七个八拍

第十六个八拍与第十四个八拍相同，但方向相反。

第十七个八拍与第十三个八拍相同，但方向相反。

★第十八个八拍

1~2拍：上体顶胸起，同时两腿屈膝，脚尖点地（图3-1-2-16）。

3~4拍：低头含胸，两臂贴于腿侧（图3-1-2-17）。

5~6拍：低头含胸，两腿并拢，屈膝向右侧转成跪坐。

7~8拍：抬头挺胸，双手置于两腿上，跪坐。

图3-1-2-16

图3-1-2-17

★第十九个八拍

1~4拍：上体向右侧屈，同时左臂波浪至侧上举，右臂波浪至侧平举（图3-1-2-18）。

5~6拍：向右做侧滚动，成跪坐。

7~8拍：挺胸抬头，双手置于两腿上，跪坐（图3-1-2-19）。

图3-1-2-18

图3-1-2-19

★练习提示

①本内容主要以下肢练习为主，建议在练习前先进行下肢柔韧的拉伸练习。

②在做动作过程中应时刻注意膝盖与脚面的绷控。

③在教学时可使学生分小组进行学习。

三、基本站立姿态与组合

（一）基本手位

艺术体操练习中的基本手位主要是借鉴芭蕾手位，在动作要领和要求上经过改造而成。芭蕾手位要求手臂成较大的弧形，圆背稍含胸，体现古典、含蓄的形态气质；而现代形体手位要求手臂舒展，肩、胸展开，躯干挺拔，展示现代人的自信、朝气与活力。

形体基本手位包括7个手位（图3-1-3-1）。7个手位可在音乐伴奏下，以动作组合的形式进行练习，从而提高人体站立姿态和各部位形态的控制能力。

1. 动作做法

一位手：两臂体前自然下垂，手指、腕关节、肘关节自然伸展，稍离开身体成一个柔和的弧线，手心向内，两指尖距离约10厘米，两肩松弛，自然下垂。

二位手：两臂向上抬起至稍低于胸的位置前举，手心向内，手形、臂形保持不变。

三位手：两臂向上抬起至上举，肩下沉，手心向内，手形、臂形保持不变。

四位手：左臂保持三位，右臂经前下至二位。

五位手：左臂保持三位，右臂向侧打开至稍低于肩的位置侧举，手心向前下方。

六位手：右臂保持不动，左臂经前下至二位。

七位手：右臂保持不动，左臂向侧打开至稍低于肩的位置侧举。

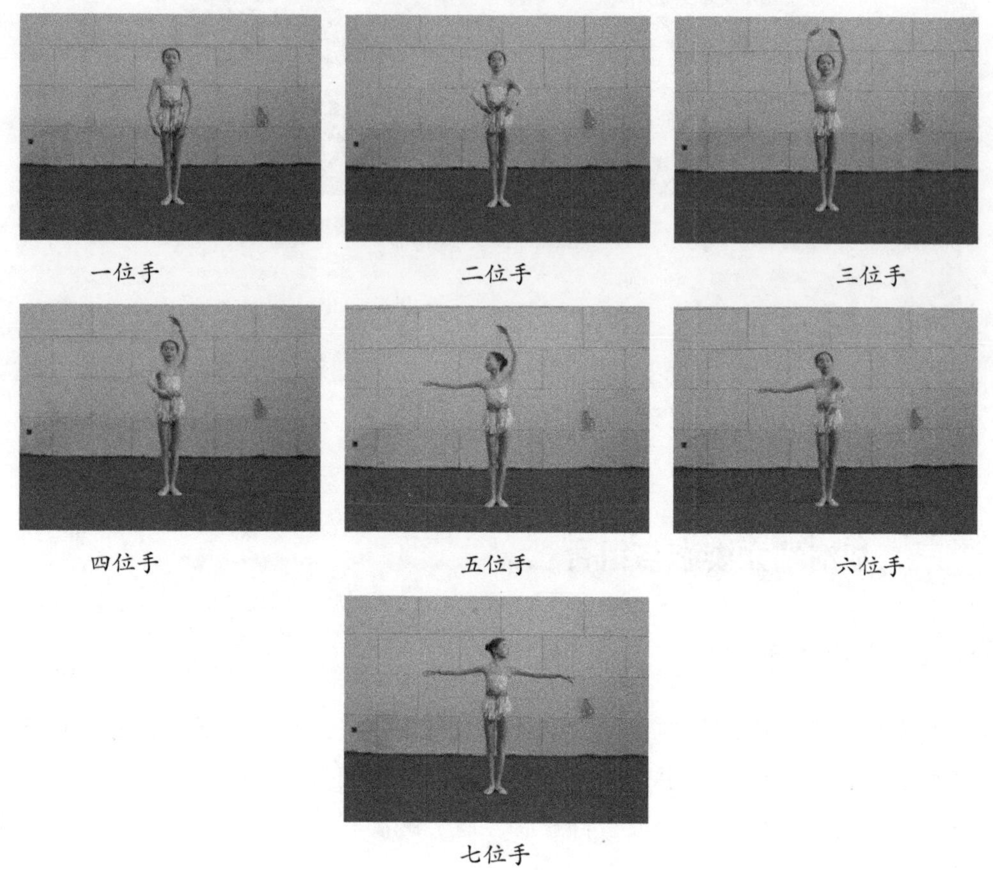

一位手　二位手　三位手

四位手　五位手　六位手

七位手

图3–1–3–1

2. 动作要领

手形、臂形和手位控制准确。关节稍放松，臂膀稍用力并下沉，手臂自然伸展，使臂、肘、腕、指形成一舒展圆滑的弧线。手臂移动时，沉肩立颈，速度均匀，方向和路线清晰。

（二）基本脚位

艺术体操练习中的基本脚位主要借鉴舞蹈和芭蕾舞中的基本脚位。在艺术体操练习中，最常用的基本脚位有：丁字、八字、一位、二位和三位等脚位（图3–1–3–2）。在形体训练时，保持正确的脚位，对发展身体姿态和下肢形态具有很好的促进作用。

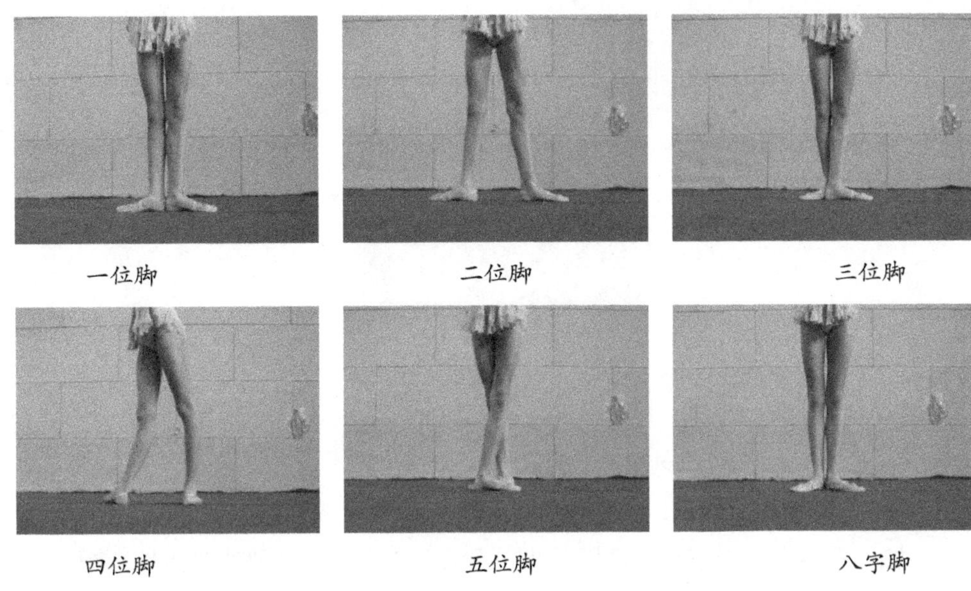

图3-1-3-2

1. 动作做法

丁字步：一脚脚跟靠于另一脚内侧中部，两脚呈“丁”字站立。

八字脚：两脚脚跟并拢，脚尖分开至45°~60°站立。

一位脚：两脚脚跟靠拢，脚尖向外，两脚呈“一”字站立。

二位脚：在一位的基础上，两脚脚跟分开，相距约一脚的距离站立。

三位脚：在一位的基础上，一脚脚跟靠在另一脚内侧的中部站立。

四位脚：在三位的基础上，两脚前后平行，脚尖向两侧，相距约一脚的距离站立。

五位脚：在三位的基础上，两脚前后平行并拢，脚尖向两侧站立。

2. 动作要领

髋部、膝关节和脚充分外开，腿伸直，臀部内收上提，全脚平放于地面，身体重心在两脚上或两脚之间。力量均匀，上体保持直立姿势。

（三）站姿组合

本组合1分30秒，共16个八拍，包括手位动作和脚位动作，并将两类动作相结合，成为组合，其中包括手位的变换，以及不对称动作，脚位动作包含提踵立、碎步移动、踵碎步转体等。主要发展儿童及青少年全身力量、灵敏和协调能力。建议配合音乐《镜夜》进行练习。

※预备姿势

身体直立，小八字脚，一位手位（图3-1-3-3）。

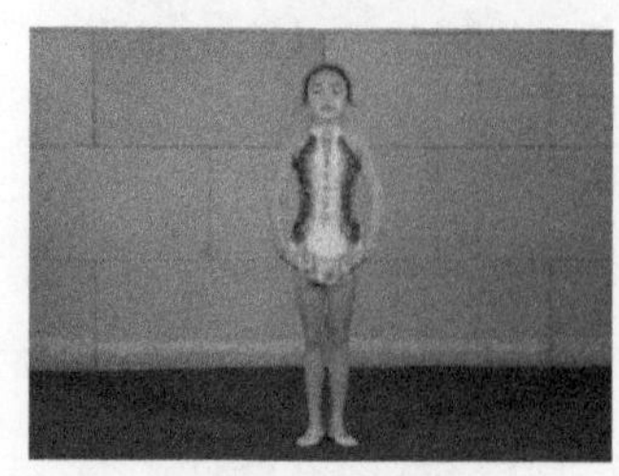

图3-1-3-3

★第一个八拍

1拍：上体不动，左脚向左侧擦地。

2拍：两臂抬至二位，重心移至两腿中间，两腿屈膝半蹲（图3-1-3-4）。

3~4拍：两臂上举至三位，两腿伸直，重心移至左腿，右脚脚尖点地（图3-1-3-5）。

5~6拍：两腿不动，两臂经侧打开至七位，头向转向右侧（图3-1-3-6）。

7~8拍：两臂由七位向两侧延伸，还原至一位，同时右脚擦地收回。

图3-1-3-4

图3-1-3-5

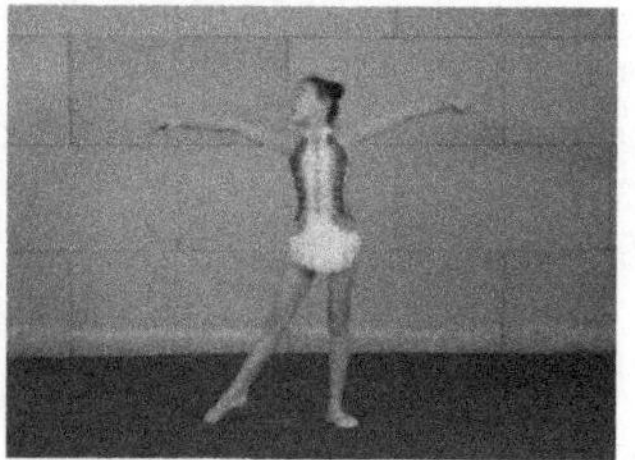

图3-1-3-6

★第二个八拍

1拍：左手七位，右手二位，右腿向侧擦地，脚尖点地（图3-1-3-7）。

2拍：手不动，右腿擦地收回。

3拍：左手不动，右手三位，右腿向侧擦地，脚尖点地（图3-1-3-8）。

4拍：与2拍动作相同。

5~6拍：左手不动，右手打开至七位，右腿向侧擦地，脚尖点地（图3-1-3-9）。

7~8拍：屈膝还原（图3-1-3-10）。

图3-1-3-7

图3-1-3-8

图3-1-3-9

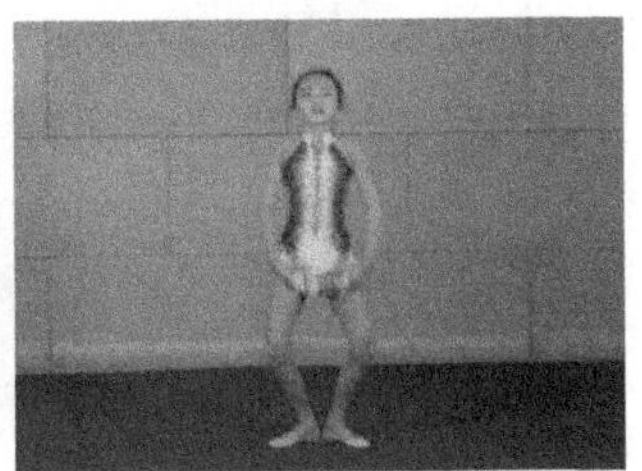
图3-1-3-10

★第三个八拍

1~4拍：两脚提踵，两臂经前至三位（图3-1-3-11）。

5~8拍：碎步向右转体360°，留头。

图3-1-3-11

★第四个八拍

1~2拍：两脚落踵，两臂波浪至侧举。

3~4拍：上体前屈，两臂向下触地面。

5~6拍：上体保持不动，两臂体前交叉，伴随呼气摆动（图3-1-3-12）。

7~8拍：身体直立，两臂经体侧至三位。

图3-1-3-12

★第五个八拍

1~4拍：身体右转45°，右手七位，左手抬至三位，同时左脚猫跳（图3-1-3-13）。

5~8拍：与1~4拍动作相同，但方向相反。

图3-1-3-13

★第六个八拍

1拍：两臂七位，左脚向前擦地（图3-1-3-14）。

2拍：两臂不动，左脚收回。

3拍：两臂不动，左脚向左侧擦地（图3-1-3-15）。

图3-1-3-14

图3-1-3-15

4拍：两臂不动，左脚收回。

5~6拍：两臂不动，左脚向后擦地（图3-1-3-16）。

7~8拍：还原直立。

图3-1-3-16

图3-1-3-17

★第七个八拍

1~6拍：提踵碎步后退，同时左臂开始依次向后绕环（图3-1-3-17）。

7~8拍：退还原直立。

★第八个八拍

1~2拍：两臂一位，左腿侧吸，脚尖点在右踝关节处，右腿微屈膝（图3-1-3-18）。

3~4拍：两臂打开至斜下举，左腿伸直控住，右腿伸直（图3-1-3-19）。

5~6拍：与1~2拍动作相同。

7~8拍：还原直立。

图3-1-3-18

图3-1-3-19

★第九个八拍至第十六个八拍

第九个八拍至十六个八拍与第一个八拍至第八个八拍动作相同，但方向相反。

第十六个八拍的7~8拍两臂抬至二位，左腿后撤脚尖点地结束（图3-1-3-20）。

图3-1-3-20

★练习提示

①可先进行下肢动作的学习，在动作完成过程中应注意重心的移动。

②手位及手形的规范，颈部、背部、臀部收紧。

③动作所配合的音乐较慢，可反复配乐进行练习。

四、上肢韵律动作与组合

（一）波 浪

波浪动作包括手臂波浪动作和身体波浪动作。手臂波浪动作由肩部开始起动，以肘领先，依次带动腕、指各关节由屈至伸；身体波浪动作由踝、膝开始起动，胯领先，带动腰、胸、颈各关节由屈至伸。两臂和身体可以做向前波浪、向侧波浪、向后波浪、螺旋波浪以及手臂上下波浪和内外波浪等。波浪动作要求柔和、连贯，有较明显的波浪推移动作，且重心稳定。波浪动作组合以其柔软、舒展、圆润及内在的韧性和外部流畅性等动作特点，充分舒展头颈、手臂和躯干等各个身体部位，对发展女性形体具有独特的锻炼价值。

1. 手臂波浪动作

向上手臂波浪：以肘领先，提肘带动手臂开始，肘、腕、指关节依次上提弯曲，紧接着肩、肘、腕、指关节依次向远伸展，完成一次手臂波浪动作。伸展腕、指关节时，肘关节略微下压，手臂波浪动作组合。

向下手臂波浪：以肘领先，肘关节下压带动手臂开始，肘、腕、指关节依次下压弯曲，紧接着肩、肘、腕、指关节依次向远伸展，完成一次手臂波浪动作组合（图3-1-4-1）。

动作要领：手臂波浪动作以肘领先依次带动腕、指各关节由屈至伸；手臂放松而连贯地将动力由肩臂依次传递到手指尖是手臂波浪动作的技术关键。

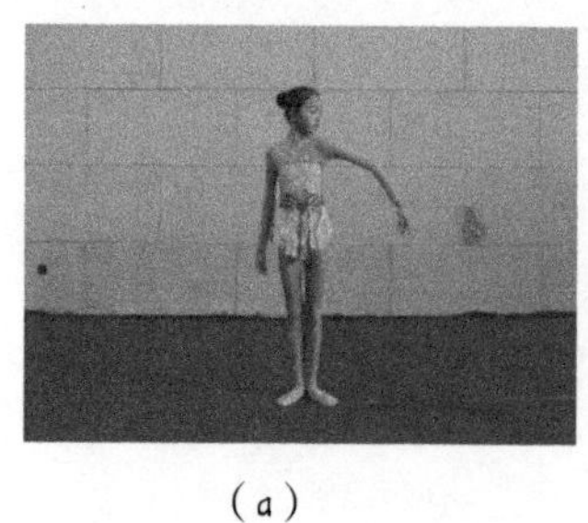
（a）

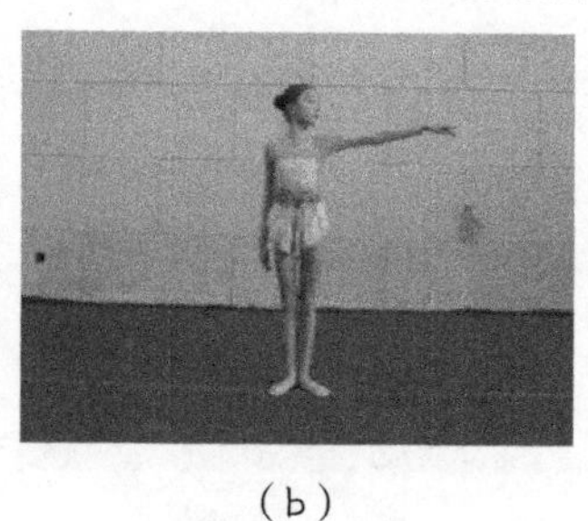
（b）

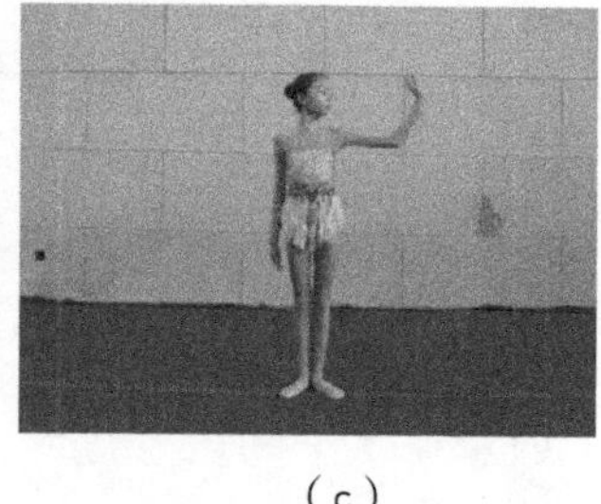
（c）

图3-1-4-1

2. 身体波浪动作

向前身体波浪：两腿并拢，屈膝半蹲，含胸低头，两臂前平举开始。踝、膝、胯、腰、胸、颈、头各部位依次而连贯地向前顶出伸展，成直立姿势，波峰在体前出现，两臂向下摆至体侧（图3-1-4-2）。

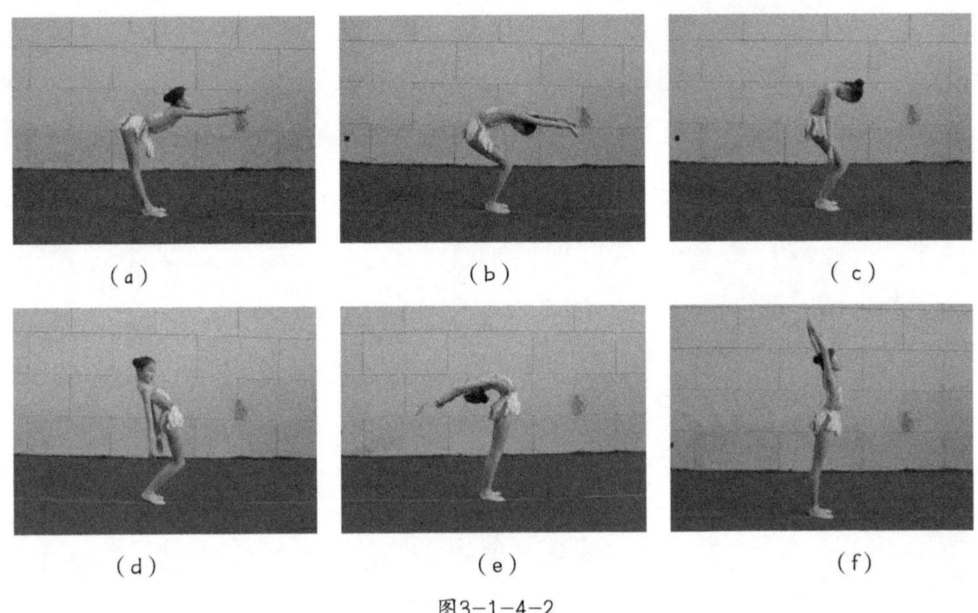

（a）　（b）　（c）

（d）　（e）　（f）

图3-1-4-2

向后身体波浪：两腿并拢，屈膝半蹲，抬头挺胸，两臂经三位手向后绕环。腹部、胸部、下颚依次而连贯地贴近大腿，背部发力站立成还原姿势（图3-1-4-3）。

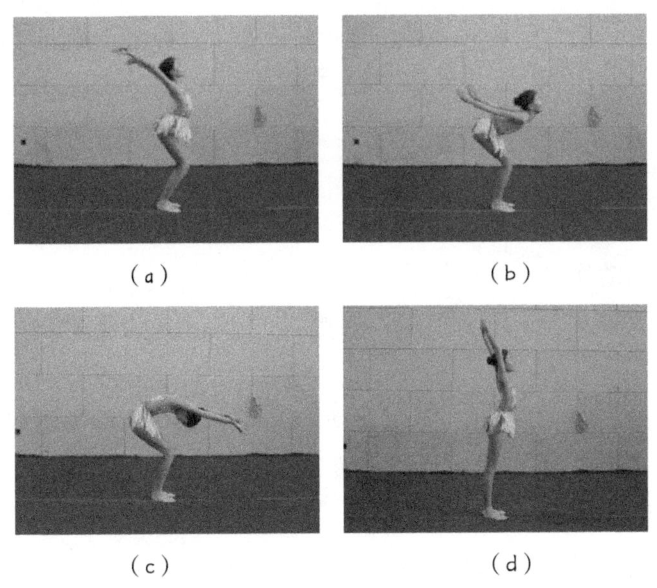

（a）　（b）

（c）　（d）

图3-1-4-3

向侧身体波浪：左腿支撑站立，右腿侧点地，两臂左侧斜上举，上体向右侧屈开始。屈膝半蹲、向右侧移重心，膝、胯、腰、胸、颈、头各部位依次而连贯地向身体右侧的斜前方顶出伸展成直立姿势，波峰在身体右侧出现，右腿支撑站立，左腿侧点地，上体向左侧屈，两臂经腹前向右摆至右臂上举，左臂胸前平屈（图3-1-4-4）。

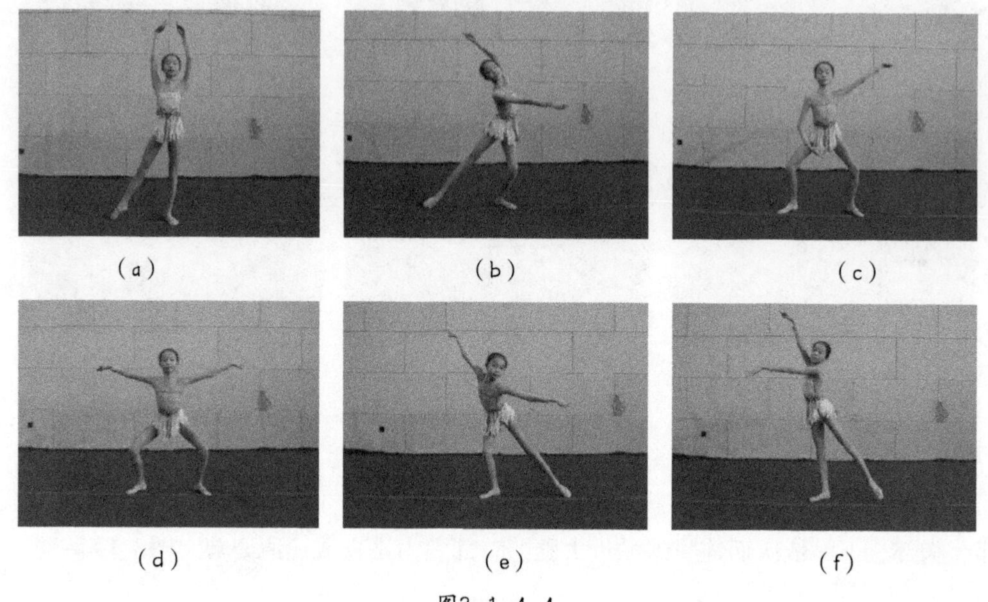

（a）（b）（c）

（d）（e）（f）

图3-1-4-4

动作要领：身体波浪动作由踝、膝开始起动发力，髋领先带动腰、胸、颈各关节由屈至伸。躯干放松而连贯地将动力由踝、膝依次传递到头部是身体波浪动作的技术关键。

（二）摆动绕环

1. 手臂摆动动作

两臂以肩为轴同时或依次向前、向侧、向后等不同方向摆动，或两臂同时向反方向摆动。

动作要领：摆臂时，从躯干开始发力，肩带放松下沉，以肩带肘、肘带动手向远伸展摆动，同时配合躯干的“附随动”。

2. 手臂绕环动作

两臂分别以肩、肘、腕关节为轴向同一方向或不同方向，同时或依次进行大、中、小形式的绕环。绕环动作应连贯、协调、舒展，环面清晰并垂直于地面。

动作要领：绕环时相邻的部位固定，轴心关节放松，运动的肢体向远伸展画圆弧，同时手臂做相应的内旋或外旋。

（三）摆动波浪组合

※预备姿势

身体直立，八字脚，两臂成一位。

★第一个八拍

1~4拍：两臂在侧上方做手臂波浪一次（图3-1-4-5至图3-1-4-7）。

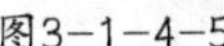
图3-1-4-5

图3-1-4-6

图3-1-4-7

5~8拍：左腿屈膝，右腿向右迈步脚尖点地，重心于左腿，上体向左侧屈，同时两手在头上手背相对（图3-1-4-8）。

图3-1-4-8

★第二个八拍

1~4拍：与第一个八拍1~4拍动作相同。

5~8拍：与第一个八拍5~8拍动作相同，但方向相反。

★第三个八拍

1~4拍：与第一个八拍1~4拍动作相同。

5~8拍：两腿屈膝，同时两臂屈臂交叉相叠，头向后仰（图3-1-4-9a、3-1-4-9b）。

图3-1-4-9a

图3-1-4-9b

★第四个八拍

1~4拍：两臂在侧下方做手臂波浪一次（图3-1-4-10、图3-1-4-11）。

图3-1-4-10

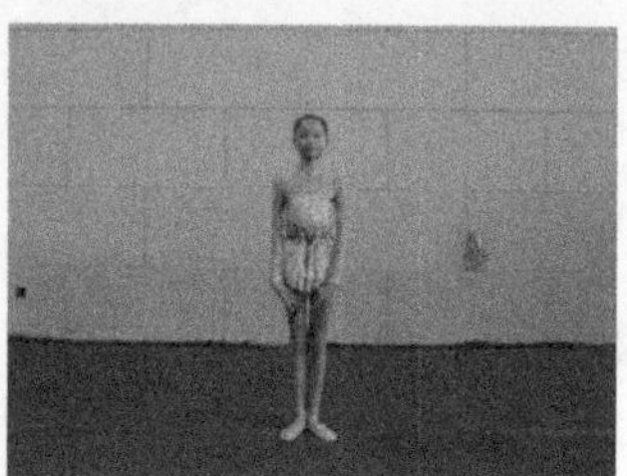
图3-1-4-11

5~8拍：两臂上举成三位手（图3-1-4-12）。

图3-1-4-12

★第五个八拍

1~8拍：右脚向右斜前迈一步，左脚点地，身体面向2点方位，两臂由三位手开始，先左后右依次向后绕环至三位手，同时收左脚并拢（图3-1-4-13至图3-1-4-15）。

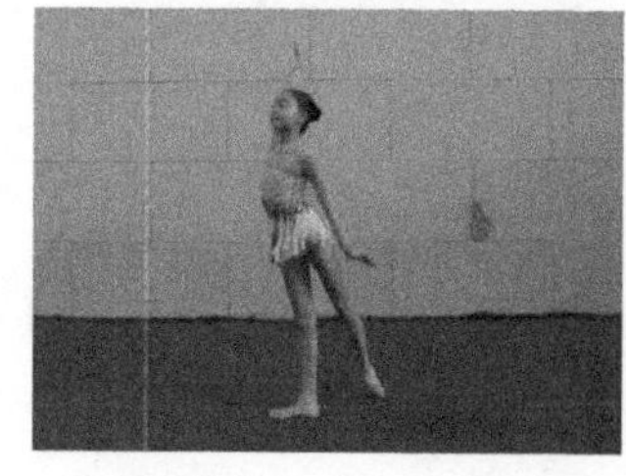
图3-1-4-13

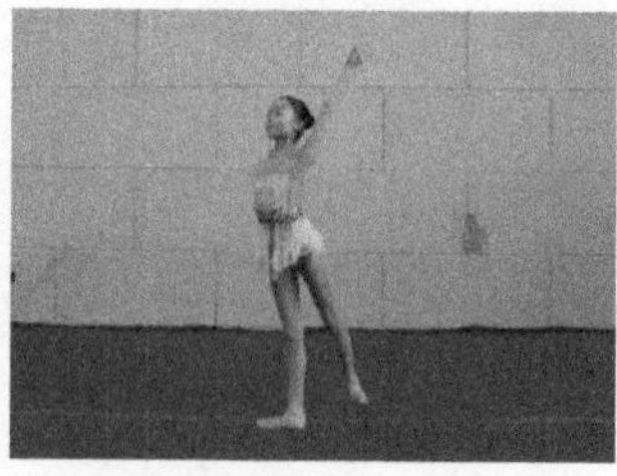
图3-1-4-14

图3-1-4-15

★第六个八拍

1~8拍：身体向后波浪一次（图3-1-4-16至图3-1-4-19）。

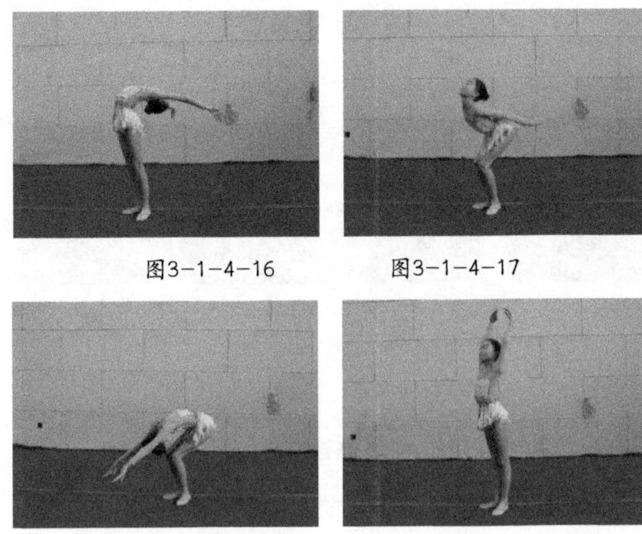

图3-1-4-16　图3-1-4-17

图3-1-4-18　图3-1-4-19

★第七个八拍

1~8拍：身体前波浪一次（图3-1-4-20至图3-1-4-23）。

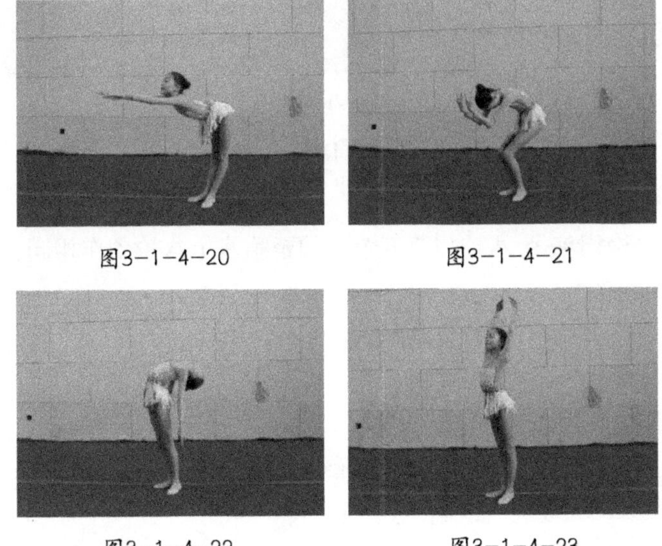

图3-1-4-20　图3-1-4-21

图3-1-4-22　图3-1-4-23

★第八个八拍

1~8拍：两脚向右碎步转体360°，同时从三位手开始先右后左依次向下做手臂波浪，还原至三位手（图3-1-4-24至图3-1-4-26）。

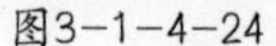
图3-1-4-24

图3-1-4-25

图3-1-4-26

★第九个八拍

1~4拍：两腿屈膝一次，同时左臂经前右臂经后绕环360°至三位手（图3-1-4-27至图3-1-4-29）。

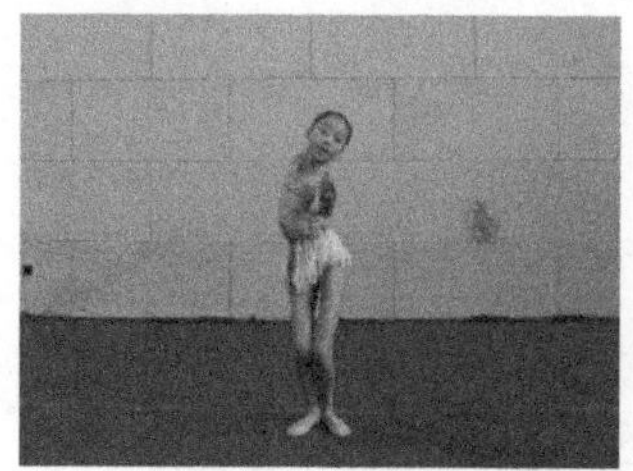
图3-1-4-27

图3-1-4-28

图3-1-4-29

5~8拍：与第1~4拍动作相同，但方向相反。

★第十至第十三个八拍

第十个八拍至第十三个八拍与第五个八拍至第八个八拍动作相同，但方向相反。

★第十四个八拍

1~4拍：右脚向右侧迈步，同时身体从左向右侧波浪一次（图3-1-4-30至图3-1-4-32）。

图3-1-4-30

图3-1-4-31

图3-1-4-32

5~8拍：左腿后踢90°，同时两臂在前上举做手臂波浪（图3-1-4-33至图3-1-4-34）。

图3-1-4-33

图3-1-4-34

★第十五个八拍

1~8拍：两腿屈膝，同时上体由左向右做螺旋波浪，还原至三位手（图3-1-4-35至图3-1-4-38）。

图3-1-4-35

图3-1-4-36

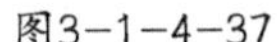

图3-1-4-37

图3-1-4-38

★第十六个八拍至第十七个八拍

第十六个八拍至第十七个八拍与第十四个八拍至第十五个八拍动作相同，但方向相反。

★第十八个八拍

1~8拍：右脚向右侧迈步成开立，同时两臂经体侧成三位手，上体由右经下摆至左侧水平位置，再摆至右侧水平位置，还原至三位手（图3-1-4-39至图3-1-4-42）。

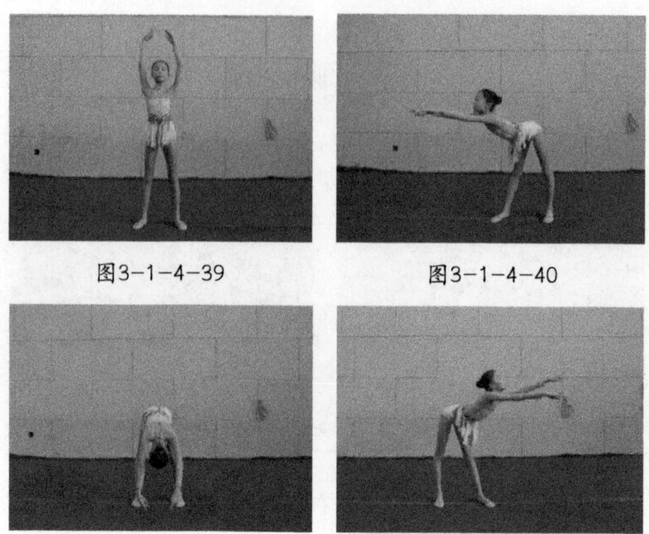

图3-1-4-39　图3-1-4-40

图3-1-4-41　图3-1-4-42

★第十九个八拍

1~8拍：八字脚站立，同时两臂由一位抬至小七位手，再还原至一位（图3-1-4-43、图3-1-4-44）。

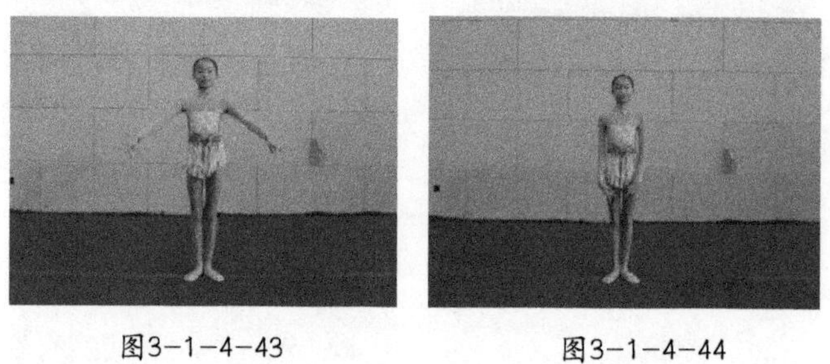

图3-1-4-43　图3-1-4-44

五、基本步伐与组合

（一）波尔卡动作与组合

1. 波尔卡

波尔卡舞步轻快活泼，可向前、向后、向侧面或转体做。下面以向前波尔卡为例进行介绍。

※预备姿势：自然站立，双手叉腰。

节拍前：右脚原地轻跳，左腿经屈膝向前伸直至前下举，上体稍向左转。

1拍：左脚向前一步，右脚随之向左脚并步。

2拍：左脚再向前一步，接着左脚原地小跳，右腿伸直前下举，上体稍向右转。

3~4拍：与1~2拍动作相同，但方向相反。

动作要领：节拍前小跳是波尔卡舞步的特点，小跳并步要蹬起来，在地面上滑动，重心随之移动。

2. 波尔卡组合

※预备姿势

八字脚站立，两手叉腰（图3–1–5–1）。

※准备节拍

小跳呈左脚后点地，两臂前下举，五指分开（图3–1–5–2）。

图3–1–5–1　　图3–1–5–2

※第一段

★第一个八拍

1~2拍：向左踏点跳，两手叉腰（图3–1–5–3）。

3~4拍：向右踏点跳，两手叉腰。

5~8拍：与1~4拍动作相同。

图3–1–5–3

★第二个八拍

1~6拍：踏点步向左转360° 至左前方（图3–1–5–4）。

7~8拍：击掌两次，眼睛看正前方（图3–1–5–5）。

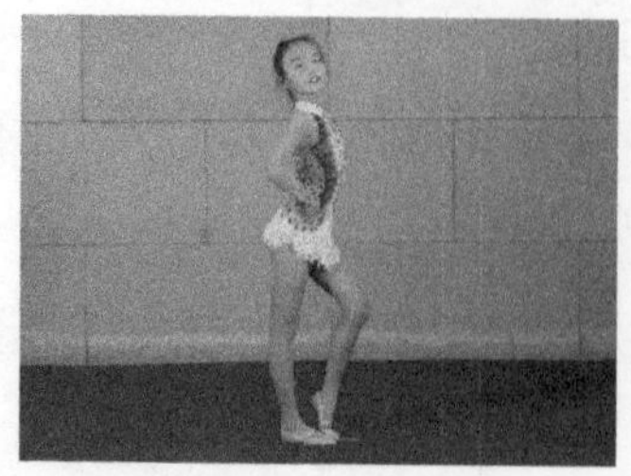
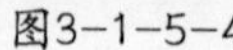
图3-1-5-4

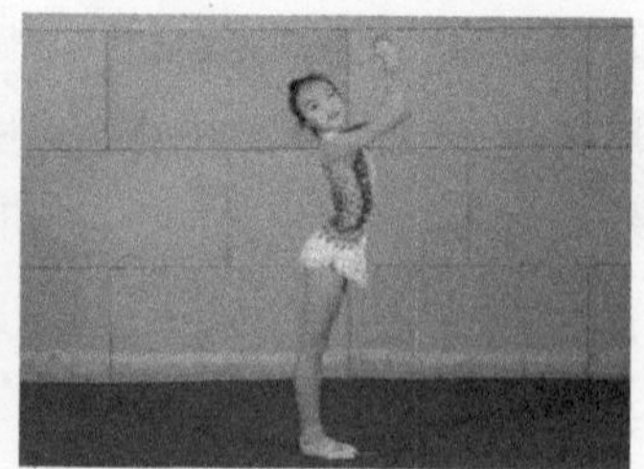
图3-1-5-5

★第三个八拍

1~2拍：向右踏点跳，两臂侧下举，五指分开（图3-1-5-6）。

3~4拍：向左踏点跳，两臂侧下举。

5~6拍：向右踏点跳，两臂侧上举（图3-1-5-7）。

7~8拍：向左踏点跳，两臂侧上举。

图3-1-5-6

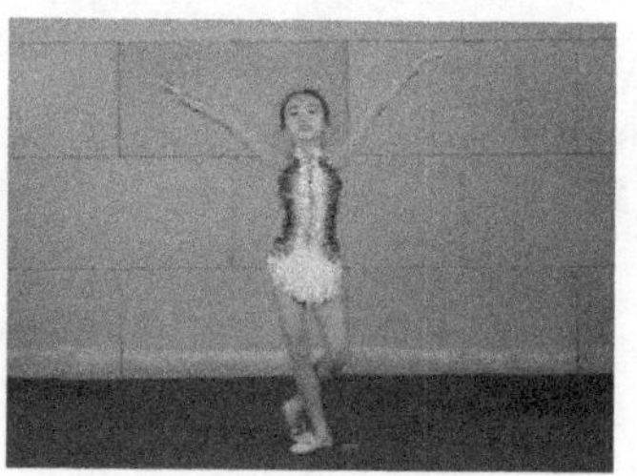
图3-1-5-7

★第四个八拍

1~6拍：踏点步向右转360° 至右前方。

7~8拍：击掌两次，眼睛看正前方（图3-1-5-8）。

图3-1-5-8

※第二段

★第五个八拍

1~8拍：向左前左脚开始的波尔卡步两次，两手叉腰（图3-1-5-9）。

图3-1-5-9

★第六个八拍

1~2拍：右腿屈膝，左脚向前、向后点地各一次（图3-1-5-10、图3-1-5-11）。

3~4拍：左脚并右脚立踵站立。

5~8拍：碎步后退，同时两手由叉腰变为经体前至侧下举（图3-1-5-12）。

图3-1-5-10

图3-1-5-11

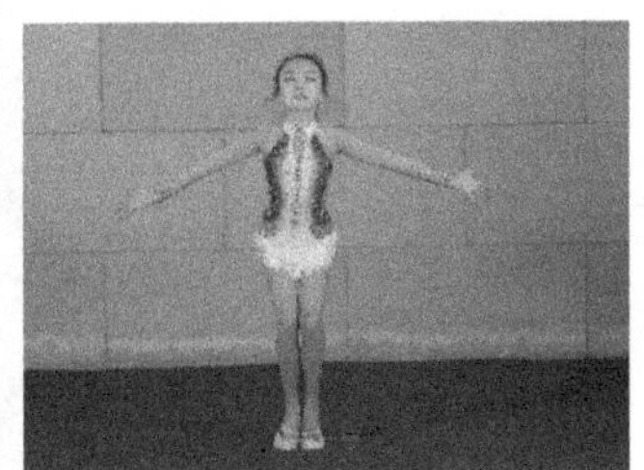

图3-1-5-12

★第七个八拍

1~2拍：右腿屈膝，左腿向侧小踢腿，同时右手背后，左臂经体前至侧下举（图3-1-5-13）。

3~4拍：左腿屈膝，右腿向侧小踢腿，右臂经体前至侧下举（图3-1-5-14）。

5~6拍：腿部动作与1~2拍相同，两臂经体前至侧下举（图3-1-5-15）。

7~8拍：腿部动作与3~4拍相同，两臂经头上至侧上举（图3-1-5-16）。

图3-1-5-13

图3-1-5-14

图3-1-5-15

图3-1-5-16

★第八个八拍

1~4拍：向右转体小跳两次（图3-1-5-17、图3-1-5-18）。

5~8拍：立踵站立。

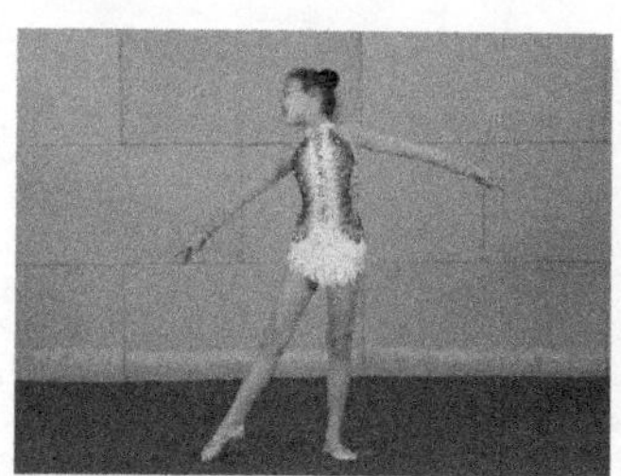

图3-1-5-17

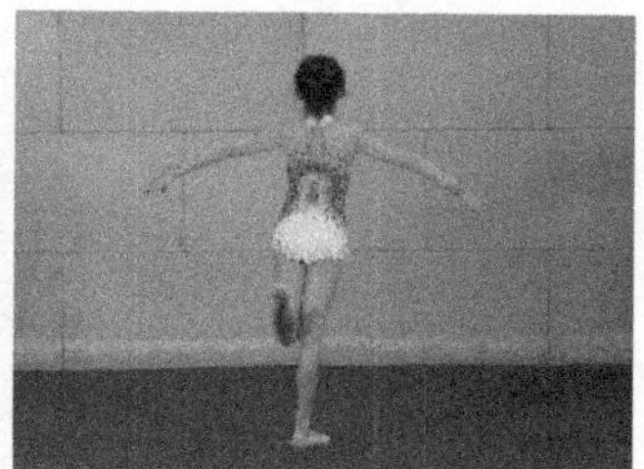

图3-1-5-18

★第九个八拍至第十二个八拍

第九个八拍至第十二个八拍与第五个八拍至第八个八拍动作相同，但方向相反。

※结 束 姿 势

左脚后点地，同时两臂侧上举（图3-1-5-19）。

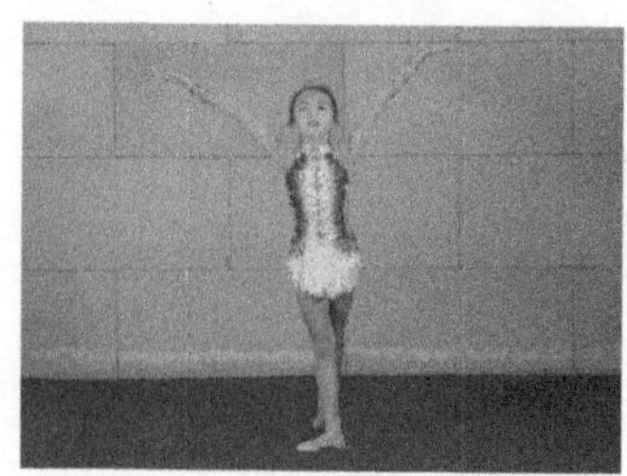

图3-1-5-19

★练习提示

①在熟练掌握波尔卡舞步单个动作的基础上再学习组合动作。

②注意应用上下肢分解练习、分段练习。

③练习过程中注意姿态的控制，尤其是下肢动作姿态。

④认真做好每一个动作的结束姿势，动作衔接过渡自然。

（二）华尔兹

1. 华尔兹

华尔兹步属于基本舞步之一，三拍完成，具有舒展、流畅、上下起伏的动作特点。它包括基本的华尔兹步、转体华尔兹步、华尔兹步跳等多种不同的完成形式。华尔兹步同其他基本步伐一样，可向前、向侧或向后等不同方向配合相应的手臂动作完成。

（1）向前华尔兹步

双脚提踵立，双手叉腰开始。

1拍：左脚向前迈步，随即屈膝支撑，同时重心移至左腿，右腿自然屈膝跟上，脚面绷起。

2拍：右脚向前足尖步。

3拍：左脚向前足尖步。

（2）向后华尔兹步

双脚提踵并立，双手叉腰开始。

1拍：左脚向左后方迈步，随即重心后移至左腿屈膝支撑，同时右腿向后撤。

2拍：右脚向后足尖步。

3拍：左脚足尖步与右脚并拢站立。

（3）向侧华尔兹步

双脚提踵并立，双手叉腰。

1拍：左脚向左侧迈一小步，脚尖先着地再过渡到全脚，同时屈膝，重心移至左腿，右腿自然屈膝跟上。

2拍：右腿屈膝并于左脚后点地。

3拍：右腿蹬直，左腿与右腿并立。

动作要领：迈步时，支撑腿伸直，身体重心及时前（侧、后）移跟进。脚迈出时，脚尖柔和着地再过渡到全脚，腿有控制地屈伸，重心自然起伏。

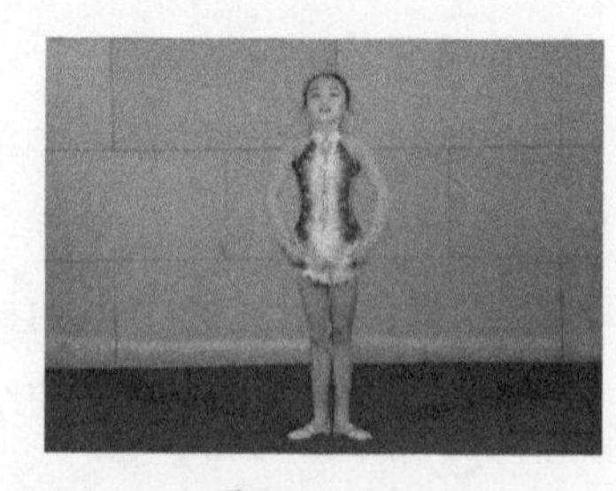
图3-1-5-20

2. 华尔兹组合

※预备姿势

八字脚站立，一位手位（图3-1-5-20）。

※准备节拍

右脚向侧一步，重心移至右脚，右、左手依次经二手位至七位手，随后两手还原至一位手，两脚成五位（图3-1-5-21至图3-1-5-23）。

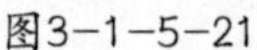
图3-1-5-21

图3-1-5-22

图3-1-5-23

※第一段

★第一个三拍

1~3拍：向左华尔兹步，两手背后（图3-1-5-24、图3-1-5-25）。

★第二个三拍

1~3拍：向右华尔兹步，两手背后。

★第三个三拍

1~3拍：向左华尔兹步，同时左手七位，右手三位（图3-1-5-26）。

★第四个三拍

1~3拍：向右华尔兹步。

图3-1-5-24

图3-1-5-25

图3-1-5-26

★第五个三拍和第六个三拍

1~3拍：向左巴塞转体360° 两次，二位手位（图3-1-5-27、图3-1-5-28）。

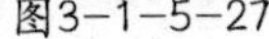
图3-1-5-27

图3-1-5-28

★第七个三拍

1~3拍：左腿向侧一步，右脚点地，同时两手七位手。

★第八个三拍

1~3拍：右腿向后画圈至后点地，同时左手七位手、右手前上举（图3-1-5-29、图3-1-5-30）。

图3-1-5-29

图3-1-5-30

★第九个三拍至第十六个三拍

第九至第十六个三拍与第一至第八个三拍动作相同，但方向相反。

※第二段

★第十七个三拍

1~3拍：向左前华尔兹步，左手前上举，右手七位，眼睛看左手（图3-1-5-31、图3-1-5-32）。

图3-1-5-31

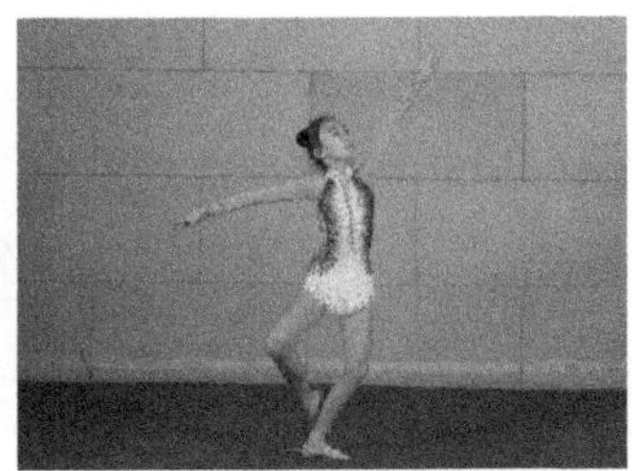
图3-1-5-32

★第十八个三拍

1~3拍：向左后华尔兹步，两手七位，眼睛看左手（图3-1-5-33、图3-1-5-34）。

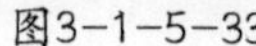

图3-1-5-33

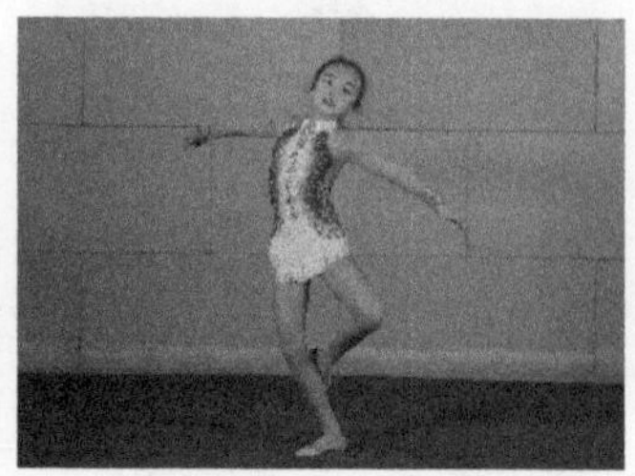

图3-1-5-34

★第十九个三拍和第二十个三拍

1~3拍：向后华尔兹步两次，手臂随身体摆动。

★第二十一个三拍

1~3拍：向左前跳华尔兹步一次，同时两手心向外体前打开（图3-1-5-35）。

图3-1-5-35

★第二十二个三拍

1~3拍：左转180°向后跳华尔兹步一次，同时两手经三位至七位（图3-1-5-36）。

图3-1-5-36

★第二十三个三拍

1拍：二位立（图3-1-5-37）。

2拍：五位蹲（图3-1-5-38）。

3拍：二位立。

图3-1-5-37

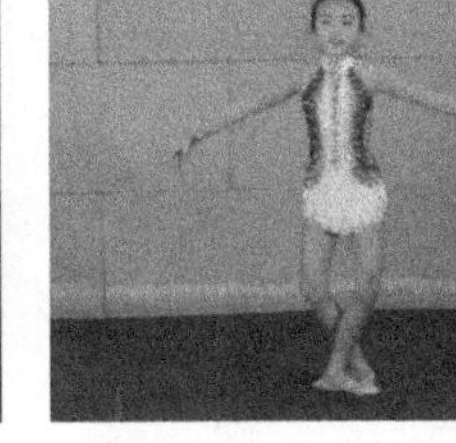

图3-1-5-38

★第二十四个三拍

1~3拍：经五位蹲站起成直立。

★第二十五个三拍至第三十二个三拍

第二十五个三拍至第三十二个三拍与第十七个三拍至第二十四个三拍动作相同，但方向相反。

※结束姿势

五位脚站立，一位手位（图3-1-5-39）。

图3-1-5-39

★练习提示

①华尔兹步动作节拍为三拍，练习时动作节奏清晰，立踵高，两腿有控制地屈伸。

②熟练掌握正确的不同方向的华尔兹步的动作要领，再进行组合练习。

③先用口令慢速、分段练习，再配合音乐进行完整练习。

六、跳、转、平衡动作与组合

（一）跳步动作与组合

跳跃是艺术体操不可缺少的一部分，在起跳后的身体腾空阶段中，可做很多舞姿和转体，以及各种变化造型，增加艺术体操的难度和艺术性，因此要严格训练。

1. 基本动作

（1）向侧击腿跳（以右脚为例）

右脚在左脚前交叉一步，稍屈膝。右脚蹬地跳起，同时左脚向左侧摆起，右脚随即迅速靠拢左腿，右脚击左脚（脚内侧相击），此时，身体在空中成一斜线，两臂侧平举。

动作要领：蹬地跳起时收腹立腰，重心高，左腿摆起至侧下举、制动，摆腿和击脚要快，身体向起跳脚一侧倾斜。

（2）变身跳

左脚向前一步稍屈膝，右脚向前上踢腿摆起，同时左脚蹬地跳起。空中向左转体180°，此时，前踢的右腿变成后举。右腿摆起时，两臂由侧平举摆至上举。

动作要领：起跳脚蹬地要有力，重心高，注意摆腿至最高点时，用足尖和髋的力量转身。转体后，后腿不要向下掉，两腿要尽量分开，要用背肌有力地控制腿的后举。

（3）前踢腿跳

立踵站立开始，两腿依次向前踢起至前下举，动作只在髋部运动，支撑腿可稍弯曲。

动作要领：前踢腿时收腹立腰、提臀，空中脚背膝盖伸直，落地轻巧。

（4）小跨跳

左脚向前一步蹬地跳起，右腿直膝向前上方摆起、跨出，在空中时，左腿向后上方拉开、两腿伸展，上体立直。右脚落地缓冲，同时重心前移。

动作要领：蹬地跳起同时收腹拔腰，腾空高，在空中右腿向上摆动要快，落地提气、稍屈膝缓冲，重心及时跟进。

（5）并步跳

①向前并步跳：右腿支撑站立，左腿前点地，两臂侧平举。右腿屈膝重心前

移至左脚蹬地跳起，空中右腿并于左腿后侧，然后左脚落地。

②向侧并步跳：左肩对前进的方向，右腿支撑站立，左脚侧点地，两臂侧平举。右腿屈膝重心侧移到左脚、蹬地跳起，空中右腿并于左腿，然后右腿落地。

动作要领：迈步后，经屈膝、重心前（侧）移至支撑腿、蹬地跳起，空中后腿与蹬地腿并拢伸直，前脚掌落地再过渡到全脚，同时屈膝缓冲，重心前移，身体向上立直。

（6）屈膝交换腿跳（猫跳）

自然站立，两臂上举呈三位手。左脚上步蹬地跳起，与右腿在体前屈膝交换，右脚、左脚依次落地。上体立直、稍向前倾，手臂控制不动，头向左看，连续向前行进，完成屈膝交换腿练习。

动作要领：前脚掌蹬地向前上方跳起，膝关节和脚背带动两腿，完成空中交换腿动作。腾空时，收腹拔腰、提气。前脚掌先落地再过渡到全脚，重心随之前移。

2. 跳步动作组合

※预备姿势

左腿屈膝，脚尖点地并在右脚脚踝处，同时左臂后摆至斜下45°，右臂前上举（左手掌心向后，右手掌心向下）（图3-1-6-1）。

图3-1-6-1

★第一个八拍

1~4拍：左脚向侧一步，向左侧身体波浪一次，至左手上举右手贴于体侧停止（图3-1-6-2至图3-1-6-4）。

图3-1-6-2

图3-1-6-3

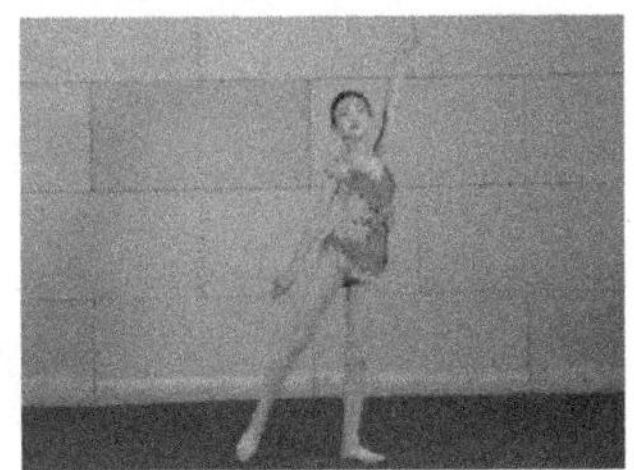

图3-1-6-4

5~8拍：右脚向左脚并，同时两脚立踵向左转360°，两手成三位，最后一拍还原至一位。（图3-1-6-5至图3-1-6-8）。

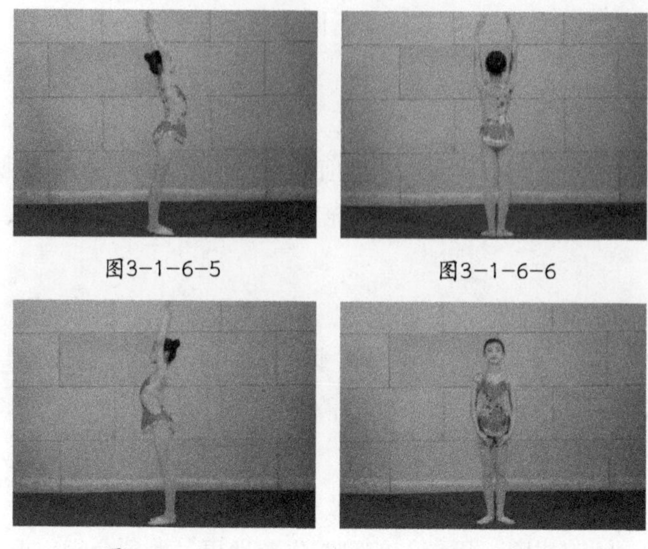

图3-1-6-5　　图3-1-6-6

图3-1-6-7　　图3-1-6-8

★第二个八拍

1~2拍：向左做左脚侧并步，两臂侧平举（头向左转）（图3-1-6-9、图3-1-6-10）。

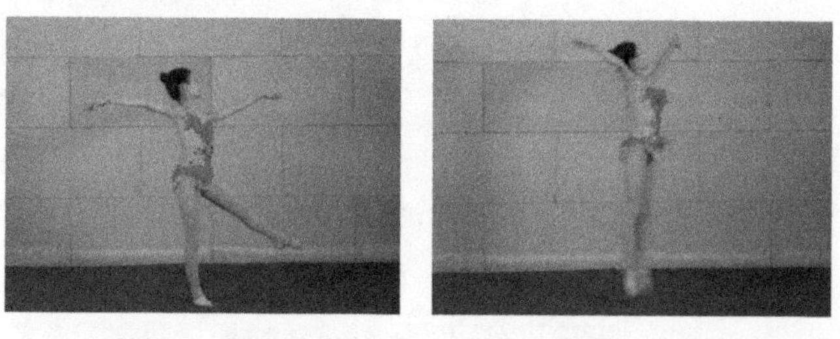

图3-1-6-9　　图3-1-6-10

3~4拍：右脚向七点方向做变身跳至右腿屈膝落地、左腿后摆90°，同时两臂体前交叉大绕环至右臂前举、左臂后举（图3-1-6-11至图3-1-6-14）。

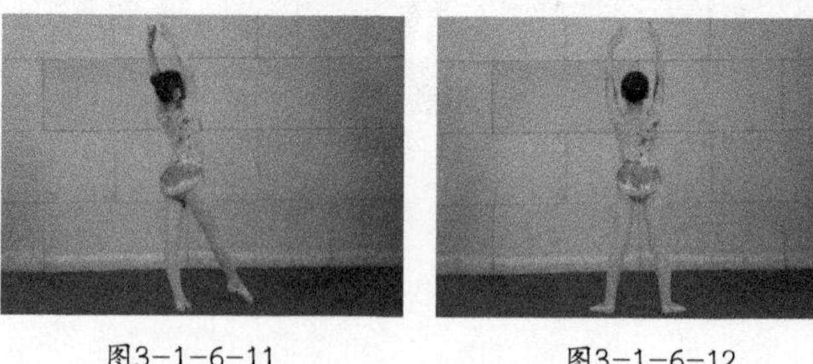

图3-1-6-11　　图3-1-6-12

图3-1-6-13

图3-1-6-14

5~8拍：两脚并拢屈膝，向左碎步转体360°，同时两臂做立圆360°，结束时还原至一位手（图3-1-6-15至图3-1-6-19）。

图3-1-6-15

图3-1-6-16

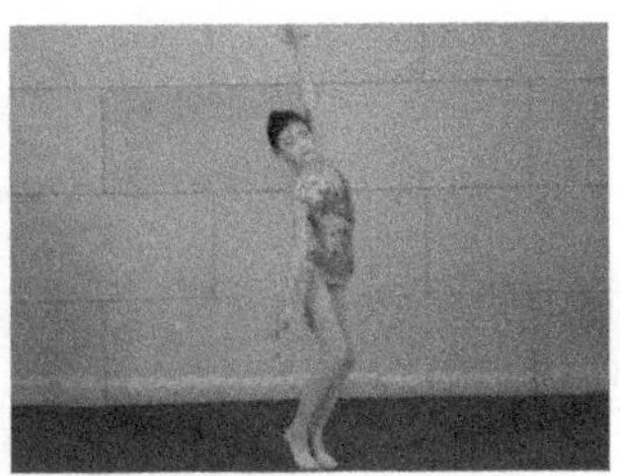
图3-1-6-17

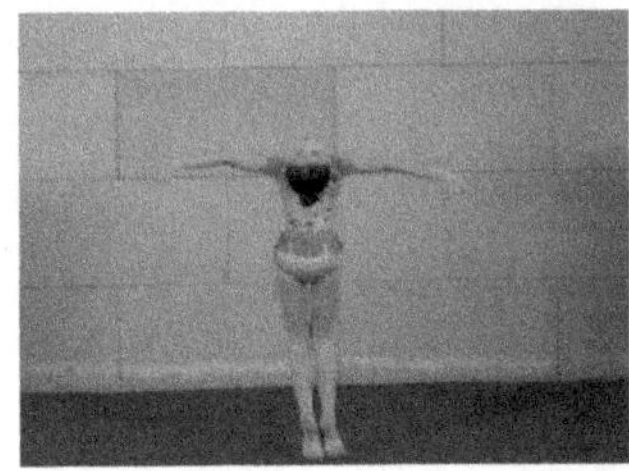
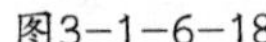
图3-1-6-18

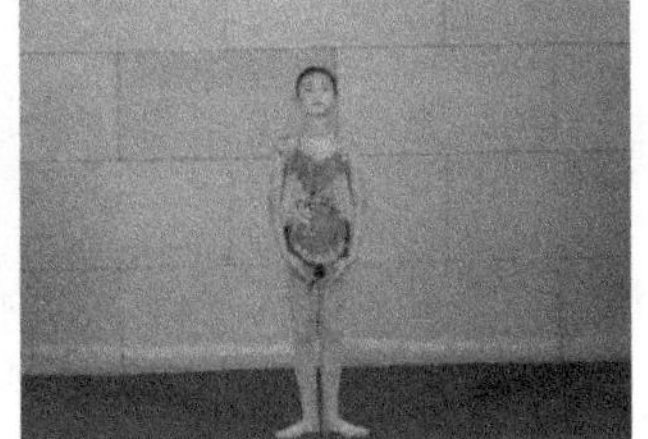
图3-1-6-19

★第三个八拍

第三个八拍与第二个八拍动作相同，但方向相反。

★第四个八拍

1~4拍：一位手小跳3次，接屈膝一位蹲，两手成一位手（图3-1-6-20至图3-1-6-22）。

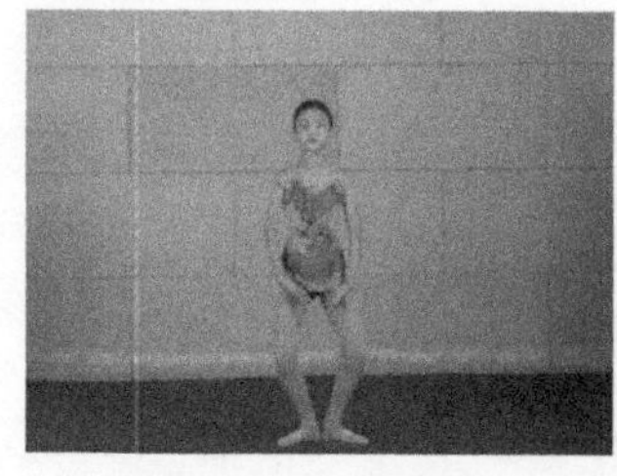
图3-1-6-20

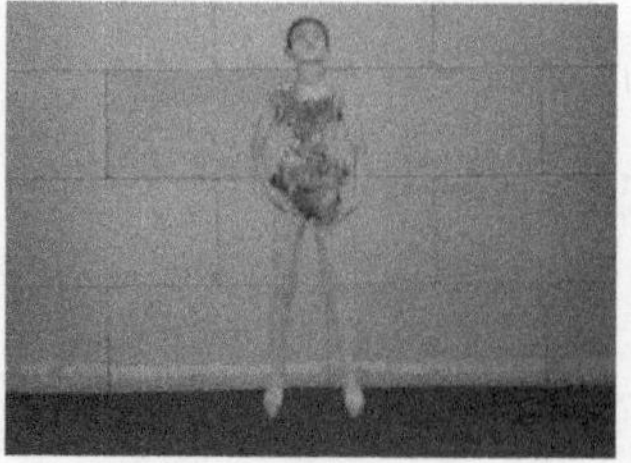
图3-1-6-21

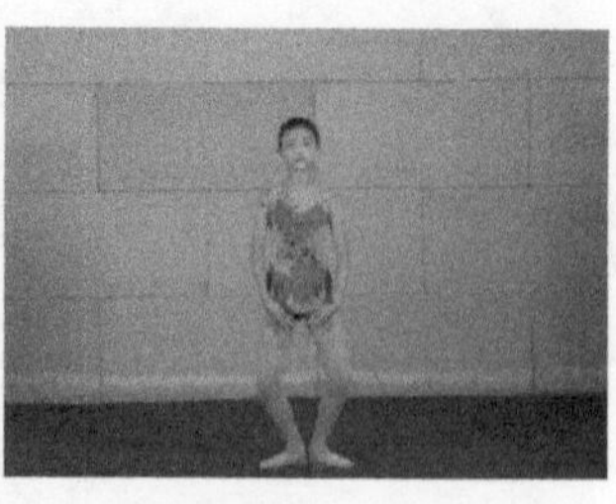
图3-1-6-22

5~6拍：两腿直立，同时两臂侧平举（图3-1-6-23）。

7~8拍：还原成直立，两手成一位手（图3-1-6-24）。

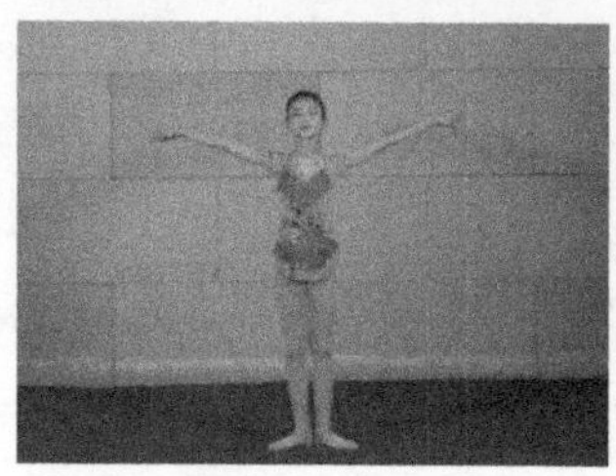
图3-1-6-23

图3-1-6-24

★第五个八拍

1~2拍：左腿向前脚尖点地，右腿屈膝，同时左臂侧上举右臂前下举（图3-1-6-25）。

3~4拍：还原成直立，两手一位（图3-1-6-26）。

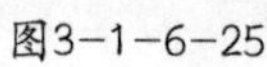
图3-1-6-25

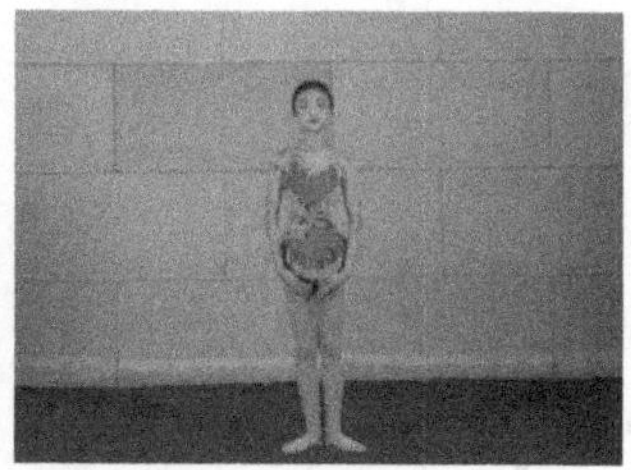
图3-1-6-26

5~6拍：右腿向后，脚尖点地，同时左臂前举、右臂侧上举（图3-1-6-27、图3-1-6-28）。

7~8拍：还原直立，两手一位。

图3-1-6-27

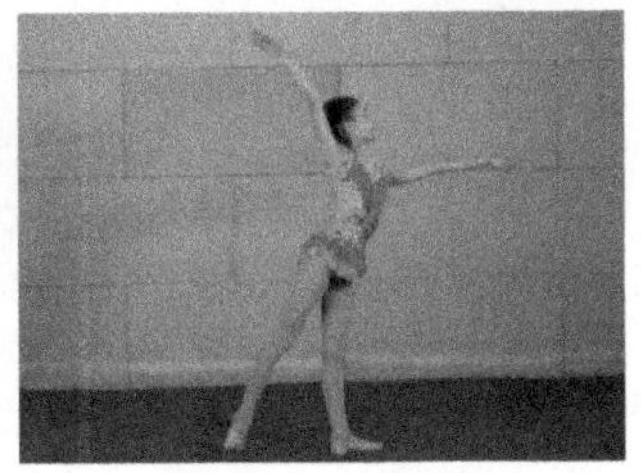

图3-1-6-28

★第六个八拍和第七个八拍

第六个八拍和第七个八拍与第四个八拍和第五个八拍动作相同，但方向相反。

★第八个八拍

1~2拍：身体左转45°，右腿、左腿依次提膝向前进，同时两臂在胸前交叉波浪打开至右臂侧举、左臂上举（图3-1-6-29、图3-1-6-30）。

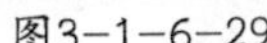

图3-1-6-29

图3-1-6-30

3~4拍：右腿向7点方向并步一次，同时左臂侧上举、右臂侧平举（图3-1-6-31）。

图3-1-6-31

5~6拍：两脚提踵向前迈步，同时左臂经上摆至侧平举（图3-1-6-32、图3-1-6-33）。

图3-1-6-32

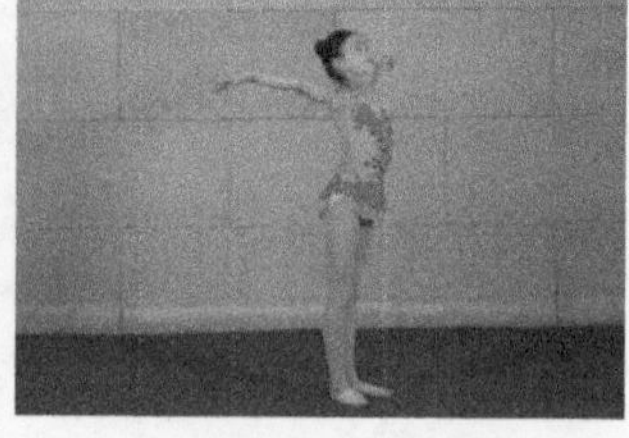
图3-1-6-33

7拍：右腿向8点方向做侧击腿跳（图3-1-6-34、图3-1-6-35）。

图3-1-6-34

图3-1-6-35

8拍：还原直立，两手一位（图3-1-6-36）。

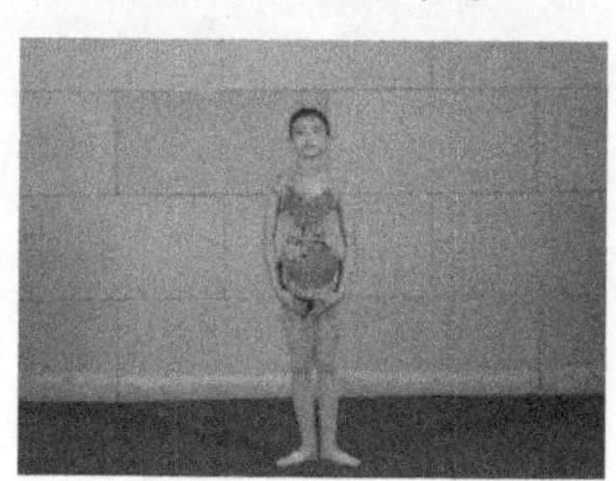
图3-1-6-36

★第九个八拍

1~4拍：面向8点方向，右脚、左脚依次前踢腿跳，一拍一动，两手成二位（图3-1-6-37）。

图3-1-6-37

5~8拍：右、左脚交替后踢腿跳，一拍一动，向右转至1点方向，同时两臂向前上下依次波浪摆动（图3-1-6-38至图3-1-6-40）。

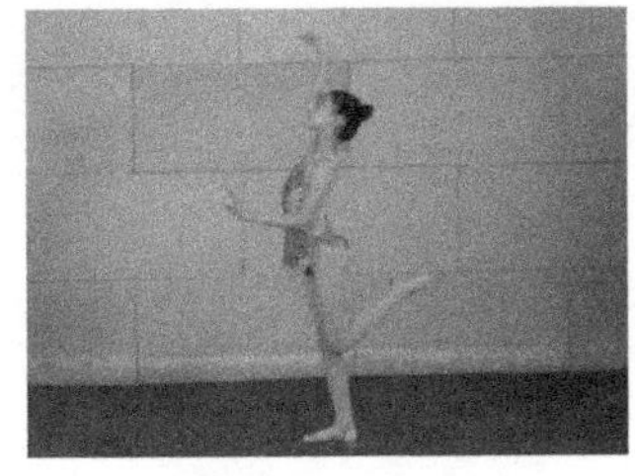
图3-1-6-38

图3-1-6-39

图3-1-6-40

★第十个八拍和第十一个八拍

第十个八拍和第十一个八拍与第八个八拍和第九个八拍动作相同，但方向相反。

★第十二个八拍

1~2拍：屈膝跳至二位蹲，同时两手经体前交叉打开成侧平举（图3-1-6-41、图3-1-6-42）。

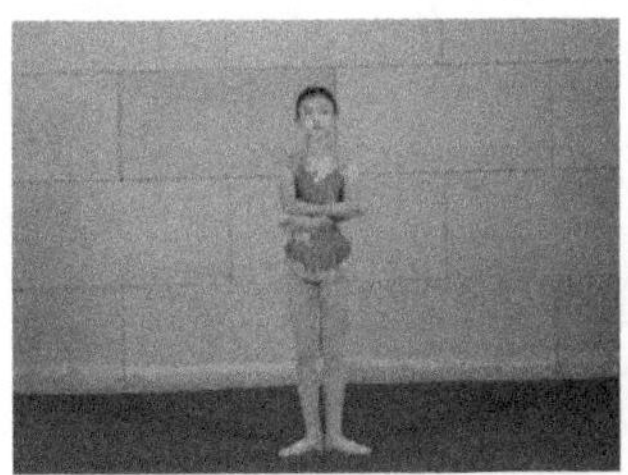
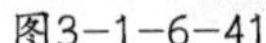
图3-1-6-41

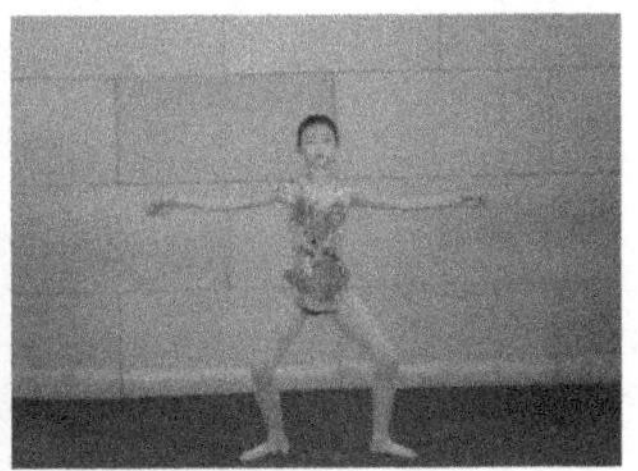
图3-1-6-42

3~4拍：身体右转45° 跳成右脚在前的五位脚，同时两臂下摆至一位。结束时面向1点还原成直立，两手保持一位（图3-1-6-43）。

5~8拍：与1~4拍动作相同，但方向相反。

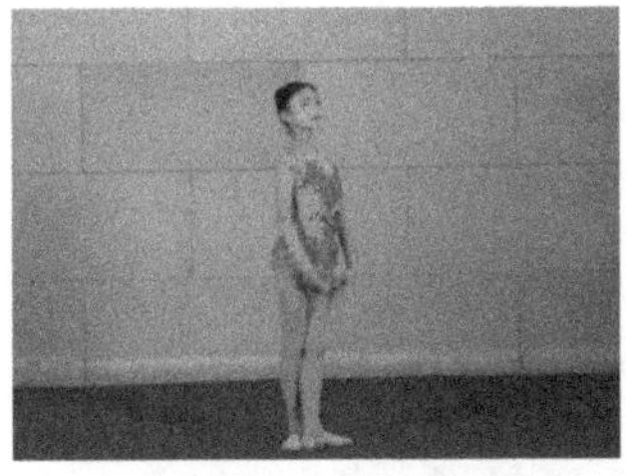
图3-1-6-43

★第十三个八拍

1拍：左腿侧吸腿提踵，同时两手成一位（图3-1-6-44）。

图3-1-6-44

2拍：还原成立踵站立，两臂侧平举（图3-1-6-45）。

图3-1-6-45

3拍：右脚在前五位蹲，两手成一位（图3-1-6-46）。

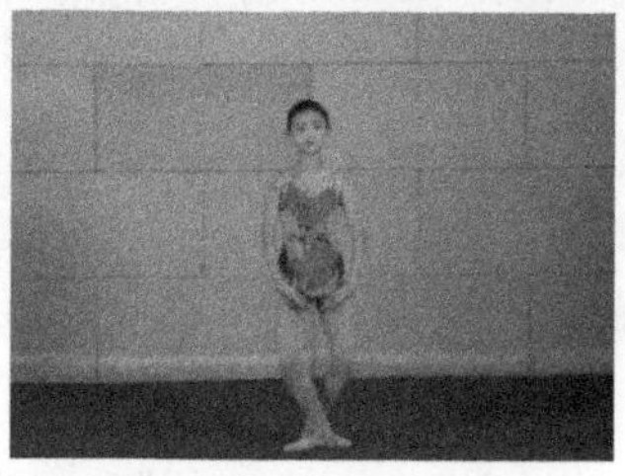

图3-1-6-46

4拍：还原成直立（图3-1-6-47）。

5~8拍：与1~4拍动作相同，但方向相反。

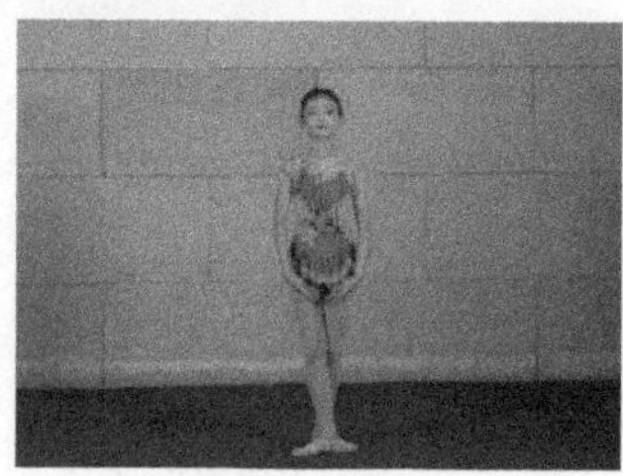

图3-1-6-47

★第十四个八拍

1拍：身体右转45°，右腿抬起向2点方向做小跨跳，重心由左脚移至右脚，同时两臂侧下举（图3-1-6-48至图3-1-6-50）。

2拍：与1拍动作相同，但方向相反。

3拍：与1拍动作相同。

4拍：与2拍动作相同。

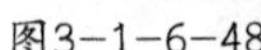
图3-1-6-48

图3-1-6-49

图3-1-6-50

5~6拍：面向2点方向，跳成右脚在前丁字步并屈膝下蹲，同时左臂侧平举、右臂侧上举（图3-1-6-51）。

图3-1-6-51

7~8拍：两腿伸直，两臂保持不动。结束时两手一位（图3-1-6-52）。

3-1-6-52

★第十五个八拍

1~4拍：面向3点方向，右腿向前小跨跳，左膝跪地，同时两臂经上大绕环至体侧（图3-1-6-53至图3-1-6-57）。

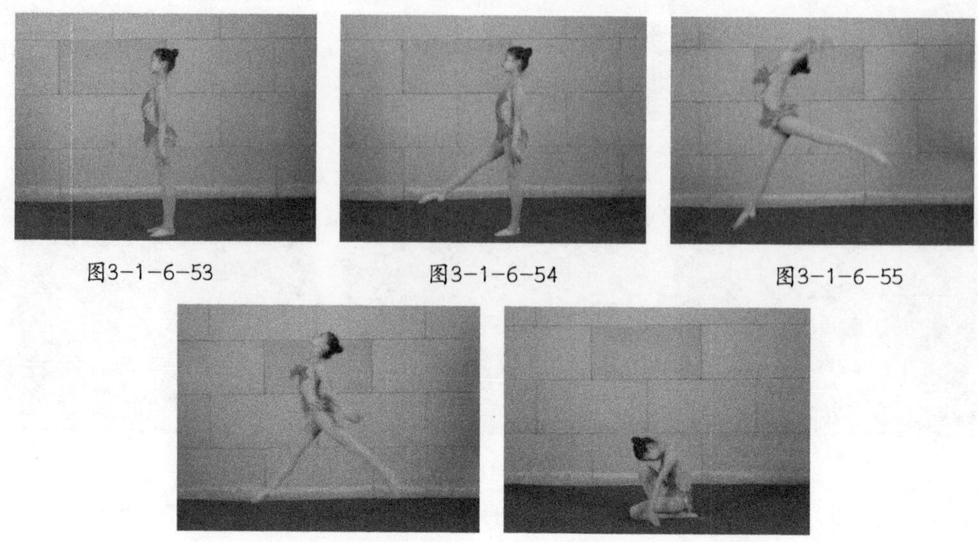

图3-1-6-53　图3-1-6-54　图3-1-6-55

图3-1-6-56　图3-1-6-57

5~8拍：臀转180°，成左腿屈膝跪地，右腿后撤脚尖点地，同时右手、左手依次向后大绕环至左臂侧上举、右臂侧下举（眼看左手）（图3-1-6-58至图3-1-6-61）。

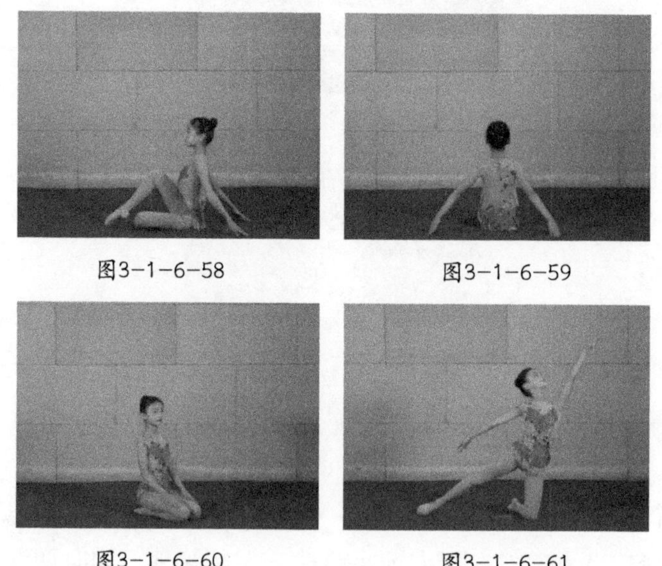

图3-1-6-58　图3-1-6-59

图3-1-6-60　图3-1-6-61

※结束姿势

身体面向8点方向，左腿屈膝跪地，右腿后撤脚尖点地，同时左臂向后侧下举、右臂侧上举（图3-1-6-62）。

图3-1-6-62

★练习提示

①进行前摆交换腿跳转180°练习时，需注意手臂和动作配合，在两腿交换时，上体和头很迅速地向左转。

②所有的跳步动作都要注意起跳的高度，以及两腿在空中的控制姿态和落地要领。

③在连接组合动作的过程中体会音乐节奏的变化，学会听节拍。

④进行前摆交换腿跳转180°练习时，需注意手臂和动作配合，在两腿交换时，上体和头迅速地向左转体180°。进行左腿侧吸腿立踵练习时，需先进行左腿侧吸腿平衡练习，坚持时间越长越好，再提高练习难度。

（二）转体平衡组合

转体是艺术体操练习不可缺少的一部分，以单脚或双脚为支点，绕身体的垂直轴转动的动作。如双脚转体180°、单脚转体360°。转体的周数越多，难度越大。转体的方法很多，变化丰富多彩。

平衡动作是以身体某一部位为支点，控制身体重心，保持一定姿态的静止动作。主要指单脚支撑的平衡，单膝或臀部支撑在地面上，配合手臂、躯干和腿所构成的姿态平衡，还有以身体其他部位为支撑的平衡。平衡动作要求有良好的柔韧性和肌肉协调用力控制平衡的能力，通过练习可发展肌肉力量及控制重心稳定性的能力。

1. 基本动作

（1）转　体

①以两脚为轴心的转体：左脚在右脚前交叉一步，稍屈膝，提踵立，以两脚前脚掌为轴，向右转体270°，成右脚在前的起踵站立，两臂上举。

动作要领：转动轴与地面垂直，提踵高，转体度数准确。

②前吸腿转180°：左脚蹬地经屈膝向右腿移重心，右腿蹬直起踵，左臂、右臂

经侧举打开至上举，同时带动身体向右转180°，左腿屈膝脚，尖靠近右腿膝关节上方。

动作要领： 蹬地向上立时，提踵立高，以摆臂带动肩、手臂绕纵轴转动。

（2）平　衡

①前举腿平衡：右腿支撑站立，左腿向前举至水平，上体向相反方向稍倾倒，保持在2秒以上。

动作要领： 重心落在支撑腿的脚掌上，支撑腿、脚掌、举腿方向同侧的躯干和腿部肌肉协调用力控制平衡。

②屈膝前举腿平衡：右腿站立，同时左腿屈膝前举，大腿不低于90度，大小腿成钝角，膝和脚面绷直向外，两手成五位静止不动。

动作要领： 姿态正确，提踵立高，动作平衡，保持静止不动。

③俯平衡：左腿站立，上体前倾至水平部位，右腿后举至90°，同时两臂侧举。

动作要领： 上体挺胸抬头下压，同时后腿向后上方举起。支撑腿绷直，用全脚掌控制平衡。

④巴塞平衡：右腿站立，左腿侧吸腿（脚尖点在膝盖外侧），大腿不低于90°，大小腿成钝角，膝和脚面绷直向外，两手成三位手静止不动。

动作要领： 支撑腿充分伸直，重心控制在支撑腿上，收腹立腰，上体正直。

2. 转体平衡组合

※预备姿势

左腿向左一步，脚尖点地，右腿微屈，两臂胸前交叉（右臂搭在左臂上），两手自然下垂，头向右侧倒（图3-1-6-63）。

图3-1-6-63

★第一个八拍

1~2拍：身体右转45°，左腿并于右腿，同时两臂上举成三位手（图3-1-6-64、图3-1-6-65）。

3~4拍：上体经前屈至低头含胸，同时两腿屈膝（图3-1-6-66、图3-1-6-67）。

图3-1-6-64

图3-1-6-65

图3-1-6-66

图3-1-6-67

★第二个八拍

1~2拍：右腿向前一步成脚尖点地，两手成一位（图3-1-6-68）。

3~4拍：左腿抬起，右腿屈膝，同时两手成五位（图3-1-6-69）。

5~8拍：与1~4拍动作相同，但方向相反。

图3-1-6-68

图3-1-6-69

★第三个八拍

1拍：上体直立向左转45°，两手叉腰，同时两腿屈膝（图3-1-6-70）。

2拍：两腿伸直，上体还原成直立，两手保持叉腰（图3-1-6-71）。

3~4拍：与1~2拍动作相同，但方向相反。

图3-1-6-70

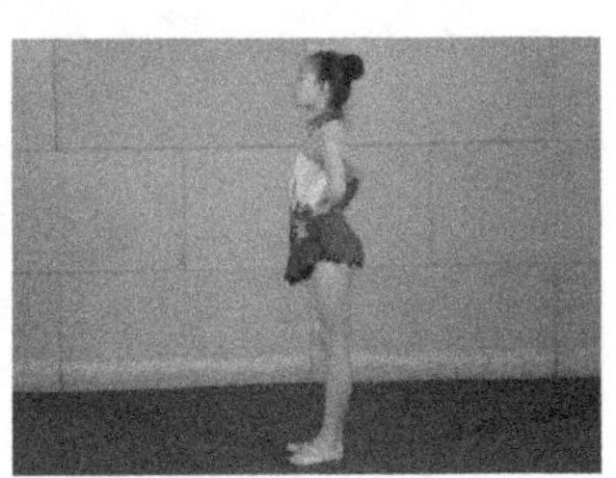
图3-1-6-71

5~8拍：右腿前交叉于左腿（右脚尖点地），两腿原地提踵碾转270°，同时右臂侧上举，左手一位（右臂向下、左臂向上绕立圆）（图3-1-6-72至图3-1-6-76）。

图3-1-6-72

图3-1-6-73

图3-1-6-74

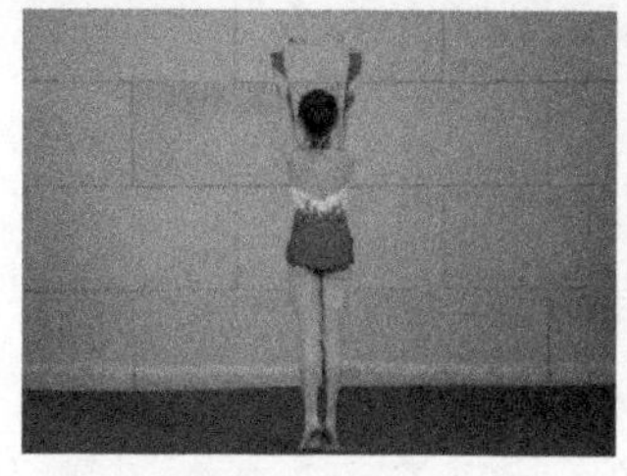
图3-1-6-75

图3-1-6-76

★第四个八拍

第四个八拍与第一个八拍动作相同，但方向相反。

★第五个八拍

1~2拍：身体面向8点方位，左腿向前屈膝抬起（大腿高于小腿），右腿屈膝半蹲，左手成二位手（图3-1-6-77）。

3~4拍：左腿伸直脚落地（重心前移），右脚脚跟抬起，同时左臂打开成侧平举（图3-1-6-78）。

5~8拍：与1~4拍动作相同，但方向相反。

图3-1-6-77

图3-1-6-78

★第六个八拍

1~4拍：左腿向前一步，成燕式平衡（图3-1-6-79）。

图3-1-6-79

5~8拍：左腿不动，右腿向左腿靠拢站立，同时两手叉腰，由右脚开始踏步向右转180°（图3-1-6-80至图3-1-6-83）。

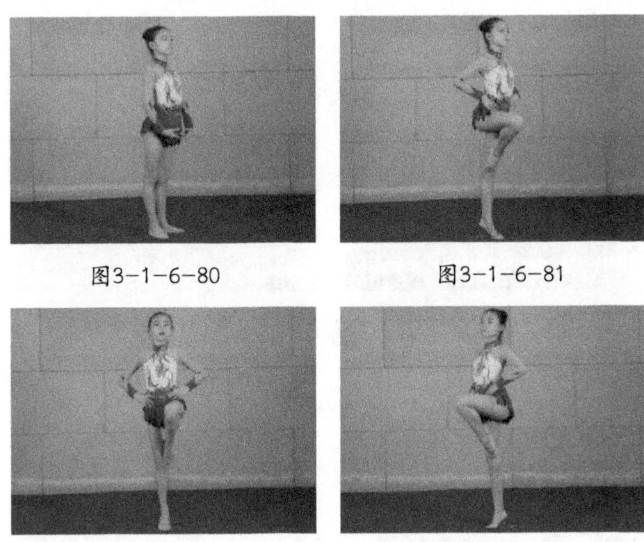

图3-1-6-80　图3-1-6-81

图3-1-6-82　图3-1-6-83

★第七个八拍

1~2拍：左脚向左擦地，两腿屈膝半蹲，左臂经一位手至侧平举，同时右腿伸直脚尖点地（身体左倾）（图3-1-6-84至图3-1-6-86）。

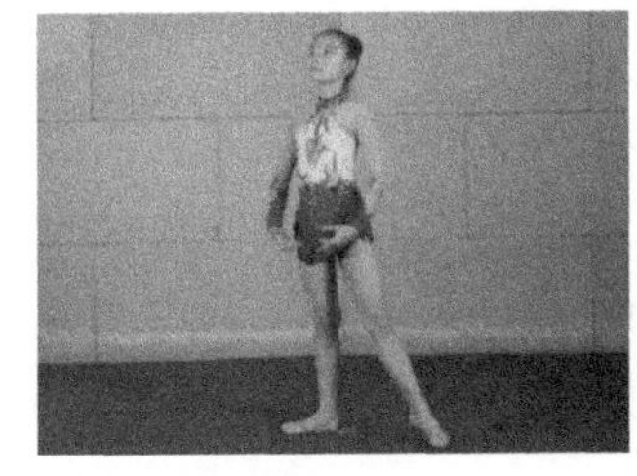

图3-1-6-84

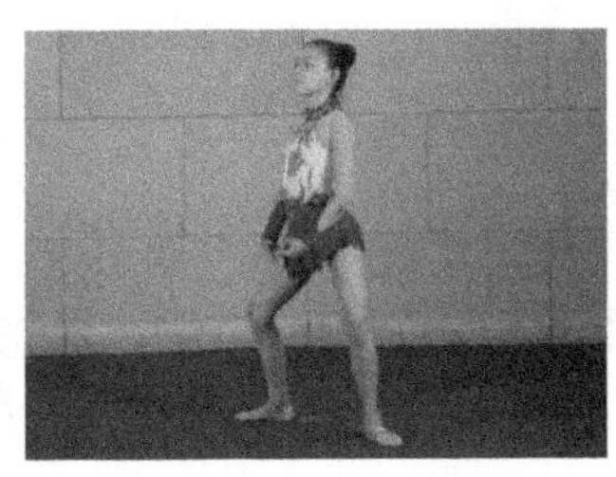

图3-1-6-85

图3-1-6-86

3拍：右腿收回屈膝半蹲（重心在两腿中间）（图3-1-6-87）。

4拍：重心移至右脚，左腿伸直脚尖点地，同时右臂打开至侧平举（图3-1-6-88）。

5~6拍：左腿后撤一步，重心留在右腿，左臂侧举，右臂成二位（图3-1-6-89）。

图3-1-6-87

图3-1-6-88

图3-1-6-89

7~8拍：左腿吸腿向右转体180°，同时两臂交叉于胸前，左腿落地（图3-1-6-90至图3-1-6-93）。

图3-1-6-90

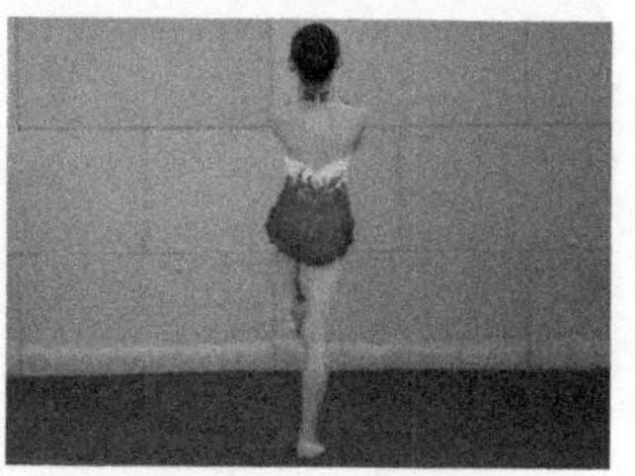

图3-1-6-91

图3-1-6-92

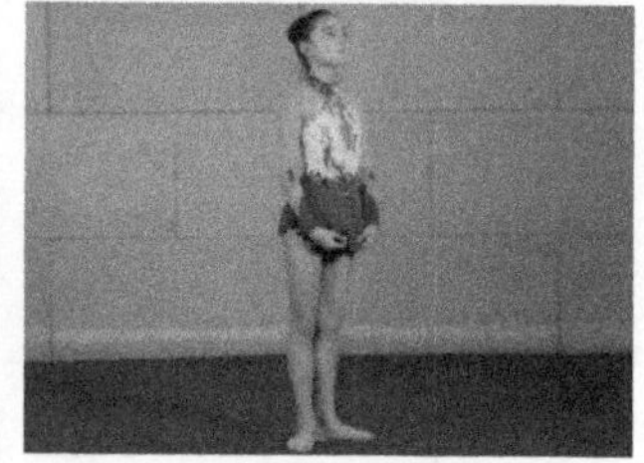

图3-1-6-93

★第八个八拍至第十个八拍

第八个八拍与第二个八拍动作相同，但方向相反。

第九个八拍与第三个八拍动作相同，但方向相反。

第十个八拍与第五个八拍动作相同，但方向相反。

★第十一个八拍

1~4拍：与第六个八拍的1~4拍动作相同，但方向相反。

5~6拍：左腿跪地，同时两臂贴于体侧（图3-1-6-94）。

7~8拍：右腿也跪地，两腿并拢（图3-1-6-95）。

图3-1-6-94

图3-1-6-95

★第十二个八拍

1~3拍：两臂经前依次做上下手臂波浪（图3-1-6-96）。

4拍：两臂还原成三位手（图3-1-6-97）。

图3-1-6-96

图3-1-6-97

5~8拍：左膝开始向前依次迈步，同时左臂开始依次向下推波浪（图3-1-6-98至图3-1-6-100）。

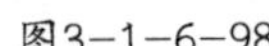

图3-1-6-98

图3-1-6-99

图3-1-6-100

★第十三个八拍

1~2拍：屈膝跪地，臀部坐于脚踝，两臂经侧至三位手，同时上体向左转90°（图3-1-6-101、图3-1-6-102）。

3~4拍：两臂经侧波浪至斜下举，同时屈膝坐于脚踝（图3-1-6-103）。

图3-1-6-101

图3-1-6-102

图3-1-6-103

5~6拍：左脚向前迈步站立，右腿后点，同时两臂斜上举（图3-1-6-104、图3-1-6-105）。

7~8拍：右腿向左腿并拢成直立，两臂上举直立（图3-1-6-106）。

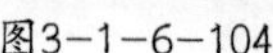
图3-1-6-104

图3-1-6-105

图3-1-6-106

★第十四个八拍

1~4拍：左腿巴塞，两臂上举成三位（图3-1-6-107）。

图3-1-6-107

5~8拍：左腿还原（图3-1-6-108）。

图3-1-6-108

★第十五个八拍

1~4拍：左腿向左迈步，完成向左侧波浪一次（图3-1-6-109至图3-1-6-111）。

图3-1-6-109

图3-1-6-110

图3-1-6-111

5~6拍：左腿伸直，右脚脚尖点地，同时两臂前上方依次做上下手臂波浪（图3-1-6-112）。

7~8拍：两腿并拢膝关节微屈，双手合十屈臂于左肩，头向左屈（图3-1-6-113）。

图3-1-6-112

图3-1-6-113

★第十六个八拍

与第十五个八拍动作相同，但方向相反。

※结束姿势

两腿并拢膝关节微屈，双手合十屈臂于右肩，头向右屈（图3-1-6-114）。

图3-1-6-114

★练习提示

①转体动作先分解练习转体180°，然后配合手臂动作进行完整动作的练习。

②巴塞转先原地练习巴塞起踵立，在立的基础上学习手的动作，然后过渡到转体。

③在学习平衡动作之前，需先进行劈叉和躯干弯曲等各种柔韧练习。在坐、卧、站立支撑时，练习举腿、控腿、扳腿平衡动作。可以先借助把杆练习，然后再到徒手离把练习。

④先熟练掌握每段中的单个动作组合，再进行分段配音乐练习，注意听好节拍。

第二节　徒手体操成套练习

一、水平一：徒手成套动作

水平一徒手套路动作共2分44秒，32个八拍，可分为4段，包括一段地面动作和一段站立动作，其中包含踏步坐姿、跪姿、勾绷脚、体前屈、腰背肌等地面动作，站姿动作包含提踵立、碎步移动、提踵碎步转体等。该套动作可发展儿童及青少年全身力量、灵敏和协调能力。

建议配合音乐《Oare Cat（Really How Mach）》进行练习。

※预备姿势

屈体坐，脚尖点地，两臂交叉环膝（图3-2-1-1）。

图3-2-1-1

※第一段

★第一个八拍

同预备姿势动作。

★第二个八拍

1~6拍：头部两拍一动依次向左、向右侧屈（图3-2-1-2）。

7~8拍：两腿伸直，同时两臂向外打开至身体两侧，指尖点地（图3-2-1-3）。

图3-2-1-2

图3-2-1-3

★第三个八拍

1~4拍：两腿屈膝至胸前，同时两臂交叉环膝（图3-2-1-4）。

图3-2-1-4

5~8拍：两腿伸直，同时两臂向外打开至身体两侧，指尖点地。

★第四个八拍

与第三个八拍动作相同。

★第五个八拍

1~2拍：右脚勾，左脚绷，同时头部向左侧屈（图3-2-1-5）。

图3-2-1-5

3~4拍：左脚勾，右脚绷，同时头部向右侧屈。

5~6拍：右脚勾，左脚绷，同时头部向左侧屈。

7~8拍：右脚不动，左脚勾，同时头部还原。

★第六个八拍

1~4拍：两脚勾起由内外旋至绷脚（图3-2-1-6）。

图3-2-1-6

5~6拍：两脚由外向内旋至勾脚。

7~8拍：绷脚还原。

★第七个八拍

1~2拍：右腿屈膝至胸前，同时两臂交叉环膝（图3-2-1-7）。

3~4拍：左腿还原，同时左臂前伸触脚尖，右臂后上举（图3-2-1-8）。

5~8拍：上体继续前屈两次。

图3-2-1-7

图3-2-1-8

★第八个八拍

第八个八拍与第七个八拍动作相同，但方向相反。

※第二段

★第九个八拍

1~2拍：两臂经后绕至三位手。

3~4拍：两臂经侧还原。

5~6拍：上体前屈，两臂前伸抱于脚踝，低头含胸（图3-2-1-9）。

7~8拍：上体还原。

图3-2-1-9

★第十个八拍

第十个八拍与第九个八拍动作相同。

★第十一个八拍

1~2拍：右腿屈膝，脚尖点地。

3~4拍：右腿大腿保持不动，膝关节伸直（图3-2-1-10）。

5拍：右腿屈膝，脚尖点至左腿外侧（图3-2-1-11）。

6拍：右腿大腿保持不动，膝关节伸直。

7~8拍：还原。

图3-2-1-10

图3-2-1-11

★第十二个八拍

第十二个八拍与第十一个八拍动作相同，但方向相反。

★第十三个八拍

1~2拍：两腿屈膝至胸前，同时低头含胸。

3~4拍：两腿大腿保持不动，膝关节伸直，同时抬头（图3-2-1-12）。

5~6拍：两腿屈膝。

7~8拍：两腿并拢向左侧触地（图3-2-1-13）。

图3-2-1-12

图3-2-1-13

★第十四个八拍

1~4拍：两腿屈膝向左侧转体成跪立，两臂侧下举。

5~8拍：动作保持不动。

★第十五个八拍

1~2拍：两腿屈膝跪坐，同时含胸，两臂胸前交叉（图3-2-1-14）。

3~4拍：两臂由胸前交叉，经前向两侧手臂波浪推开。

5~6拍：上体向左侧屈，两臂做小波浪推开至右侧手臂侧上举，左臂伸直，手指触地（图3-2-1-15）。

7~8拍：上体直立，两臂由两侧还原至下举。

图3-2-1-14　　图3-2-1-15

★第十六个八拍

第十六个八拍与第十五个八拍动作相同，但方向相反。

※第三段

★第十七个八拍

1~2拍：上体前屈低头含胸（图3-2-1-16）。

图3-2-1-16

3~4拍：上体伸直成跪立，两臂由下经前上举至三位手（图3-2-1-17）。

5~6拍：左腿向左侧伸直，身体向右转45°，同时左臂在前、右臂在后打开（图3-2-1-18）。

7~8拍：还原。

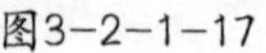

图3-2-1-17　　图3-2-1-18

★第十八个八拍

第十八个八拍与第十七个八拍动作相同，但方向相反。

★第十九个八拍

1~2拍：跪撑低头含胸（图3-2-1-19）。

3~4拍：跪撑塌腰抬头（图3-2-1-20）。

5~8拍：与1~4拍动作相同。

图3-2-1-19

图3-2-1-20

★第二十个八拍

1~2拍：右腿跪撑，左腿提膝于胸前，同时低头含胸（图3-2-1-21）。

3~4拍：右腿跪撑，左腿向后伸展，脚尖点地，同时塌腰抬头（图3-2-1-22）。

5~6拍：右腿跪撑，左腿提膝于胸前，同时低头含胸。

7拍：右腿跪撑，左腿后踢，同时塌腰抬头（图3-2-1-23）。

8拍：还原跪撑。

图3-2-1-21

图3-2-1-22

图3-2-1-23

★第二十一个八拍

第二十一个八拍与第二十个八拍动作相同，但方向相反。

★第二十二个八拍

1~6拍：两腿成跪坐动作，两臂伸直撑地，由头带动躯干及臀部，下颚、胸、腹依次贴地，同时使身体逐渐外展，直至手臂与地面成直角，抬头至最大限度（图3-2-1-24）。

图3-2-1-24

7~8拍：身体不动，直视前方。

★第二十三个八拍

1~2拍：左腿小腿屈，脚尖触头，同时头左倒（图3-2-1-25）。

图3-2-1-25

3~4拍：左腿伸直同时右腿屈，脚尖触头，同时头右倒。

5拍：同1~2拍动作。

6拍：同3~4拍动作。

7拍：同1~2拍动作。

8拍：左腿不动，右腿屈，脚尖触头，头后仰。

★第二十四个八拍

1~4拍：两腿小腿后屈，脚尖触头，同时头左倒（图3-2-1-26）。

5~6拍：收回成跪撑，还原至左脚踩地跪立（图3-2-1-27）。

7~8拍：还原直立。

图3-2-1-26

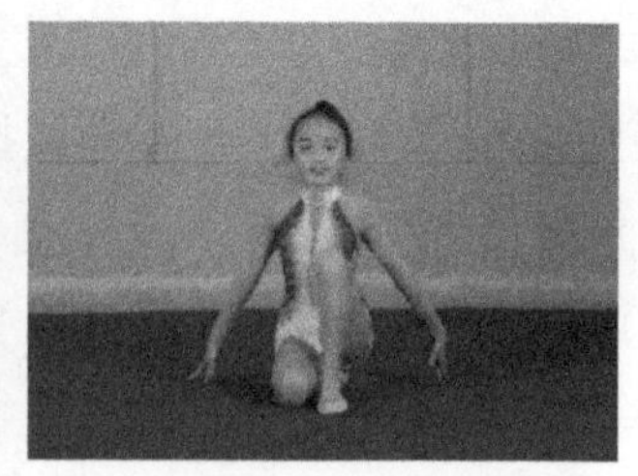

图3-2-1-27

※第四段

★**第二十五个八拍**

1~2拍：双脚提踵，两腿并拢，同时双手由下经前至三位（图3-2-1-28）。

3~4拍：双脚全脚掌落地，同时两臂由上经前落至身体两侧。

5~6拍：双脚提踵，同时两臂侧平举，头右倒（图3-2-1-29）。

7~8拍：落脚还原，两臂落至身体两侧。

图3-2-1-28

图3-2-1-29

★**第二十六个八拍**

第二十六个八拍与第二十五个八拍动作相同，但方向相反。

★**第二十七个八拍**

1~4拍：双脚提踵立，向右碎步移动，同时两臂由下经前至上举。

5~8拍：左腿向右前方点地，右腿屈膝，上体前倾，两臂由上经前打开至侧上举（图3-2-1-30）。

图3-2-1-30

★**第二十八个八拍动作**

第二十八个八拍动作与第二十七个八拍相同，但方向相反。

★**第二十九个八拍**

1~6拍：双脚提踵碎步向左转360°，同时右手三位手，左手二位手（图3-2-1-31a、图3-2-1-31b）。

7~8拍：双脚全脚掌落地，右臂上举。

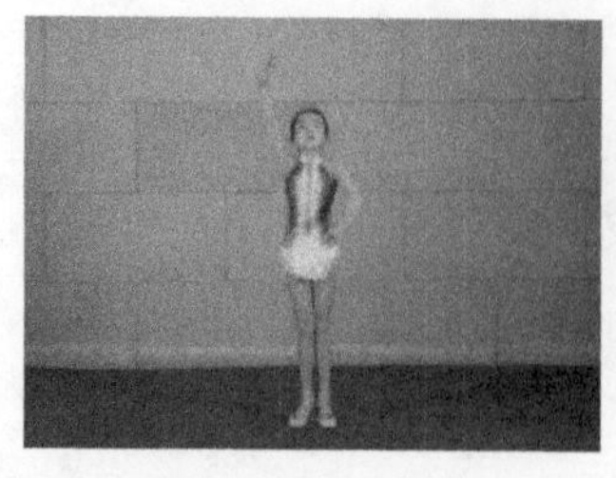
图3-2-1-31a

图3-2-1-31b

★第三十个八拍

1~8拍：左腿开始依次做滚动步，上体做后波浪动作（图3-2-1-32至图3-2-1-37）。

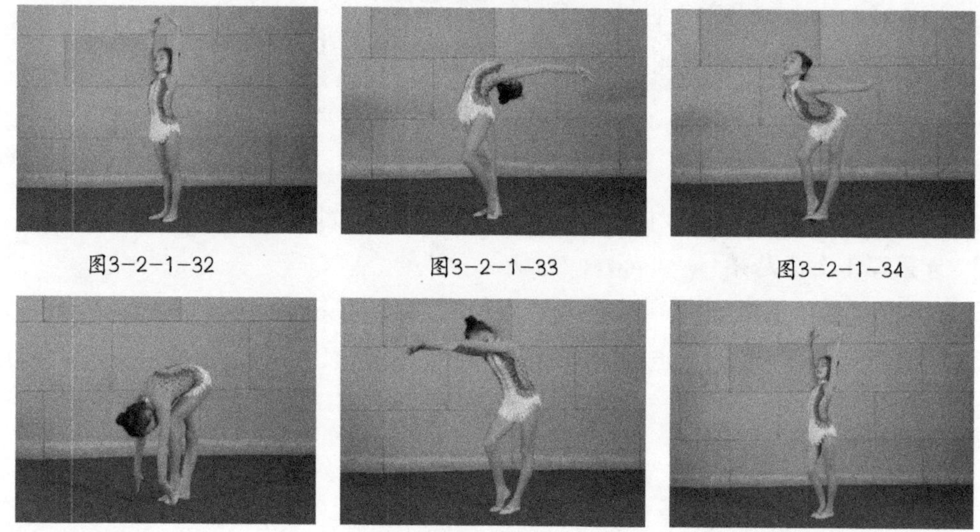
图3-2-1-32 图3-2-1-33 图3-2-1-34
图3-2-1-35 图3-2-1-36 图3-2-1-37

★第三十一个八拍和第三十二个八拍

第三十一个八拍和第三十二个八拍与第二十九个八拍、第三十个八拍动作相同，但方向相反。

※结束动作

右脚上步，使身体面向8点方位，同时两臂打开至左臂上举，右臂侧平举（图3-2-1-38）。

图3-2-1-38

★练习提示

①本组合以全身动作为主，建议先学习下肢动作，如提踵碎步转等，再结合上肢进行完整练习。

②在做碎步转体时应注意躯干的紧张以及两腿夹紧，脚跟上提保持平稳。

③本组合的难点是动作和音乐的配合，在学习动作的同时，应注重节奏感的训练。

二、水平二：徒手成套动作

本套动作共1分22秒，共16个八拍，主要包括波浪、华尔兹步、平转、后踢、吸腿立踵、侧击足跳、巴塞小跳、跨步、巴塞平衡、滑叉、乌龙绞柱等。这套动作对培养孩子的协调性、灵敏性、空间方位感等有很大的帮助。

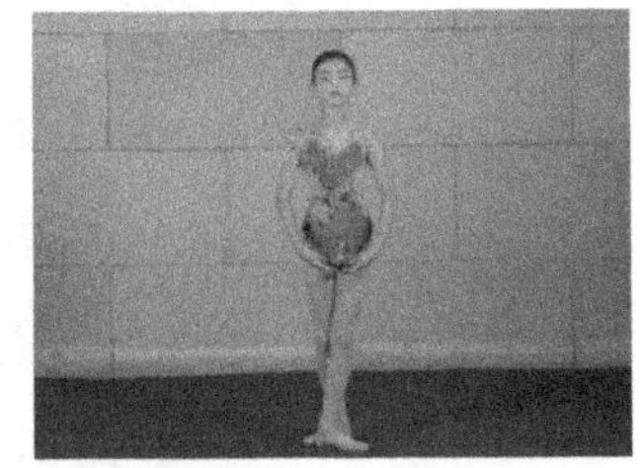
图3-2-2-1

※预备姿势

直立，小八字脚，一位手（图3-2-2-1）。

※准备节拍

两臂由一位经二位，至七位手（图3-2-2-2至图3-2-2-4）。

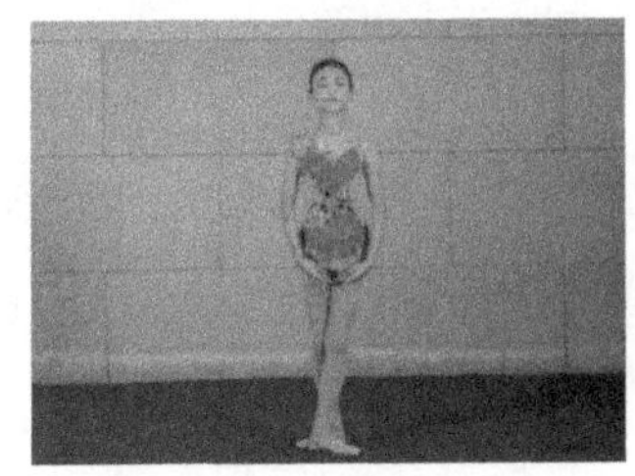
图3-2-2-2

图3-2-2-3

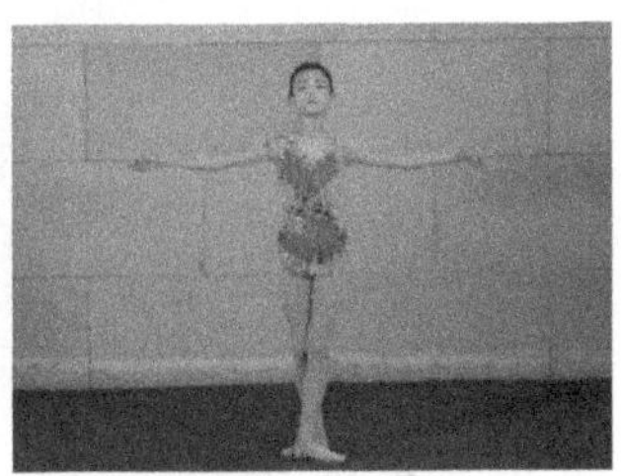
图3-2-2-4

★第一个八拍

1~2拍：左腿向侧擦地一次，收回至后五位脚（图3-2-2-5、图3-2-2-6）。

图3-2-2-5

图3-2-2-6

3~4拍：左腿向侧擦地，收回至前五位脚，手由七位手还原至一位手（图3-2-2-7、图3-2-2-8）。

图3-2-2-7　　图3-2-2-8

5~6拍：左腿向侧擦地，收回至后五位脚，手由一位经二位至七位。

7~8拍：五位蹲，同时手还原至一位手（图3-2-2-9、图3-2-2-10）。

图3-2-2-9

图3-2-2-10

★第二个八拍

1~4拍：左腿向侧擦地，向内画圈至右前，右腿蹲，两臂由一位经侧至腹前交叉（图3-2-2-11至图3-2-2-13）。

图3-2-2-11

图3-2-2-12

图3-2-2-13

5~8拍：左腿向外画圈至右后，两臂打开至左臂斜上、右臂侧举，推波浪一次（图3-2-2-14至图3-2-2-16）。

图3-2-2-14

图3-2-2-15

图3-2-2-16

★第三个八拍

第三个八拍与第一个八拍动作相同，但方向相反。

★第四个八拍

第四个八拍与第二个八拍动作相同，但方向相反。

★第五个八拍

1~2拍：向左华尔兹步，身体左转45°，两臂侧举随身体摆动（图3-2-2-17）。

3~4拍：向右华尔兹步，身体右转45°，两臂侧举随身体摆动（图3-2-2-18）。

图3-2-2-17

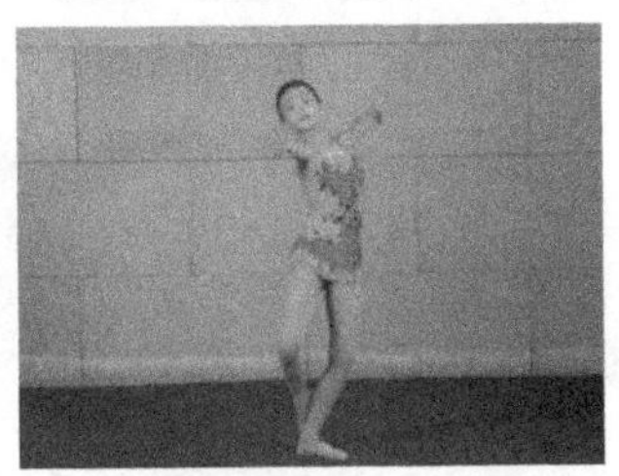

图3-2-2-18

5~6拍：向左前华尔兹步，左手三位，右手一位，眼睛看左手（图3-2-2-19）。

7~8拍：向右后华尔兹步，左手一位，右手三位，眼睛看左手（图3-2-2-20）。

图3-2-2-19

图3-2-2-20

★第六个八拍

1~4拍：向左前平转一圈，同时两手经体前至三位（图3-2-2-21、图3-2-2-22）。

图3-2-2-21

图3-2-2-22

5~6拍：左腿向前一步，右腿并于左腿，同时做向后身体波浪一次（图3-2-2-23至图3-2-2-25）。

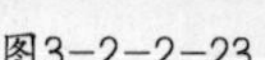
图3-2-2-23

图3-2-2-24

图3-2-2-25

7~8拍：向后踢右腿一次，同时两臂向前上方摆动一次（图3-2-2-26、图3-2-2-27）。

图3-2-2-26

图3-2-2-27

★第七个八拍

第七个八拍与第五个八拍动作相同，但方向相反。

★第八个八拍

第八个八拍与第六个八拍动作相同，但方向相反。

★第九个八拍

1~2拍：左腿吸腿向前立踵变换步一次，同时两手由一位经七位至体前交叉（图3-2-2-28、图3-2-2-29）。

图3-2-2-28

图3-2-2-29

3~4拍：右腿吸腿向左立踵变换步一次，同时两臂打开至左臂侧上举、右臂平举（图3-2-2-30、图3-2-2-31）。

5~6拍：与1~2拍动作相同。

图3-2-2-30

图3-2-2-31

7~8拍：向左跳转270°至右腿屈膝，左腿后举，两臂七位（图3-2-2-32至图3-2-2-35）。

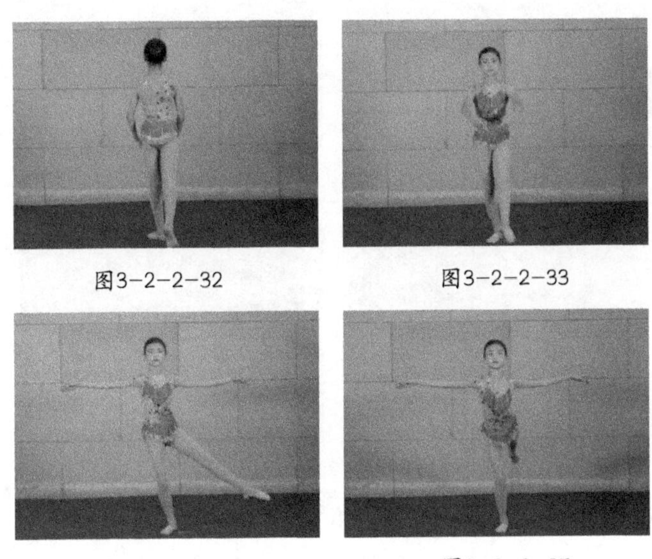

图3-2-2-32　图3-2-2-33

图3-2-2-34　图3-2-2-35

★第十个八拍

1~2拍：左转180°，左腿依次单起单落地小跳一次，同时左臂前举，右臂侧举（图3-2-2-36）。

图3-2-2-36

3~4拍：与1~2拍动作相同，但方向相反。

5~6拍：左腿向右上步，侧击足跳一次，同时右臂侧上举、左臂侧举（图3-2-2-37至图3-2-2-40）。

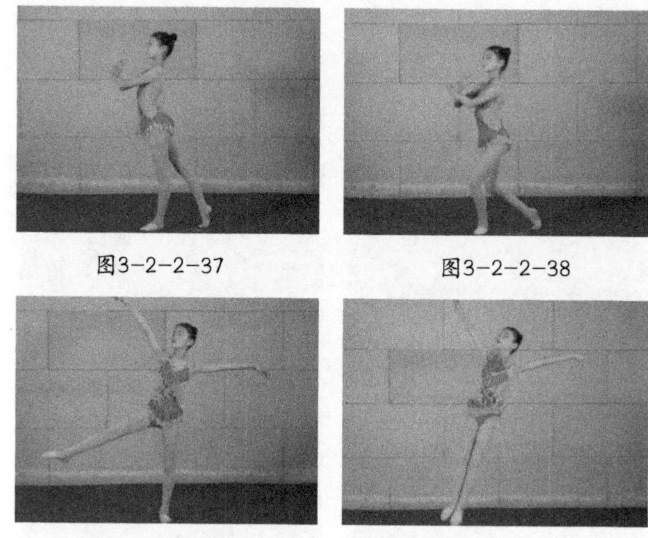

图3-2-2-37　图3-2-2-38

图3-2-2-39　图3-2-2-40

7~8拍：五位蹲一次，两臂还原至一位（图3-2-2-41）。

图3-2-2-41

★第十一个八拍

1~2拍：右腿巴塞小跳一次，同时右臂七位、左臂一位（图3-2-2-42至图3-2-

2-44）。

图3-2-2-42

图3-2-2-43

图3-2-2-44

3~4拍：与1~2拍动作相同，但方向相反。

5~8拍：向左跨步跳两次，两臂摆至左臂前举、右臂侧举（图3-2-2-45至图3-2-2-47）。

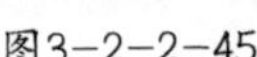

图3-2-2-45

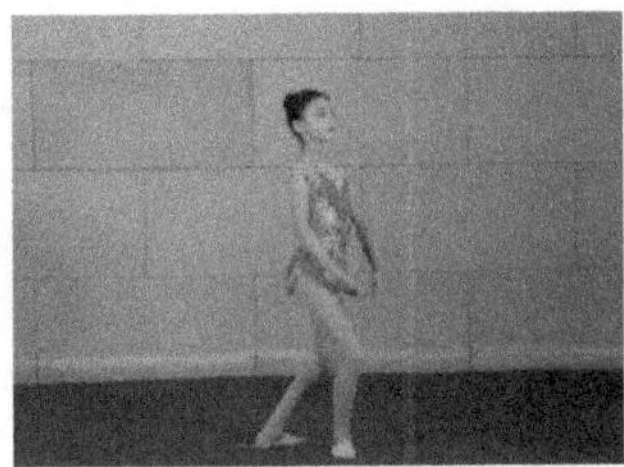

图3-2-2-46

图3-2-2-47

★第十二个八拍

1~2拍：右腿前巴塞平衡，手二位（图3-2-2-48）。

3~4拍：右腿侧巴塞平衡，手七位（图3-2-2-49）。

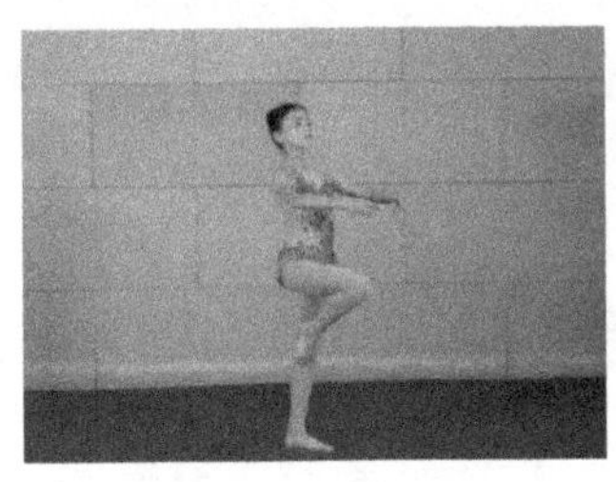

图3-2-2-48

图3-2-2-49

5~6拍：右腿后举腿平衡，左臂前上举，右臂侧举（图3-2-2-50）。

7~8拍：立踵同时两臂推波浪一次，还原成直立（图3-2-2-51）。

图3-2-2-50

图3-2-2-51

★第十三个八拍

1~4拍：右、左腿依次吸腿立踵走4次，同时右臂侧上举、左臂侧举（图3-2-2-52、图3-2-2-53）。

5~8拍：右腿、左腿依次后踢腿小跳4次（图3-2-2-54）。

图3-2-2-52

图3-2-2-53

图3-2-2-54

★第十四个八拍

1~2拍：右腿向外摆腿一次，同时右臂七位，左臂由一位经三位至七位（图3-2-2-55）。

3~4拍：右腿蹲，左腿前点地，手二位，头向右倾（图3-2-2-56）。

5~6拍：二位手碎步后退，至右腿屈膝、左腿屈膝前举，左臂前举、右臂后举（图3-2-2-57）。

7~8拍：与5~6拍动作相同，但方向相反。

图3-2-2-55

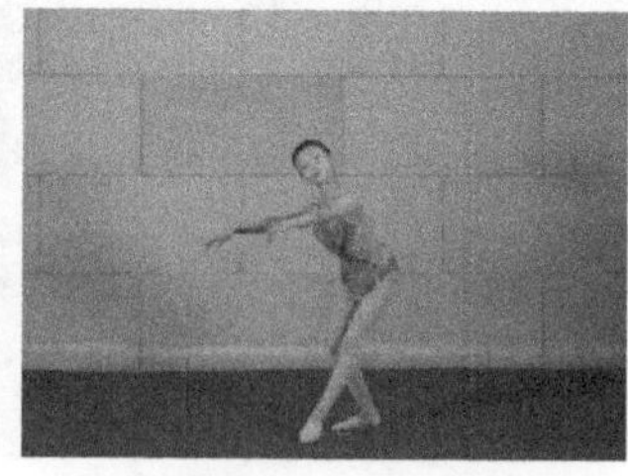
图3-2-2-56

图3-2-2-57

★第十五个八拍

1~4拍：左腿滑叉，左手撑地，右臂侧上举（图3-2-2-58、图3-2-2-59）。

图3-2-2-58

图3-2-2-59

5~8拍：向左侧滚动至仰卧（图3-2-2-60至图3-2-2-63）。

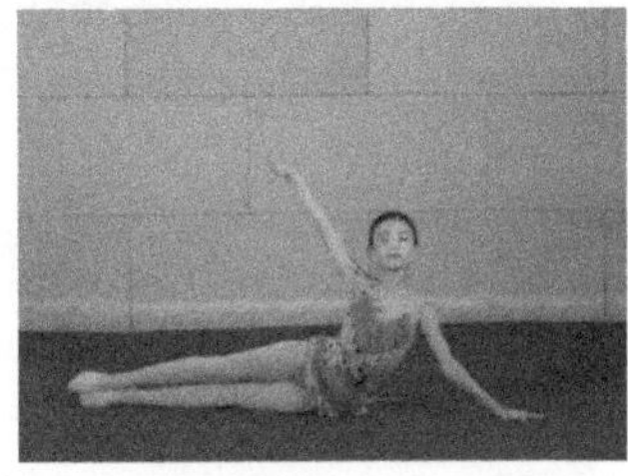

图3-2-2-60

图3-2-2-61

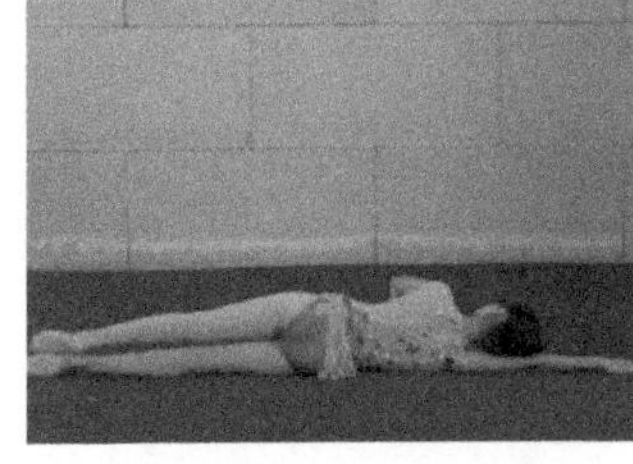
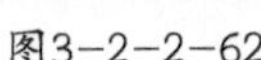
图3-2-2-62

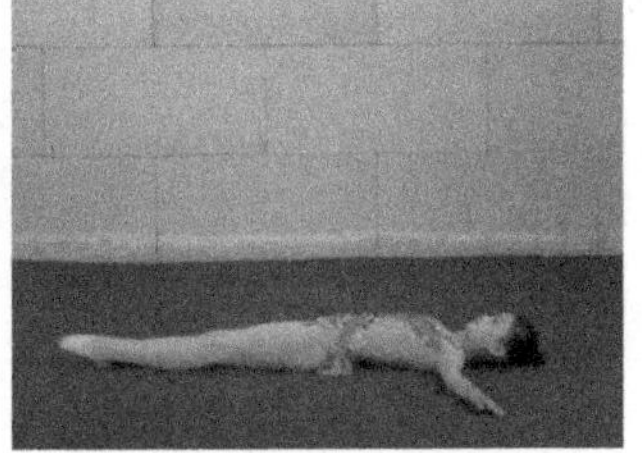
图3-2-2-63

★第十六个八拍

1~4拍：右腿开始乌龙绞柱，同时两臂侧举（图3-2-2-64至图3-2-2-68）。

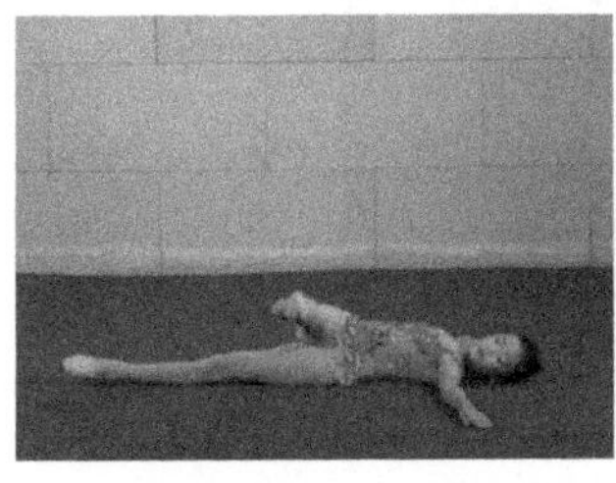
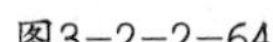
图3-2-2-64

图3-2-2-65

图3-2-2-66

图3-2-2-67

图3-2-2-68

5~8拍：坐起成右腿屈膝，左腿后伸，两臂向前上推波浪一次（图3-2-2-69至图3-2-2-72）。

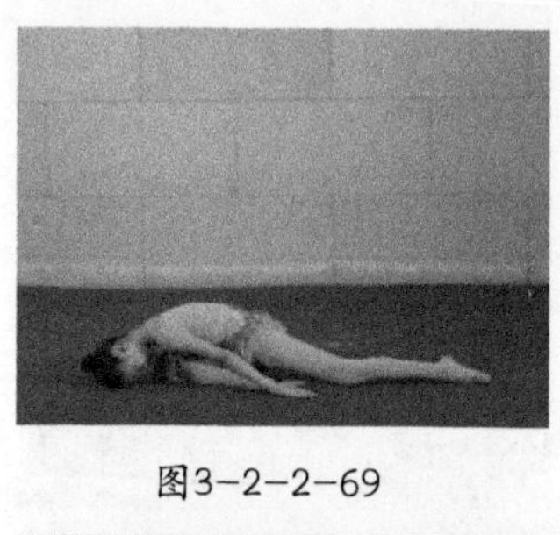
图3-2-2-69

图3-2-2-70

图3-2-2-71

图3-2-2-72

※结束姿势

坐姿，右腿屈膝，左腿后伸，两臂前上举（图3-2-2-73）。

图3-2-2-73

★练习提示

① 在练习过程中应注意脚背绷直，吸腿至水平位，手臂向远伸展。

② 小跳时，收腹拔腰，有控制地落地，眼随手走。

三、水平三：徒手成套动作

本套动作共1分56秒，共24个八拍，分为3段，主要包括：手臂波浪、身体波浪、平转、前吸腿转、前踢、巴塞平衡、阿提丢平衡、小跨跳等。本套动作可促进儿童及青少年进行锻炼和提高人体各器官的功能，培养动作的节奏感、优美感和韵律感，增强协调性。

建议配合音乐《When You Told Me You Loved Me》进行练习。

※预备姿势

身体自然站立，八字脚，一位手（图3-2-3-1）。

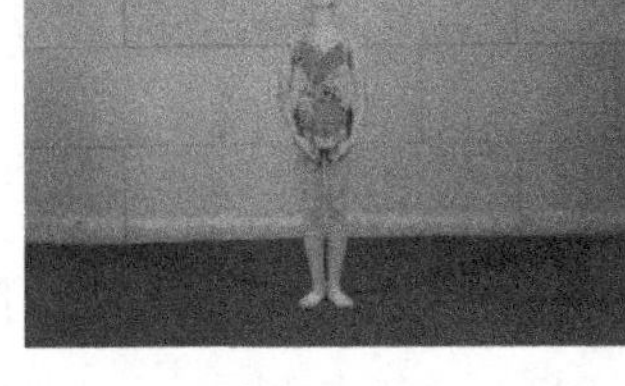

图3-2-3-1

※第一段

★第一个八拍

1~2拍：右脚向左前方擦地，左腿屈膝，同时上体向左侧前倾，两手成二位手（图3-2-3-2）。

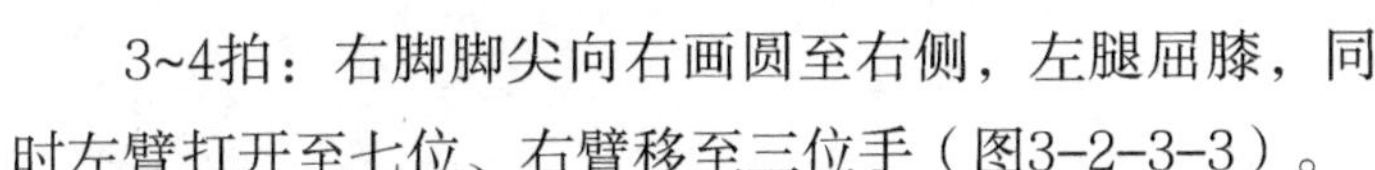

3~4拍：右脚脚尖向右画圆至右侧，左腿屈膝，同时左臂打开至七位、右臂移至三位手（图3-2-3-3）。

5~6拍：右腿不动，左腿直立，同时右臂由三位打开至七位（图3-2-3-4）。

7~8拍：右脚收回成八字脚，同时两臂成一位（图3-2-3-5）。

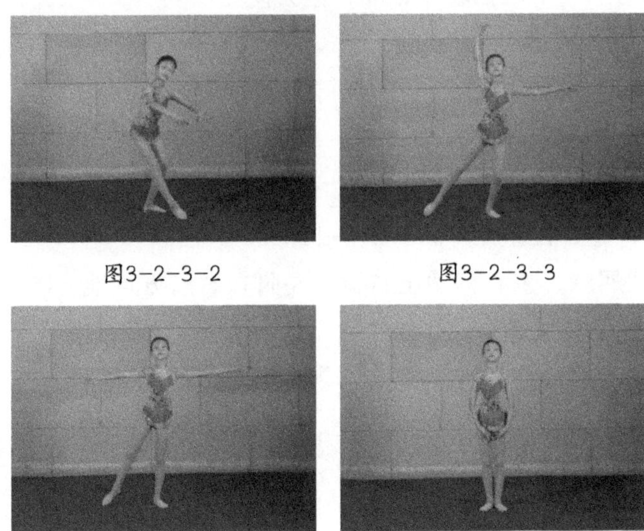

图3-2-3-2　图3-2-3-3

图3-2-3-4　图3-2-3-5

★第二个八拍

第二个八拍与第一个八拍动作相同，但方向相反。

★第三个八拍

1~4拍：右臂侧上举，做推波浪一次（图3-2-3-6至图3-2-3-8）。

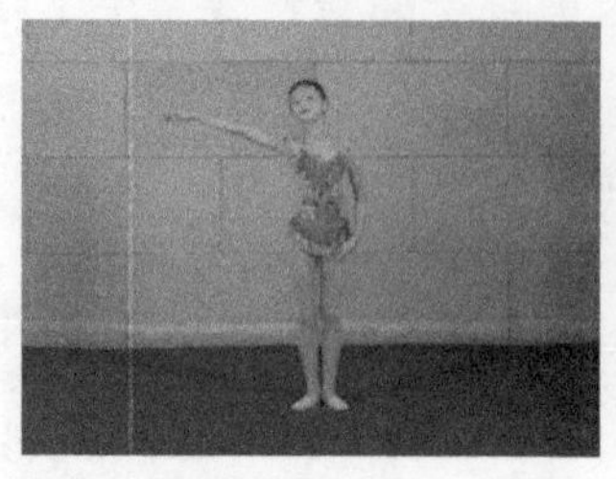
图3-2-3-6

图 3-2-3-7

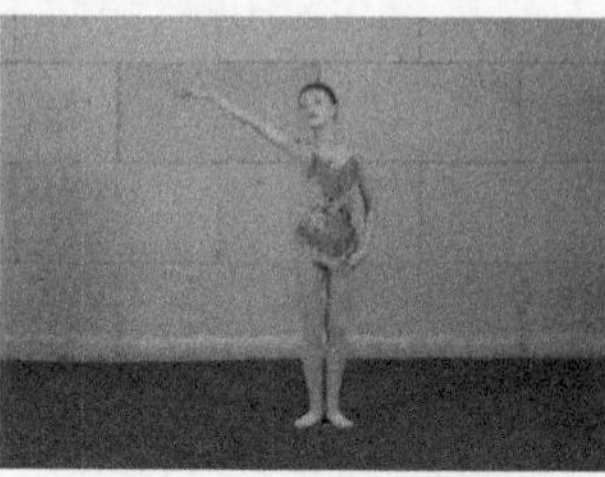
图 3-2-3-8

5~6拍：右脚脚尖向侧点地，左腿屈膝不动，同时身体向左侧屈，右臂向左上方伸展（图3-2-3-9）。

图3-2-3-9

7~8拍：还原成直立。

★第四个八拍

第四个八拍与第三个八拍动作相同，但方向相反。

★第五个八拍

1~2拍：右脚向左前方擦地，左腿屈膝，同时上体转向左前方，两手成二位手（图3-2-3-10）。

3~4拍：左腿不动，右脚向右画圆至后方，同时上身稍向左屈，左臂不动，右臂经前绕至上举，重心在左腿（图3-2-3-11）。

5~6拍：右腿屈膝，重心移动至右腿，左脚在右前方点地，同时上体前倾，两臂经前推波浪至前下举（图3-2-3-12）。

图3-2-3-10

图3-2-3-11

图3-2-3-12

7~8拍：上体直立，向左并步一次，同时两臂由下摆至侧平举（图3-2-3-13、图3-2-3-14）。

图3-2-3-13

图3-2-3-14

★第六个八拍

1~2拍：左腿不动，右腿前吸，同时两臂经前至上举（图3-2-3-15）。

3~4拍：左腿屈膝，右腿向侧伸直，上体不动，同时右臂向前，左臂向后打开（图3-2-3-16）。

5~6拍：左腿不动，右腿屈膝收回，同时上体前屈，两臂自然下垂（图3-2-3-17）。

7~8拍：身体直立，还原。

图3-2-3-15

图3-2-3-16

图3-2-3-17

★第七个八拍和第八个八拍

第七个八拍和第八个八拍与第五和第六个八拍动作相同，但方向相反。

※第二段

★第九个八拍

1~2拍：右腿单足踏跳，同时左臂在前，右臂在侧（图3-2-3-18）。

3~4拍：左腿单足踏跳，同时右臂在前，左臂在侧。

5~6拍：右腿单足踏跳，同时左臂在前，右臂上举（图3-2-3-19）。

7~8拍：左腿上步为支撑腿，右腿侧吸，同时向右后跳转180°，左臂上举，右臂侧下举（图3-2-3-20）。

图3-2-3-18

图3-2-3-19

图3-2-3-20

★第十个八拍

1~4拍：左脚上步，右腿前踢，同时两臂上举（图3-2-3-21）。

5~8拍：右腿前落，左腿屈膝跪地，同时两臂向后绕环至体侧（图3-2-3-22）。

图3-2-3-21

图3-2-3-22

★第十一个八拍

1~4拍：两腿屈膝，同时上体后仰，左手撑地，两腿以左臂为轴，由右后向左前进三步（图3-2-3-23至图3-2-3-26）。

图3-2-3-23

图3-2-3-24

图3-2-3-25

图3-2-3-26

5~6拍：右腿屈膝贴地，左腿屈，同时两手扶地（图3-2-3-27）。

7~8拍：两腿蹬地，左腿为支撑腿，同时上体前波浪并腿起立，两臂成三位（图3-2-3-28、图3-2-3-29）。

图3-2-3-27

图3-2-3-28

图3-2-3-29

★第十二个八拍

1~8拍：碎步向左后方后退，同时两臂云手一次（图3-2-3-30至图3-2-3-33）。

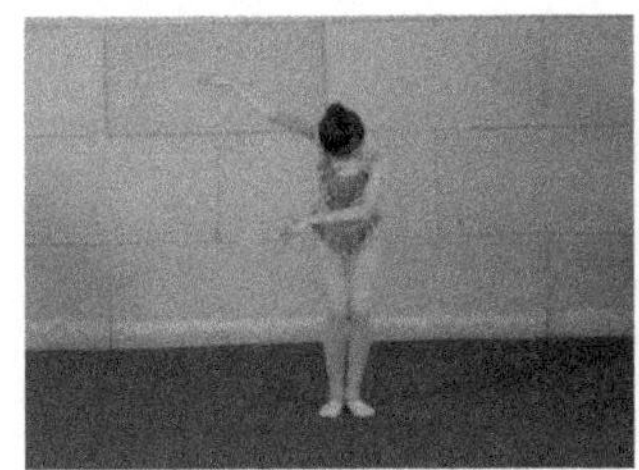

图3-2-3-30

图3-2-3-31

图3-2-3-32

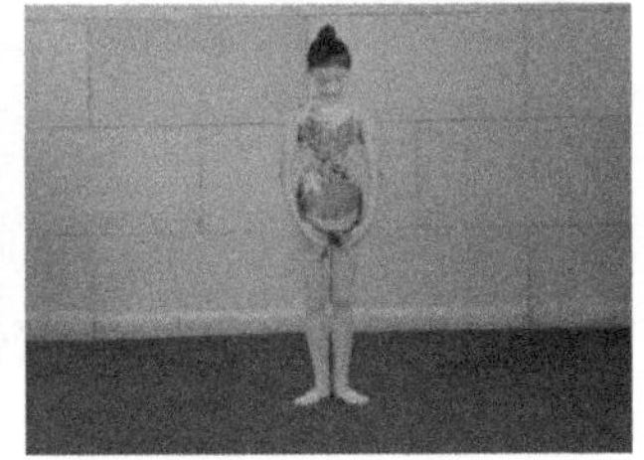

图3-2-3-33

★第十三个八拍

1~2拍：右脚向右迈一步，左腿向后踢腿，同时左臂侧平举，右臂侧上举（图3-2-3-34）。

3~4拍：左脚向右侧迈一步，同时低头含胸，右手屈臂于胸前，左臂自然下垂。

5~6拍：右腿为支撑腿，左腿前吸腿，向右转体360°，同时两臂成三位（图3-2-3-35）。

7~8拍：右腿屈膝，左脚点地，同时左臂前上举、右臂侧上举（图3-2-3-36）。

图3-2-3-34

图3-2-3-35

图3-2-3-36

★第十四个八拍

1~2拍：左腿并于右腿，同时两臂经侧上举成三位。

3~6拍：两脚小碎步向4点方位后退，同时两臂屈于胸前至下垂（图3-2-3-37）。

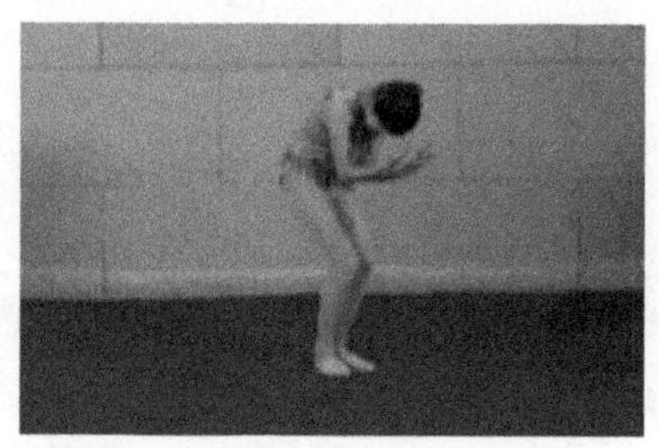
图3-2-3-37

7~8拍：两腿并拢立踵，同时两臂侧平举。

★第十五个八拍

1~6拍：小跨跳，同时左臂前举，右臂侧举（图3-2-3-38、图3-2-3-39）。

7~8拍：左腿向左迈一步，右腿脚尖点地，同时左臂由前绕至左后方，右臂由侧绕至前（图3-2-3-40、图3-2-3-41）。

图3-2-3-38

图3-2-3-39

图3-2-3-40

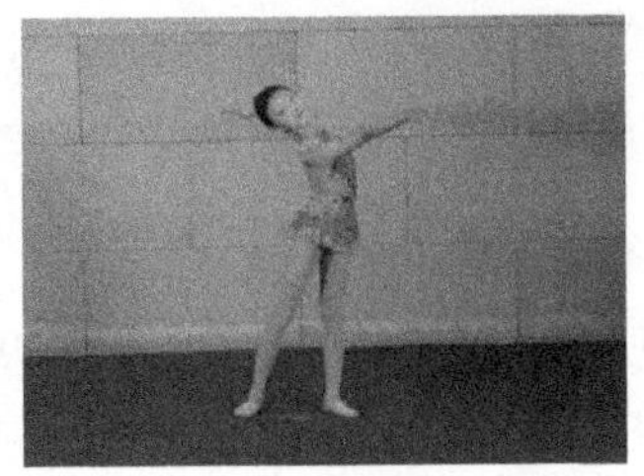
图3-2-3-41

★第十六个八拍

1~2拍：左腿伸直脚尖点地，右腿屈膝，同时左臂经侧至下，指尖触地，右臂由前至上伸展（图3-2-3-42）。

3~4拍：左腿向右前方迈一步，同时左臂自然下垂，右臂屈臂由上经后绕头一周（图3-2-3-43）。

5~6拍：左腿为支撑腿，右腿前吸腿，同时两臂成二位（图3-2-3-44）。

7~8拍：左腿为支撑腿，右腿由前吸腿成侧吸腿，同时两臂由二位至七位（图3-2-3-45）。

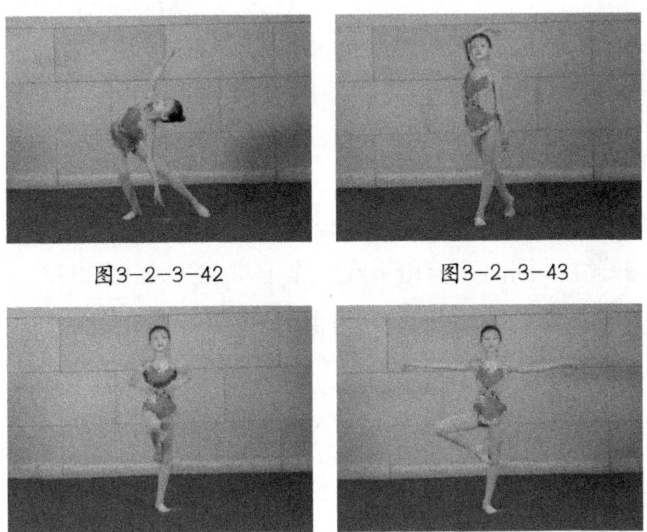
图3-2-3-42　图3-2-3-43

图3-2-3-44　图3-2-3-45

※第三段

★第十七个八拍

1~4拍：右脚向4点方位上步平转，同时两臂由下经侧，屈臂至脑后，连续两次向右平转360°（图3-2-3-46、图3-2-3-47）。

5~6拍：抬右腿，同时上体向右后转坐于地面，两臂自然下垂（图3-2-3-48）。

7~8拍：右腿屈膝贴于地面，左腿屈膝，同时身体成坐姿，两臂下垂手触地（图3-2-3-49）。

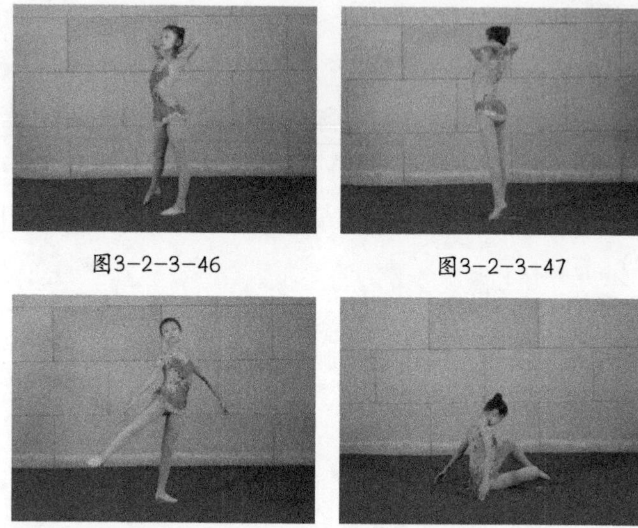

图3-2-3-46　图3-2-3-47

图3-2-3-48　图3-2-3-49

★**第十八个八拍**

1~4拍：上体后倒成肩背倒立，两手撑地（图3-2-3-50）。

5~6拍：两腿跪立，同时两臂由下经前至上举成三位（图3-2-3-51）。

7~8拍：上体向右转45°，同时左臂向前，右臂向后打开（图3-2-3-52）。

图3-2-3-50

图3-2-3-51

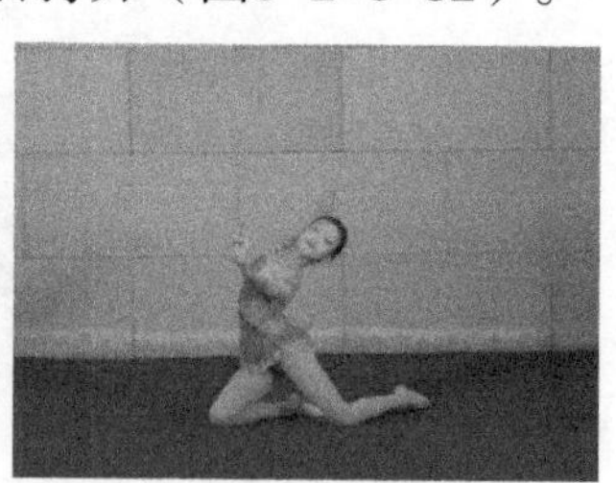

图3-2-3-52

★第十九个八拍

1~4拍：臀部向左转至坐于地面，左手向后撑地，右臂经面前穿出，顶髋同时两腿分开蹬直（图3-2-3-53）。

5~6拍：两腿并拢屈膝向右转体成跪撑，同时两手扶地。

7~8拍：右腿侧踢，同时左手撑于左腿左侧地面，右臂摆动至侧举（图3-2-3-54、图3-2-3-55）。

图3-2-3-53

图3-2-3-54

图3-2-3-55

★第二十个八拍

1~2拍：两腿跪于地面向2点方位成跪撑。

3~4拍：右腿提膝蹬地，同时两手扶地。

5~8拍：右腿蹬直，左腿向后踢45°，同时左臂侧举，右臂上举延伸（图3-2-3-56）。

图3-2-3-56

★第二十一个八拍

1~4拍：两腿站立，同时手臂自然下垂。

5~6拍：左腿屈膝为支撑腿，向后撤步，右腿后踢腿，同时左臂侧举，右臂向前伸展（图3-2-3-57）。

图3-2-3-57

7~8拍：重心移动至右腿并后撤，左腿后踢，同时右臂侧举，左臂向前伸展。

第二十二个八拍

1~4拍：左腿为轴，右腿由前至后向左转体360°，同时右臂摆动至上举、左臂摆动至侧平举（图3-2-3-58）。

5~6拍：两腿并拢屈膝，同时两臂交叉环于胸前（图3-2-3-59）。

图3-2-3-58

图3-2-3-59

7~8拍：以右腿为轴，左腿前吸腿，同时左臂向下摆动、右臂向上摆动，身体向右侧倾转体360°（图3-2-3-60至图3-2-3-63）。

图3-2-3-60

图3-2-3-61

图3-2-3-62

图3-2-3-63

★第二十三个八拍

1~2拍：两腿站立，同时两臂自然下垂。

3~4拍：左脚向5点方位后撤，右脚点地，同时上体面向7点方位，右臂侧平举（图3-2-3-64）。

5~6拍：两腿先右后左依次向5点方位迈两步，同时两臂自然下垂。

7~8拍：左腿屈膝为支撑腿，右腿向7点方位点地，同时上体向右倾，右臂向右侧摆动，左臂自然下垂（图3-2-3-65）。

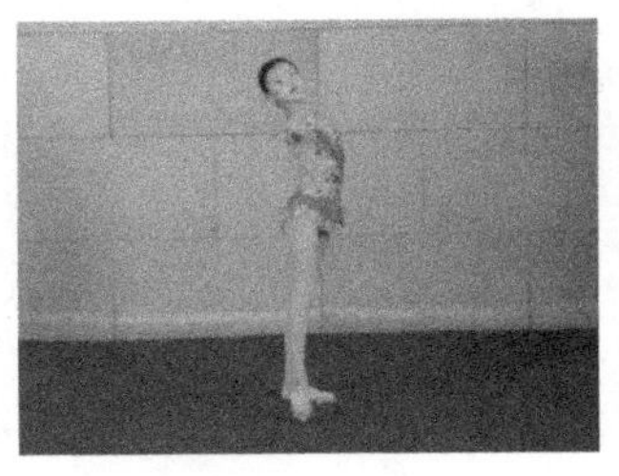

图3-2-3-64

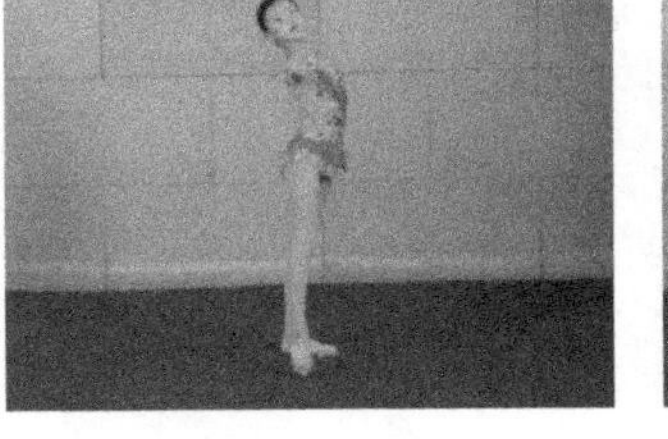

图3-2-3-65

★第二十四个八拍

1~4拍：与第二十三个八拍5~8拍动作相同，但方向相反。

5~6拍：左脚向6点方位迈步，同时两臂先右后左依次由下经上向后绕环（图3-2-3-66、图3-2-3-67）。

7~8拍：右腿直立，左腿抬起呈阿提丢立踵，同时右臂向上伸展，左臂侧举（图3-2-3-68）。

图3-2-3-66

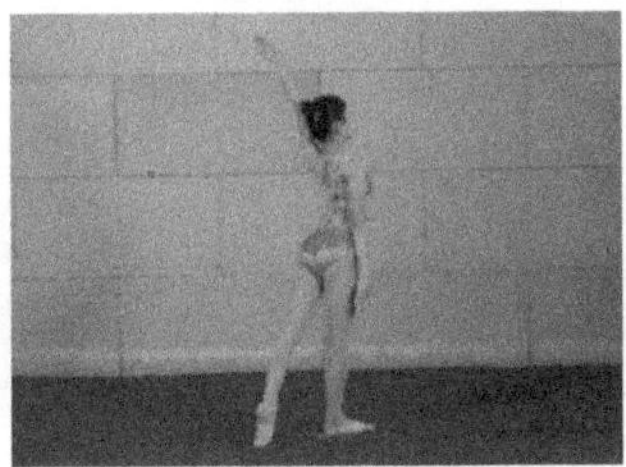

图3-2-3-67

图3-2-3-68

※结束姿势

右腿在前屈膝，左脚向右后方点地，同时左臂上举、右臂侧举（图3-2-3-69）。

图3-2-3-69

★练习提示

① 学习成套前，先练习成套中的身体难度（如波浪、平转、前吸腿转、巴塞平衡、阿提丢平衡、小跨跳等）。

② 波浪动作先练习手臂弯曲再伸展的过程，可加上原地小碎步练习。

③ 转体动作可扶把练习，通过扶把找支撑腿的重心，再进行转体。

④ 分段学习成套，先熟练掌握每段中的单个动作组合。

⑤ 熟练掌握后，再进行分段成套配音乐练习。

第四章 校园快乐艺术体操器械练习

第一节　器械基本动作与组合练习

一、绳的基本动作与组合

（一）持绳方法

持绳一般用双手或单手持绳两端，有时也持绳中段。

1. 双手持绳

两手分别持绳两端，即四指将绳端握在手中，大拇指自然弯曲轻轻压在绳上。

2. 双手持三折或四折绳

将绳折成三折或四折绳，用双手分别持绳两端。

3. 单手持双绳

方法一：将绳折成两折，用单手持双绳的绳端。

方法二：将绳两端的两个小头分别夹在无名指、中指和食指之间，五指自然弯曲握住绳头；掌心向下或向后。

4. 单手握单绳

一手握住绳的一端。

（二）绳的基本动作

1. 摆　动

双手或单手握绳端，以肩关节为轴，在体前向左右（额状面）或在身体前后（矢状面）做摆动动作。

动作要领：两手握绳两端，摆动绳的同时，注意顺着绳的力量进行发力。

2. 绕　环

绕环是绳的练习中，运用较多的基础技术，常作为连接动作出现。绕环可在身体不同面进行，根据绕环的幅度有大绕环、中绕环、小绕环和“8”字绕环。运用较多的主要有小绕环和“8”字绕环。

动作要领：在做绕环动作时应注意两臂伸直，身体动作与绳的动作相结合进行练习。

3. 过绳跳

过绳跳是绳操的主要特点和重要的基本技术。艺术体操的过绳跳不同于一般的跳绳，主要表现在两个手摇绳时，两臂应侧举，以手腕为轴摇绳；另外，绳的中段不能接触地面；脚尖绷直过绳。掌握了以上三个原则，可自由选择各种不同姿势的过绳跳。如前摇跳、后摇跳、交叉摇跳、双摇跳、三摇跳、可单足跳、双足跳、交换腿跳、高抬腿跳、各种跨跳、转体跳、屈腿跳等。

动作要领：进行过绳跳的练习时应注意脚尖绷直，两臂摇绳时注意伸直，落地时注意前脚掌先落地以保持稳定。

4. 抛　接

抛绳主要从绕绳和摇绳获得动力，利用绳的绕环和摇绳的惯性将绳抛出，因此抛绳一般都与绕绳和跳绳动作结合在一起。接绳有单手及双手接绳，除接绳端外，还可接绳中部。

动作要领：抛绳时应注意出手角度，通过不同的绕绳方式可以使绳在空中形成不同的运动轨迹。在接绳时，应注意双手掌心朝上，迎绳至掌心接绳。

5. 缠　绳

利用绳的长度可将绳缠绕在身体上。如：腰上、手臂上、腿上，再结合各种优美巧妙的身体动作，将绳打开。

动作要领：绕绳应注意绳的发力方向，不要用力过大，否则会影响绳的运动轨迹，或使身体受到伤害。在解开绳时要注意绳的缠绕方式，不可使绳打结。

（三）绳的动作组合

图4-1-1-1

※预备姿势

三折绳，两手分别持绳两端，直立（图4-1-1-1）。

★第一个八拍

1~4拍：三折绳，左脚开始，原地踏步4次，右手上、左手下将绳拉直于体前（图4-1-1-2a、图4-1-1-2b）。

5~8拍：三折绳，左脚开始，原地踏步4次，两手持绳两端，两手平举将绳拉直（图4-1-1-3）。

图4-1-1-2a

图4-1-1-2b

图4-1-1-3

★第二个八拍

第二个八拍与第一个八拍动作相同，但方向相反。

★第三个八拍

1~8拍：三折绳，原地踏步，左手持绳一端，绳头于身体右侧，右手持绳2/3处及另一端绳头，右臂上举，做向外绕绳动作（图4-1-1-4a、图4-1-1-4b）。

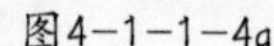
图4-1-1-4a

图4-1-1-4b

★第四个八拍

1~8拍：三折绳，在第三个八拍动作的基础上，边踏步边向右转360°，第8拍还原成直立。

★第五个八拍

1~8拍：两脚并拢，并随节奏4次起踵落，同时两手分别持绳头，做向前垂直“8”字绕绳（图4-1-1-5a、图4-1-1-5b）。

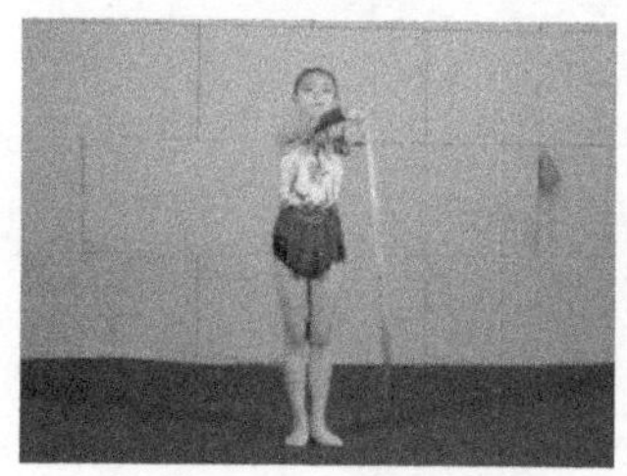
图4-1-1-5a

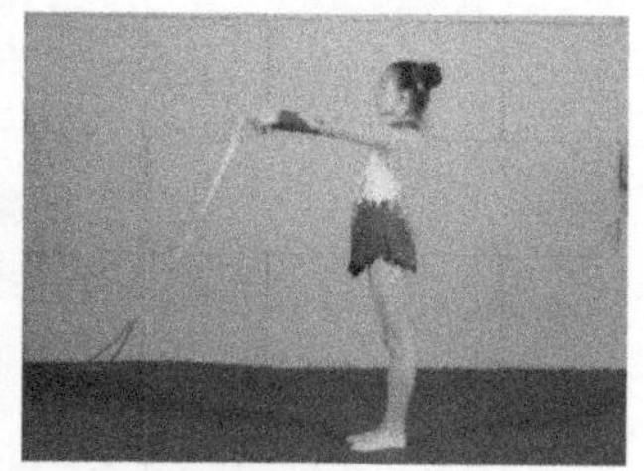
图4-1-1-5b

★第六个八拍

1~4拍：出右脚，脚跟点地，两手持绳由前向两侧打开，使右脚勾，将绳停住，左脚上前跟上，双脚踩住绳子中段，两手持绳两臂侧举（图4-1-1-6）。

5拍：半蹲，上体左转90°（图4-1-1-7）。

6拍：直立，上体还原。

7拍：半蹲，上体右转90°（图4-1-1-8）。

8拍：直立，上体还原。

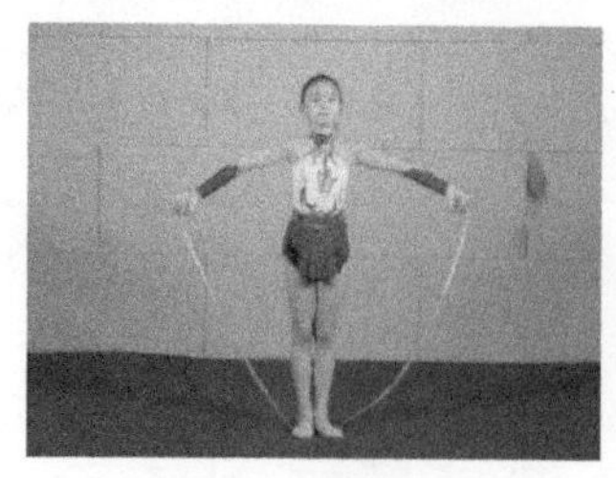
图4-1-1-6

图4-1-1-7

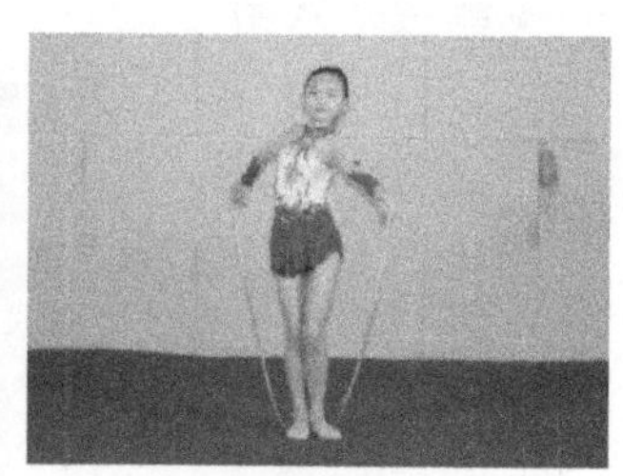
图4-1-1-8

★第七个八拍

1~4拍：双脚踩绳，将绳向上拉直的同时原地小跳两次。

5~8拍：分别向左、向右各跳两次，同时头向跳跃的方向做侧屈动作。

★第八个八拍

1~6拍：双脚踩绳，原地向右跳转360°。

7~8拍：提踵立，同时双手持绳两端由后经上将绳子摆至体前。

★第九个八拍

1~8拍：右手持双绳头，两臂侧举，右腿向右平转一周（图4-1-1-9、图4-1-1-10）。

同时完成体后传递绳头，至双手分别持绳两端将绳拉直，绳置于体后（图4-1-1-11）。

图4-1-1-9

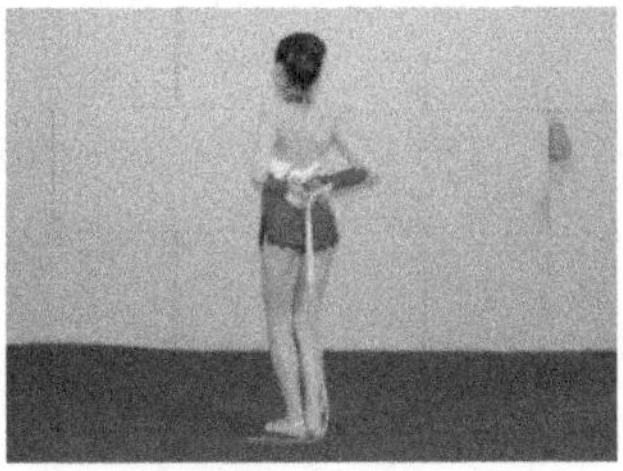

图4-1-1-10

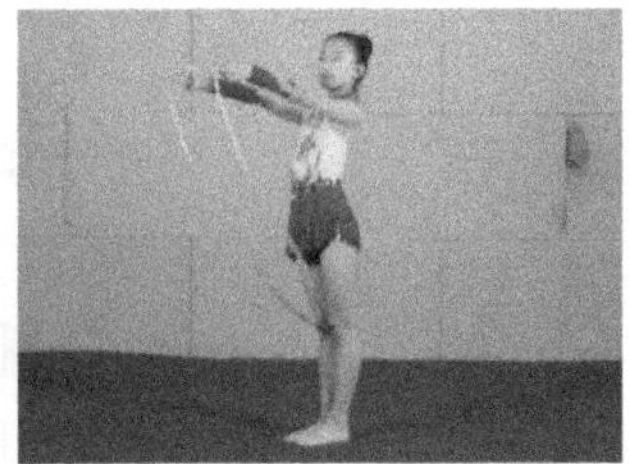

图4-1-1-11

★第十个八拍

1~4拍：右脚向右侧上步，屈膝，同时左臂向前平屈，右臂向外绕绳至体前（4-1-1-12）。

5~8拍：两手持绳两端，踏步左脚开始，踏4步。

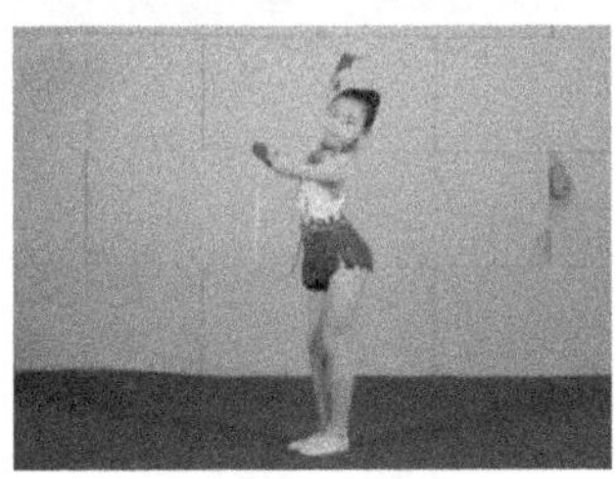

图4-1-1-12

★第十一个八拍

1~8拍：两手持绳向前小跳4次（图4-1-1-13）。

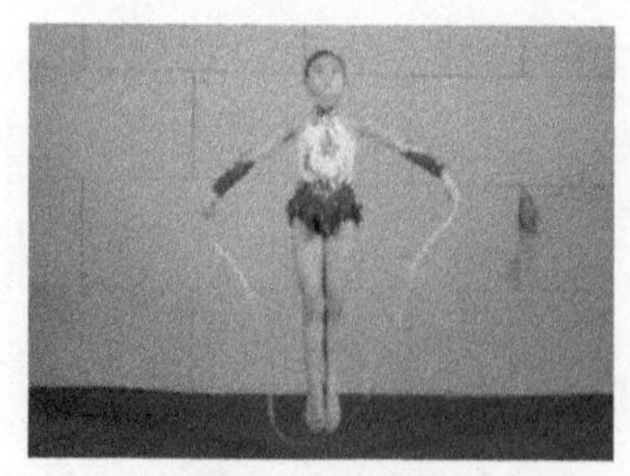

图4-1-1-13

★第十二个八拍

1~8拍：两臂前平举折绳，向前绕绳，同时左腿开始踏步8次（图4-1-1-14）。

图4-1-1-14

★第十三个八拍

1~2拍：向左做一次小马跳， 两臂上下将绳垂直于体前，右臂上举、左臂下举（图4-1-1-15）。

3~4拍：与1~2拍动作相同，但方向相反（图4-1-1-16）。

5~6拍：与1~2拍动作相同。

7~8拍：与3~4拍动作相同。

图4-1-1-15

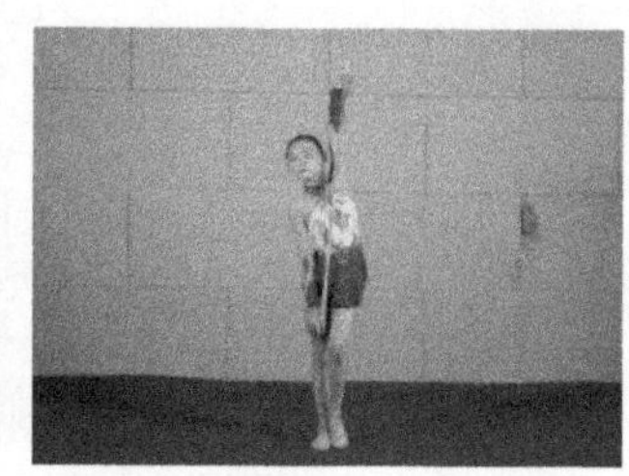

图4-1-1-16

★第十四个八拍

1~4拍：双折绳，原地踏步，手臂前平举，两手持绳向前绕绳。

5~8拍：双折绳，双脚提踵向左前方转45°，两手分别持两绳头，将绳绕至身后，两手于体侧。

★第十五个八拍

1~4拍：两手持绳向前摆动。

5~8拍：两脚先左后右，过绳跳两次。

★第十六个八拍

1~2拍：两脚先左后右，向左前方行进间跳绳。

3~4拍：编花跳一次（图4-1-1-17）。

5~6拍：与1~2拍动作相同。

7~8拍：两手将绳由上摆至身体右侧。右臂经下摆至体后侧，左臂体前平屈，上体前倾（图4-1-1-18）。

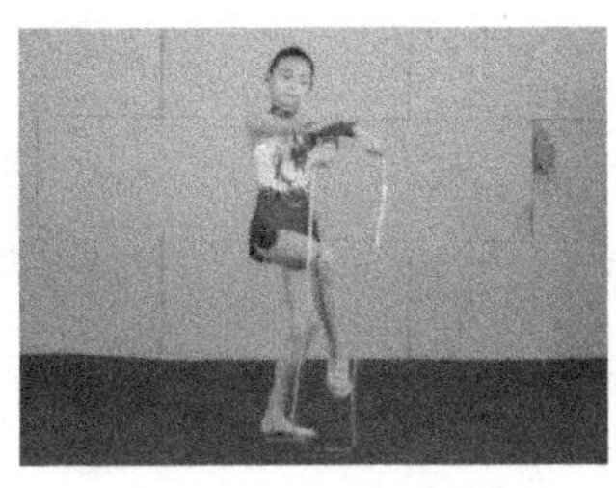
图4-1-1-17

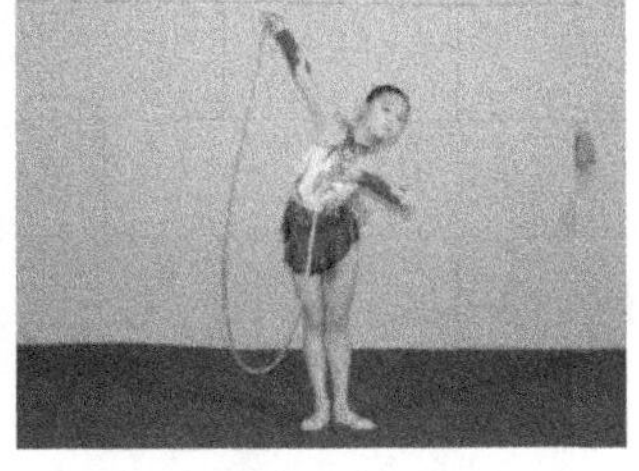
图4-1-1-18

★第十七个八拍

1~8拍：直立，两臂向前摆动，绳中段摆至水平处，两手接绳中间部（图4-1-1-19）。

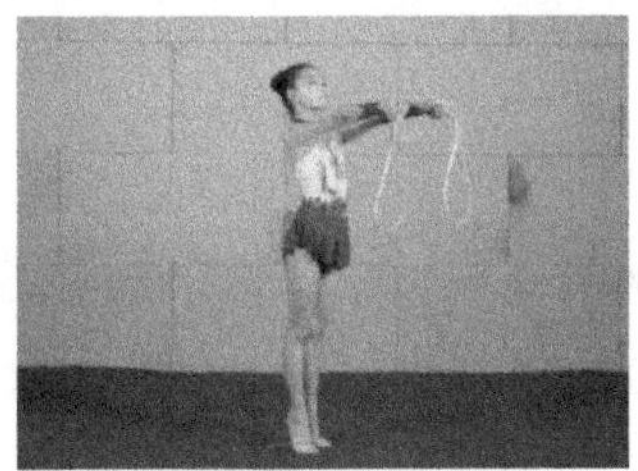
图4-1-1-19

★第十八个八拍

1~8拍：向4点方位，碎步后退，同时两臂前举向后绕绳。

※结束姿势

提踵，两手分别持绳头，将绳绕至身后，屈膝，踩绳，上体前倾提绳，结束（图4-1-1-20）。

图4-1-1-20

★练习提示

①在练习中应先进行原地绳的单个动作练习，后进行行进间练习。

②在练习绕绳动作时应注意手臂伸直，顺着绳子的发力方向用力。

③难点动作，先原地掌握其基础，再增加难度。例如行进间过绳跳，先学习原地过绳跳，再学习行进间过绳跳。根据学生情况，还可加大难度，学习交叉摇绳的过绳跳。

二、球的基本动作与组合

（一）持球方法

1. 托　球

双手或单手掌心向上，托于球的下部。

2. 反托球

手背与球的底部相接触，使球置于手背上。

3. 握　球

两手掌心相对，握球的左、右侧或上、下部，或两手掌心向下握球的上、下部；也可两手臂交叉握球的左、右侧。

（二）基本动作

球的基本动作包括摆动、绕环、“8”字、抛接球、拍球、在地上或身上的自由滚动，手臂绕环或不绕环的翻转（球在一只手上或身体某一部位保持平衡）等。

1. 摆　动

摆动指两手或单手持球．以肩关节为轴，向各个方向做钟摆式运动。摆动动作包括两手持球体前正面经下左右摆动、单手持球前后摆动、单手持球水平摆动等，在球操练习中具有重要作用。如单手持球水平摆动，是以右手托球为例，经体前向左侧水平摆动至左侧下举；经体前水平摆动至右侧下举。

动作要领：上体带动手臂，直臂左、右水平摆动。

2. 拍　球

拍球指单手、双手或身体某一部位向各个方向按压球，使球落地反弹的动作。它是球操的基本动作之一。除用手拍球外，还可用胸部、肘部和脚掌拍球。

拍球在动作编排中，通常起到连接的作用，包括原地单手拍接球和单手连续拍球等。如双手拍球，是两手向下拍球，同时两腿弹动一次。两手随球抬起，沿球外侧面绕至球的底部接球。

动作要领：手臂自然弯曲。手腕伸直，前臂向下按压球，手形与球形吻合，手臂随球上下摆动。

3. 滚动球

滚动球是球操的基本动作之一，主要是通过手扶球滚动、拨球滚动和自由滚动等形式进行。练习滚动球技术，可以提高练习者身体的协调性、节奏感和美感。滚动球的基本动作包括向前地面滚动球、手臂扶持滚球、两手体前胸臂滚球和单手滚球等。

（1）两手体前胸臂滚球。

含胸、两手将球贴于腹前。随后两手扶球，沿胸向上拨球，当球拨至胸的上部时，挺胸抬头。两臂经侧绕至前举，球沿两臂滚至两手托球。

动作要领：两手拨球后，两臂并拢稍斜向下使球顺两臂滚至两手托球，滚动时手臂手指尖尽量远伸，挺胸抬头。

（2）两臂滚球。

两臂前举并拢，掌心向上，手指并拢，球在手掌心，手腕稍稍抬起，使球沿两臂滚至胸处，然后两臂稍稍向下，使球沿两臂滚回手掌心。

动作要领：两臂迅速并拢前举，手臂稍抬起使球顺两臂滚至胸前，滚动时手臂手指尖尽量远伸，挺胸抬头，使球再顺两臂滚至两手托球。

（3）两手上、下夹球滚动。

两手上、下夹球，在保证球不脱手的情况下，两手依次由前向后贴着球绕圆。

动作要领：手臂上、下夹紧球，不要改变手形和滚球路线。

（4）单手地上扶球滚动。

借助手扶球向前推的力，使球在地上匀速滚动。

动作要领：手掌推球至手指尖，球始终贴地，不能在地上弹动。

4. 抛接球

抛接球指单手或两手持球，通过手臂的摆动，将球抛向空中，可低抛、中抛和高抛。接球时，应判断好落点，伸臂迎球。抛接球练习不仅可以提高练习者的上肢力量，还能够培养其勇敢、果断的品质，抛接球的基本动作包括两手抛接球和单手向上抛接球等。

单手向上抛接球：手臂托球向上方抛出，球由掌心经手指至指尖出手，抬头挺胸；接球时，手臂上举迎球，球经指尖，手指到手掌接球，并顺球落点向下摆。

动作要领： 抛球时，手臂要伸直，五指要并拢。接球时，手臂顺球下落的冲力顺势下摆缓冲。

（三）球的动作组合

※预备姿势

左脚点于右脚外侧，右脚支撑站立，左臂侧上举，右手腹前持球（身体面朝1点方向）（图4-1-2-1）。

图4-1-2-1

★第一个八拍

1~4拍：两脚立踵，向右转体270°，同时右臂经侧摆至上举，两手在头上交叉持球（身体面向8点方向）（图4-1-2-2）。

图4-1-2-2

5~8拍：左腿向前一步，右腿向前猫步落地，右左腿依次向前迈一步，右腿前吸腿控，同时两臂屈肘，由内向外掏出将球滚至前臂到前上举，结束时两手持球（眼看球）（图4-1-2-3、图4-1-2-4）。

图4-1-2-3

图4-1-2-4

★第二个八拍

1~4拍：面向 8 点方向，两腿小碎步向后退，同时两臂滚球，球由前臂滚至上臂。结束时面向1点方向，两手持球贴于胸前（图4-1-2-5至图4-1-2-7）。

图4-1-2-5

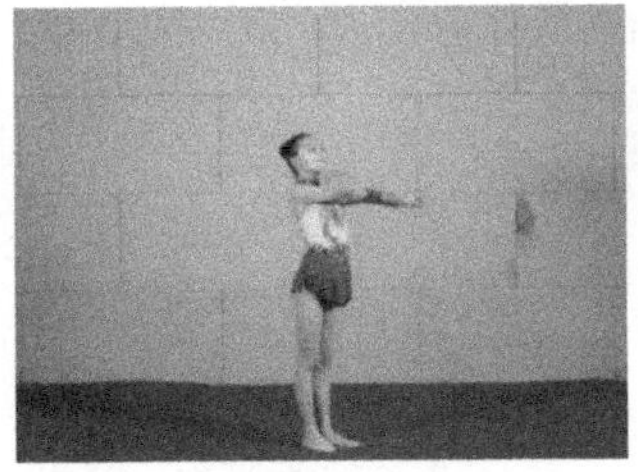
图4-1-2-6

图4-1-2-7

5~6拍：右臂伸直做由上向后的大绕环，接两手扶球贴于胸前（图4-1-2-8、图4-1-2-9）。

7~8拍：左臂伸直做由上向后的大绕环，接两手扶球贴于胸前，然后两臂滚球，球由上臂滚至手。结束时两手持球前上举（图4-1-2-10）。

图4-1-2-8

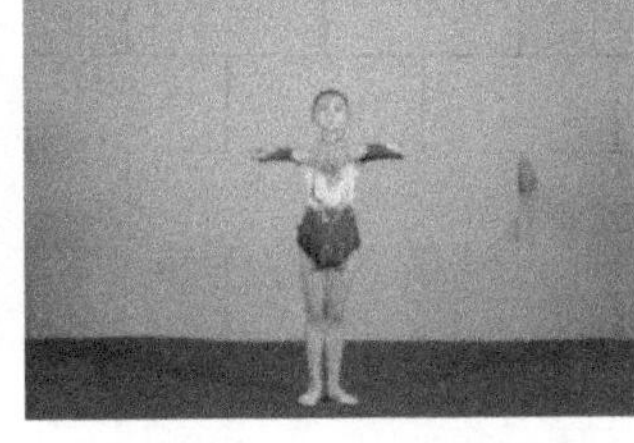
图4-1-2-9

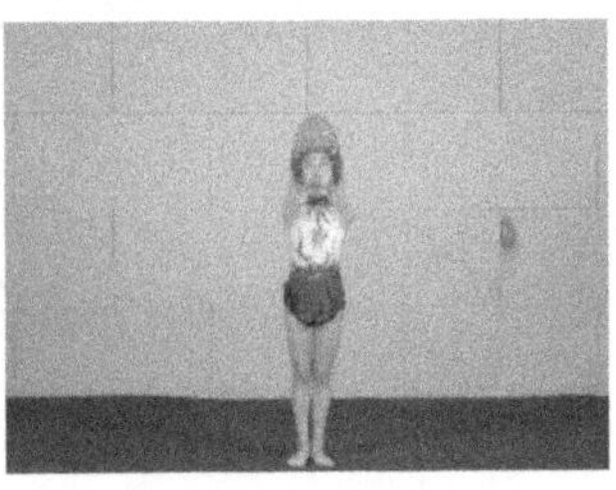
图4-1-2-10

★第三个八拍

1~4拍：左腿向左侧迈步，做后交叉步，同时左臂侧上举、右手持球侧下举。然后两腿屈膝并拢，左臂侧下举，右手持球贴于体侧（图4-1-2-11、图4-1-2-12）。

5~8拍：与1~4拍动作相同，但方向相反。

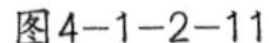
图4-1-2-11

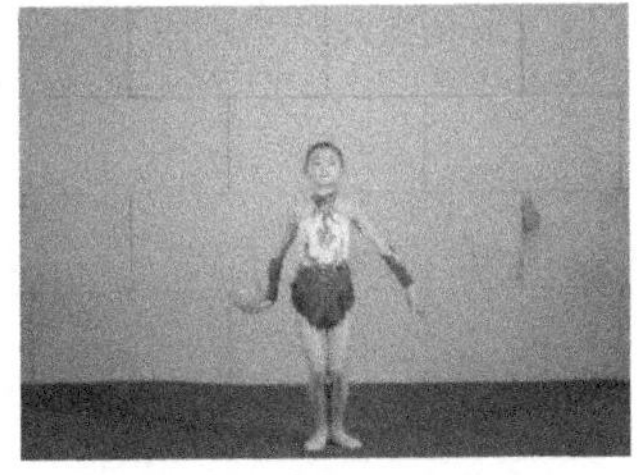
图4-1-2-12

★第四个八拍

1~2拍：左腿向前垫步一次，同时两手前举交叉持球（图4-1-2-13）。

3~4拍：与1~2拍动作相同，但方向相反。

5~6拍：左腿向前垫步一次，同时左臂经前摆至侧上举、右手持球前举（图4-1-2-14）。

7~8拍：与3~4拍动作相同，但方向相反（体前单手小抛球换手）。

图4-1-2-13

图4-1-2-14

★第五个八拍

第五个八拍与第四个八拍动作相同，但方向相反。结束时身体面向8点方向，两腿并拢，两臂胸前立屈，两手持球（图4-1-2-15）。

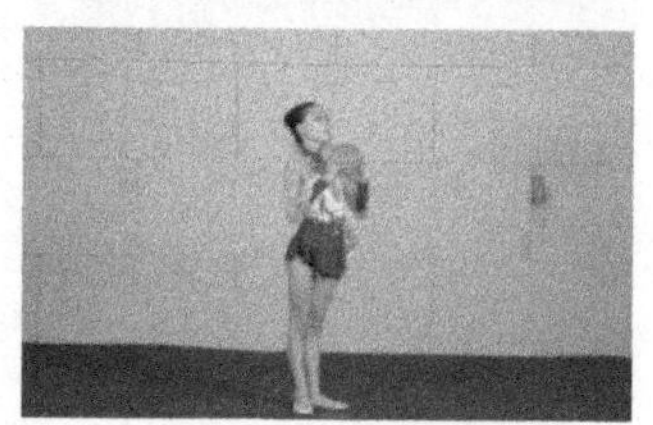
图4-1-2-15

★第六个八拍

1~2拍：面向8点方向，左腿向前一步，同时两臂伸直上举，接着右腿并左腿（图4-1-2-16、图4-1-2-17）。

3~4拍：两腿屈膝半蹲，两手在体前拍球两次，上体前屈，眼看球（图4-1-2-18）。

5~8拍：两腿屈膝立踵，向左小碎步转体至2点方向，同时两手在体后换球（图4-1-2-19）。

图4-1-2-16

图4-1-2-17

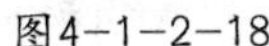
图4-1-2-18

图4-1-2-19

★第七个八拍

第七个八拍与第六个八拍动作相同，但方向相反。

★第八个八拍

1~8拍：面向1点方向，右腿向前一步，两臂胸前平屈，两手持球（右手在上、左手在下），向前滚动球，同时身体做波浪一次（图4-1-2-20、图4-1-2-21）。

图4-1-2-20

图4-1-2-21

★第九个八拍

第九个八拍与第八个八拍动作相同，但方向相反。

★第十个八拍

1~4拍：右腿向右侧并步两次，同时两臂侧下举，右手持球（图4-1-2-22）。

5~6拍：左腿向左一步，脚跟点地，右腿屈膝，同时两臂侧下举（图4-1-2-23）。

7~8拍：两腿向左侧小碎步，同时两臂上举，两手持球（图4-1-2-24）。

图4-1-2-22

图4-1-2-23

图4-1-2-24

★第十一个八拍

1~2拍：与第十个八拍5~6拍动作相同，但方向相反。

3~4拍：身体面向8点方向，右腿在前小跨跳接左膝跪地（抬头），同时两臂侧下举（图4-1-2-25、图4-1-2-26）。

5~6拍：右腿并左腿成跪立，两臂侧下举（图4-1-2-27）。

7~8拍：跪坐，左臂侧上举，右手在体前做向3点方向的地面滚球（图4-1-2-28）。

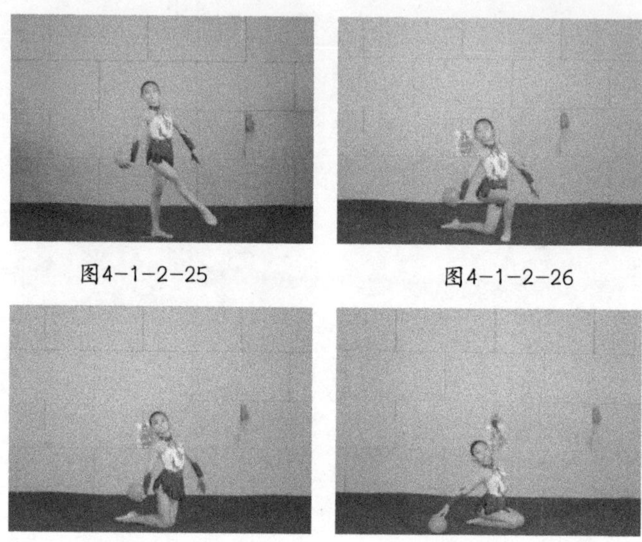

图4-1-2-25　图4-1-2-26

图4-1-2-27　图4-1-2-28

★练习提示

①小抛球接球时，用手迎球，顺势向后摆臂缓冲。

②两臂滚球速度由慢至快，速度要均衡 、圆滑。

③练习时先逐个进行单个动作的练习，注意动作之间的衔接，然后结合节奏稍慢的音乐进行组合练习。

三、圈的基本动作与组合

（一）持圈方法

（1）单手持圈外沿：单手掌心面向圈内，五指并拢将圈外沿自然包住。

（2）双手持圈外沿：双手掌心相对，五指并拢将圈外沿自然包住。

（3）单手持圈内沿：单手掌心面向圈外，五指并拢将圈内沿自然包住。

（4）双手持圈内沿：双手掌心向外，五指并拢将圈内沿自然包住。

（二）圈的基本动作

圈的基本动作包括滚动（身上和地面），转动（绕一手或绕身体的其他部分转动，绕圈的轴转动，圈在地面上或身体上某一部位上转动或是悬空转动），抛，从圈中穿过，圈上动作或圈上通过，摆动，绕环，“8”字动作等。

1. 滚　动

圈的滚动包括在地面上的滚动和身体某一部分上的滚动。地上滚动有直线滚动、弧线滚动和倒回运动。

2. 转　动

转动是圈围绕通过圈面的中心轴的转动，它可以在正面、侧面和水平面上向不同方向做各种转动。转动圈动作可以在手上、腰上、腿上、踝上及身体其他部位进行。

（1）两手并拢，顺（逆）时针转动圈。

站立，两手在体前并拢，掌心相对，四指向前，虎口张开，将圈（额状面）放在虎口处。前臂带动，使圈顺时针转动，圈沿右（左）手背、掌侧、左（右）手背至虎口处，在体前与地面垂直顺（逆）时针旋转。

动作要领：以两手为轴，转动圈起动时，圈与地面垂直，转动时，前臂带动，两手紧贴圈的内缘。

（2）腰间转动圈。

两脚左右开立，圈套腰间，两手轻握圈两侧。两手轻轻握圈，将圈由右经前向左旋送，同时要向左绕旋，使圈向左旋转，两臂侧上举。

动作要领：圈绕腰转动时，圈面成水平，两手向水平方向摆动拨圈，圈以腰为轴，随拨圈的惯性绕腰部连续水平转动，腰和髋协调配合。

3. 旋　转

旋转圈是圈以自身的直径为轴的转动，它可以在手上转动，也可以在地面或身体某一部分旋转，还可以在空中旋转。

绕两手指旋转圈（翻圈）：两臂伸直，两手握圈两侧，拇指和其他四指向前翻转圈，使圈以其直径（两手连线）为轴绕四个手指旋转一周。

动作要领：翻转圈时借食指向前推动的力量，使两手连线和圈旋转轴重合成一直线，圈保持在手指上连续旋转。

4. 抛　接

圈的抛接形式多样，它可用单手或双手，向不同方向、不同面进行。抛圈一般用手抛，也可用脚抛，主要通过摆动或转动将圈抛出。接圈除用手接外，还可用脚接圈，并顺势连接下面的动作后做连抛。

5. 穿　圈

穿圈是圈在滚动或旋转过程中，从圈中钻过。穿圈的形式繁多，可以坐地上倒回滚圈，从圈中钻过；也可结合水平面或斜面上抛圈，单手接圈穿过圈。

6. 翻转抛

开始拇指稍下压圈，抛时手腕上翻，手指上拨，用蹬腿或臂由屈至伸的挥摆力量将圈抛出。圈在空中沿额状面向后翻转。

动作要领：手腕和食指向上拨圈时要快而轻巧。初学时，圈翻转的高度要低，使圈沿横轴翻转，随熟练程度圈翻转的周数和高度可逐渐增加。

（三）圈的动作组合

※预备姿势

自然直立，小八字脚，挺胸抬头，两手持圈（额状面）两侧，自然贴于体前（图4-1-3-1）。

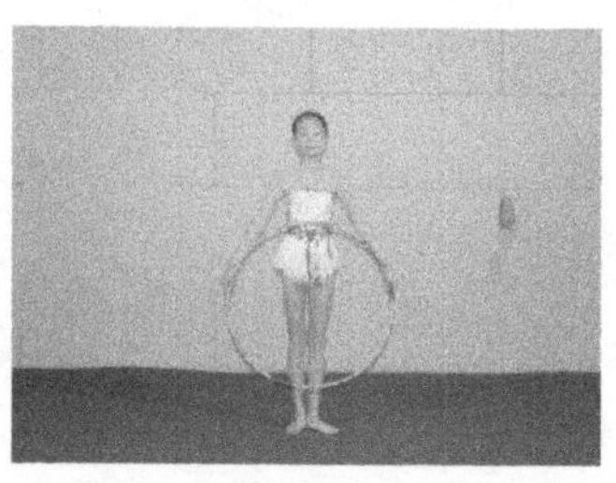

图4-1-3-1

★第一个八拍

1~2拍：两手经下至侧上举，左手持圈（额状面），掌心向上（图4-1-3-2）。

3~4拍：弹膝，两手由侧上举经下至胸前并拢，圈（额状面）在胸前逆时针转动360°（图4-1-3-3）。

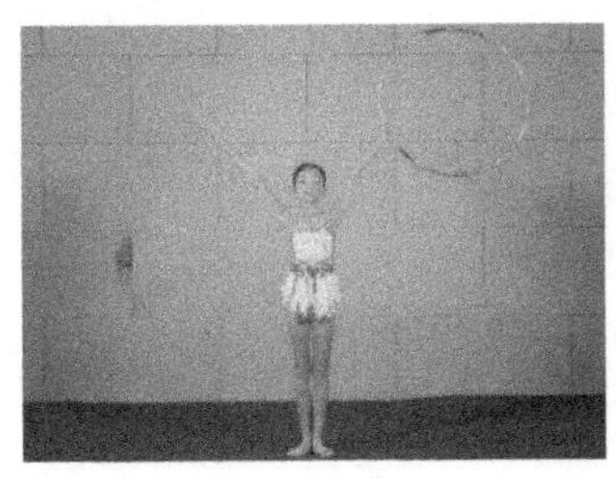
图4-1-3-2

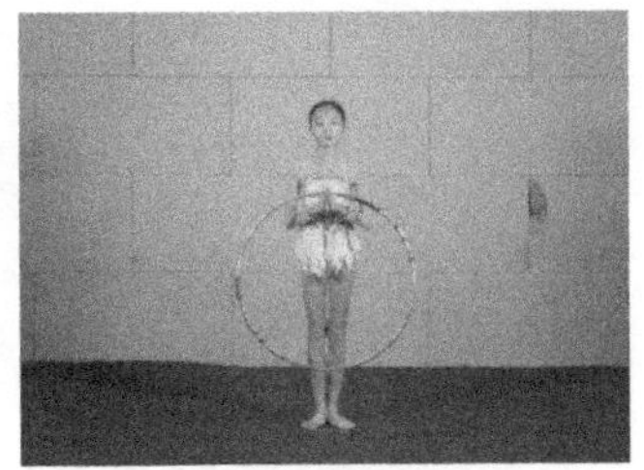
图4-1-3-3

5~6拍：两手经下至侧上举，右手持圈（额状面），掌心向上（图4-1-3-4）。

7~8拍：弹膝，两手由侧上举经下至胸前并拢，圈（额状面）在胸前逆时针转动360°（图4-1-3-5）。

图4-1-3-4

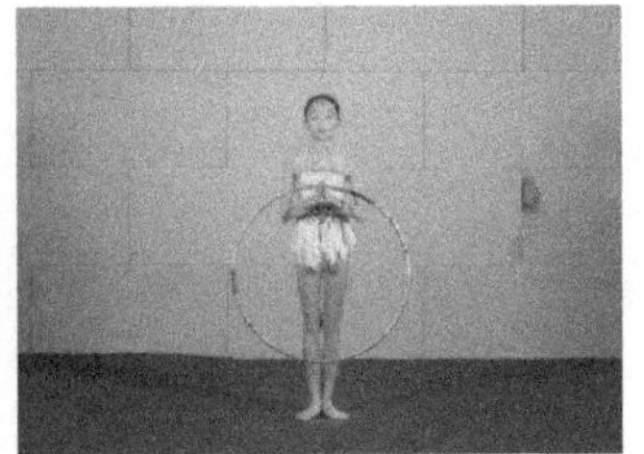
图4-1-3-5

★第二个八拍

第二个八拍与第一个八拍动作相同。

★第三个八拍

1~6拍：向左做侧交叉步，两手胸前并拢，胸前顺时针转动圈（额状面）（图4-1-3-6至图4-1-3-8）。

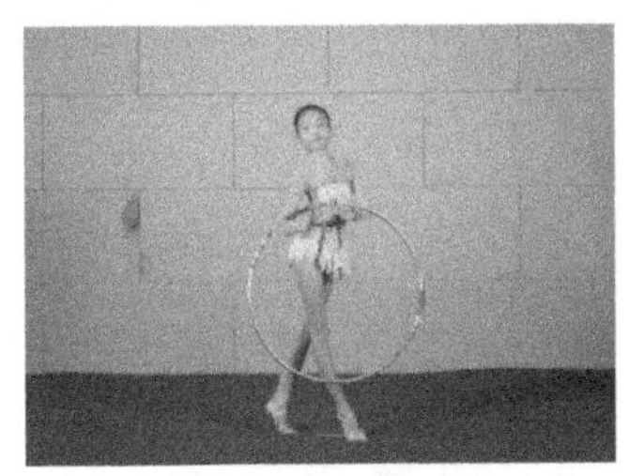
图4-1-3-6

图4-1-3-7

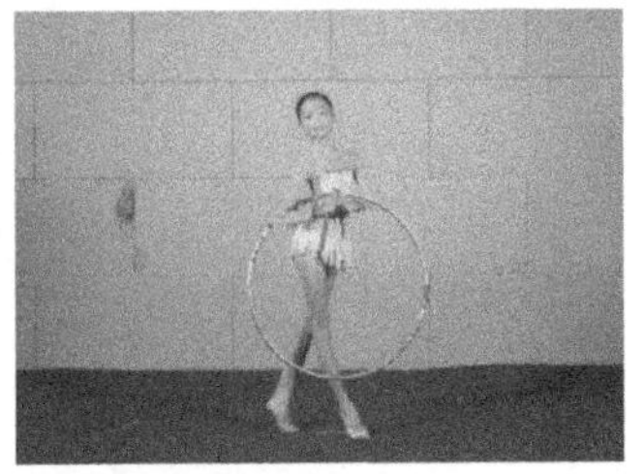
图4-1-3-8

7~8拍：两脚起踵，左脚向侧一步，右脚向左并，左手持圈（额状面）经下至侧上举，右手侧平举，眼看圈（图4-1-3-9、图4-1-3-10）。

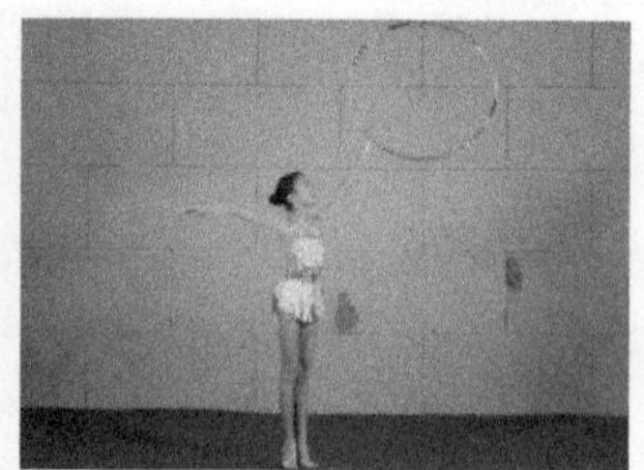

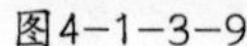

图4-1-3-9　　图4-1-3-10

★**第四个八拍**

第四个八拍与第三个八拍动作相同，但方向相反。

★**第五个八拍**

1~8拍：地面向左侧滚圈（额状面）（图4-1-3-11至图4-1-3-13）。

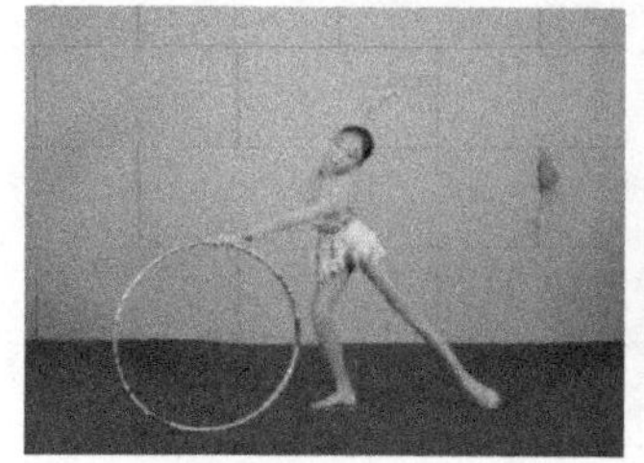

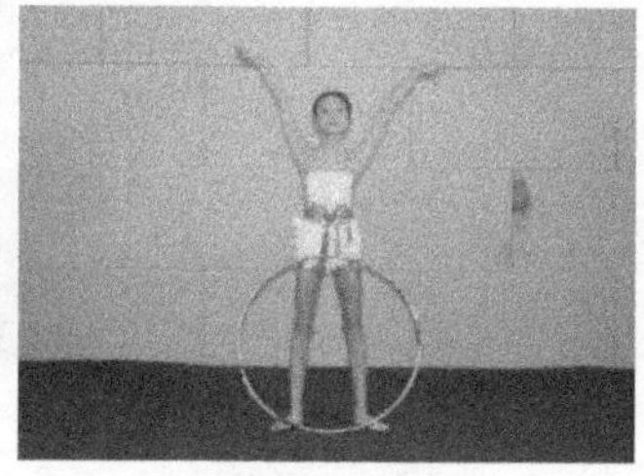

图4-1-3-11　　图4-1-3-12　　图4-1-3-13

★**第六个八拍**

1~8拍：右脚向右前一步，接着左脚向右并，两脚立踵顺时针旋转360°，同时右手持圈从左起，体后两手换握摆动，接着右手持圈随惯性继续转到体前。结束时直立，右手持圈上沿放于体前，左手自然贴于体前（图4-1-3-14至图4-1-3-16）。

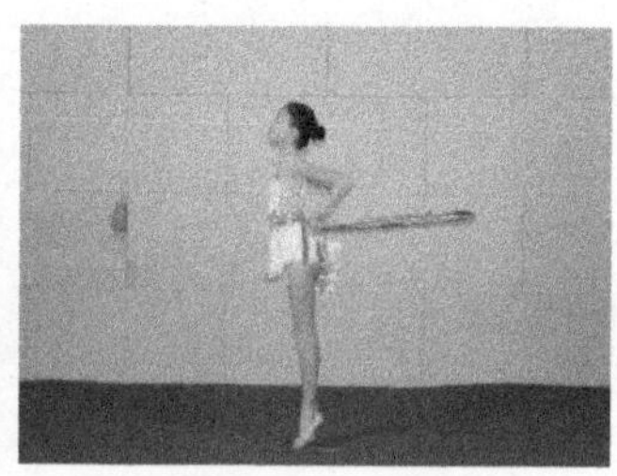

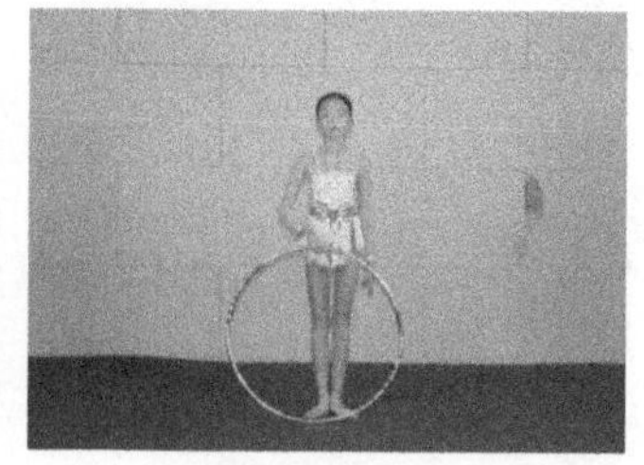

图4-1-3-14　　图4-1-3-15　　图4-1-3-16

★**第七个八拍**

1~2拍：两脚立踵，左腿弹腿向右前一步，穿圈落地，右手持圈（额状面稍向前倾），左手贴于体侧（图4-1-3-17、图4-1-3-18）。

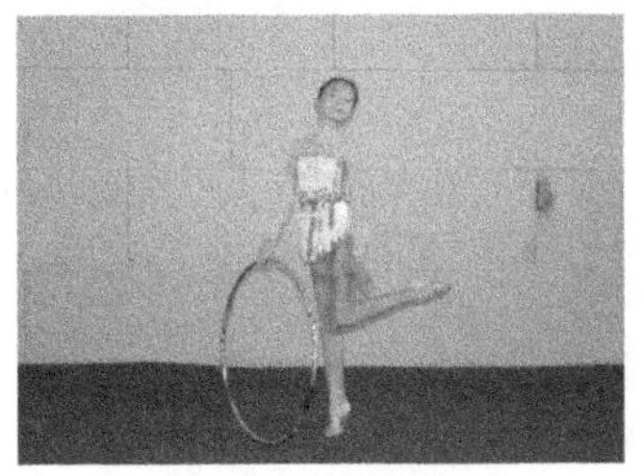
图4-1-3-17

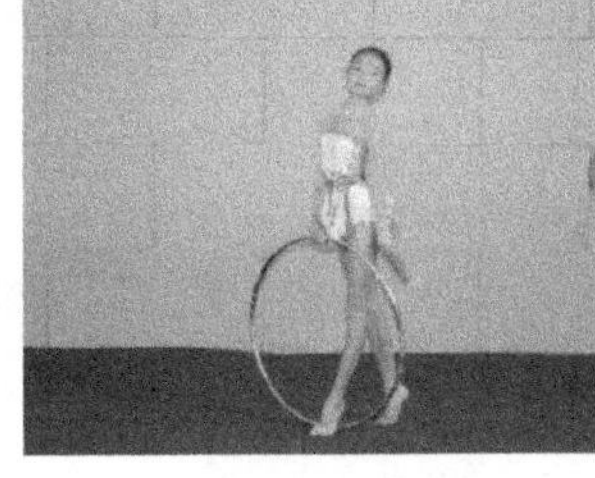
图4-1-3-18

3~4拍：两脚立踵，右腿弹腿向左前一步，同时右手持圈（额状面），圈绕右手顺时针翻转180°，左手贴于体侧（图4-1-3-19、图4-1-3-20）。

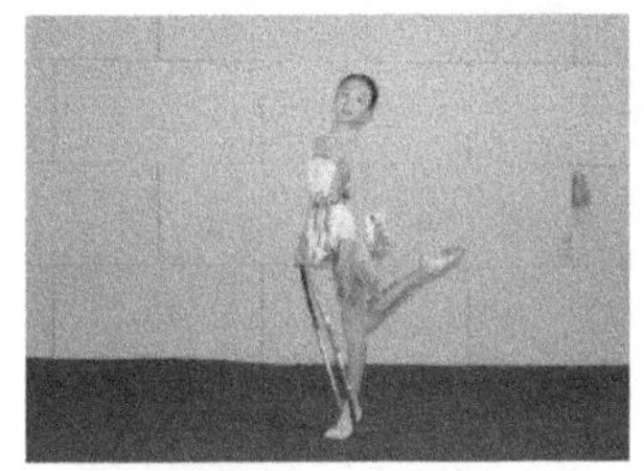
图4-1-3-19

图4-1-3-20

5~6拍：两脚立踵，左脚向左前一步，接着右脚向侧一步成开立，同时右手持圈（水平面），圈在腰上体前交换一次、体后交换一次（正面如图4-1-3-21，侧面如图4-1-3-22）。

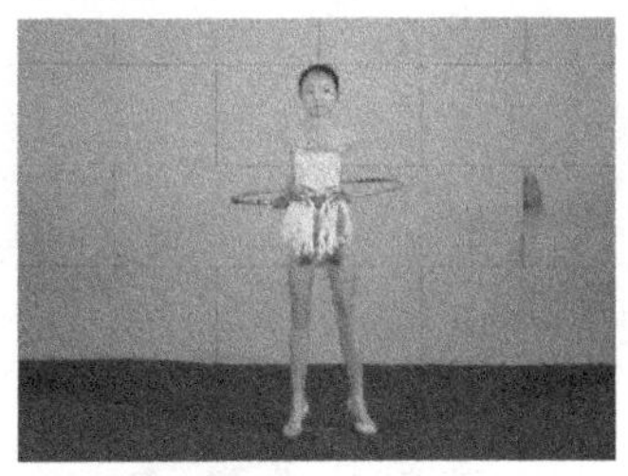
图4-1-3-21

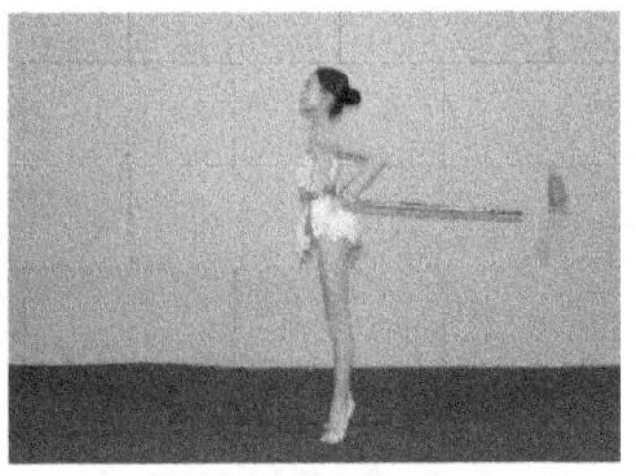
图4-1-3-22

7~8拍：左脚向右并，身体面向右前45°，两手持圈（额状面）两侧上举（图4-1-3-23）。

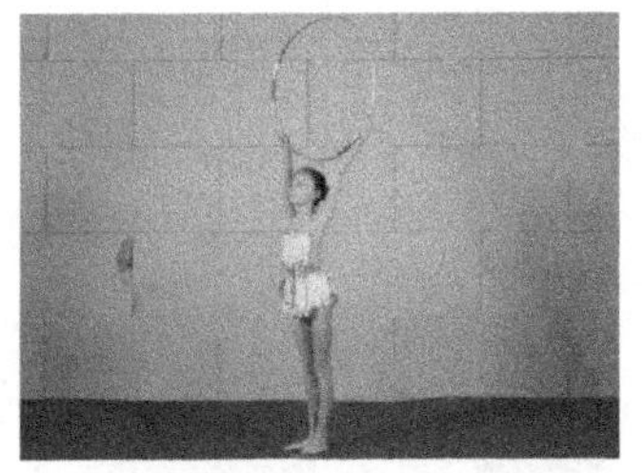
图4-1-3-23

★第八个八拍

1~8拍：向后小碎步，上体向前屈，同时两手持圈向下放圈，圈绕手翻转180°至触地，眼看圈。结束时，还原成直立（图4-1-3-24至图4-1-3-27）。

图4-1-3-24

图4-1-3-25

图4-1-3-26

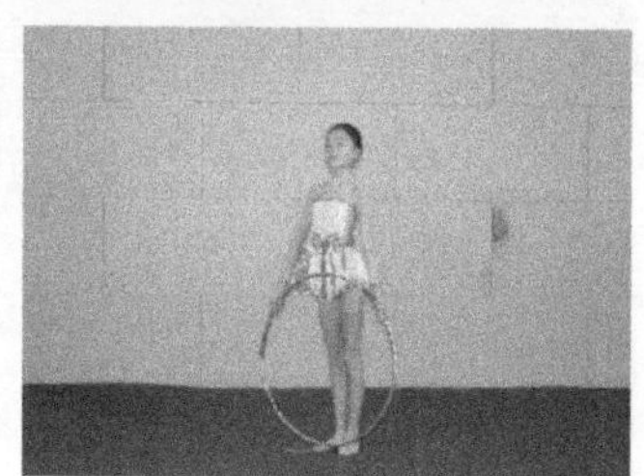
图4-1-3-27

★第九个八拍

1~2拍：左腿向后提，左手在下持圈（额状面）内沿贴紧腹部，右手持圈外沿向上提，两手掌心向下，眼看左前方（图4-1-3-28）。

图4-1-3-28

3~4拍：左腿向前伸直点地，右腿屈膝，左手在下持圈（水平面）内沿贴紧腹部为轴，右手持圈外沿向前转圈90°，眼看右手（图4-1-3-29）。

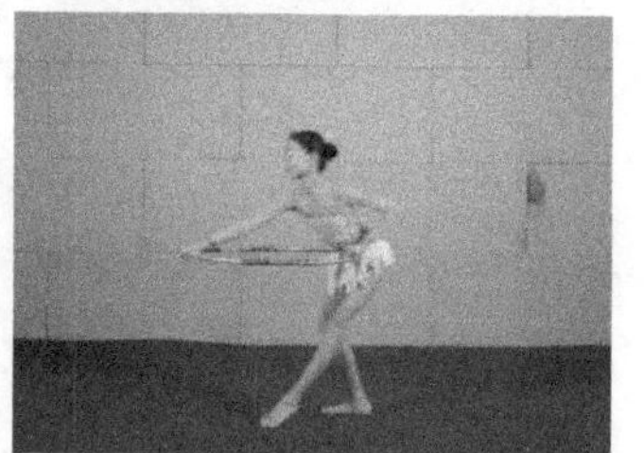
图4-1-3-29

5~8拍：左脚向后并，两膝弯曲，左手放圈，贴于体侧，右手持圈，使圈绕手向后翻转270°，然后上体穿进圈，圈抵在腰后，右手持圈向前伸直，左臂侧上举（图4-1-3-30至图4-1-3-32）。

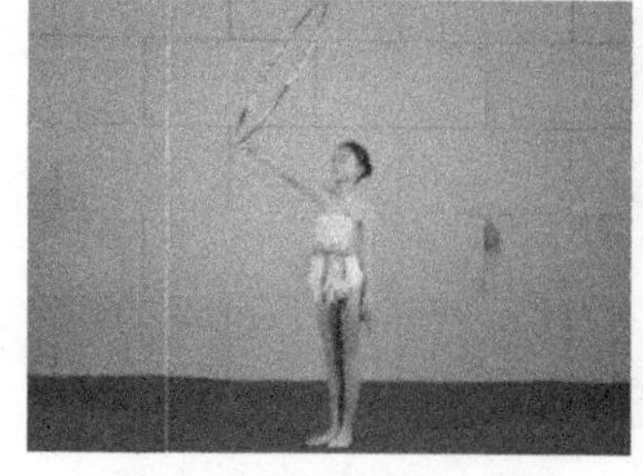
图4-1-3-30

图4-1-3-31

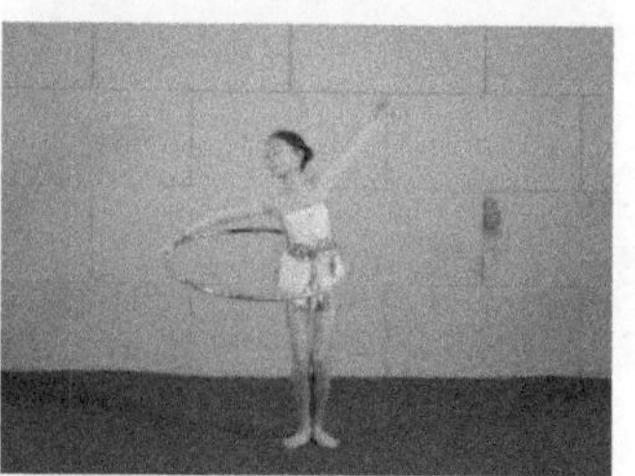
图4-1-3-32

★第十个八拍

1~2拍：两膝伸直，右手持圈向下放，左手侧上举，身体转向前，左脚向侧一步迈出圈，重心移至左腿（图4-1-3-33）。

图4-1-3-33

3~8拍：右手放圈，蹚圈两次（图4-1-3-34、图4-1-3-35）。

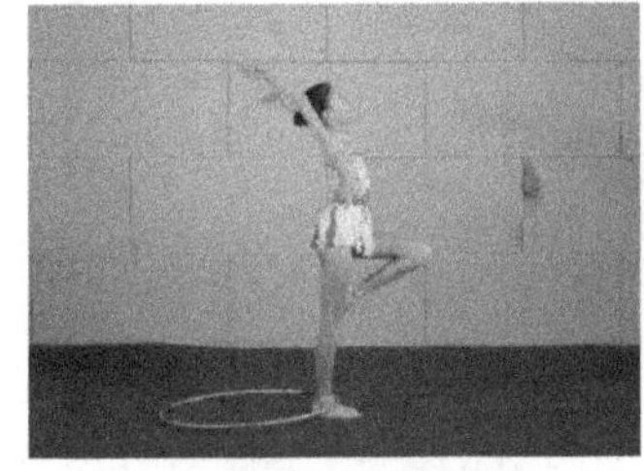

图4-1-3-34

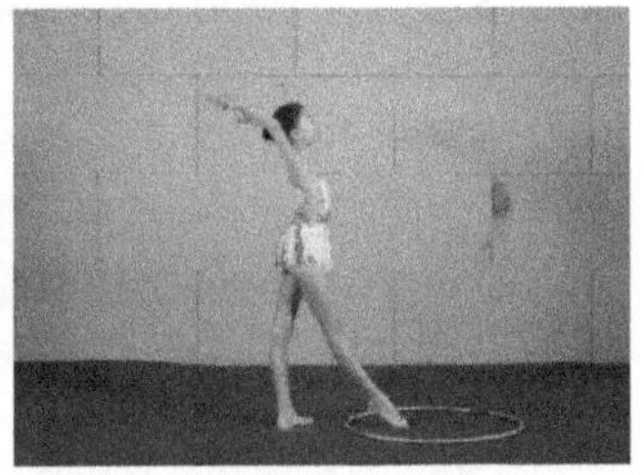

图4-1-3-35

★第十一个八拍

1~2拍：提左膝，右脚落地，使圈绕右脚踝逆时针转动速度变慢至停止在地面，两手侧上举（图4-1-3-36）。

图4-1-3-36

3~4拍：左脚落地，身体转向前，两臂向下贴于体侧，圈停在地面上（图4-1-3-37）。

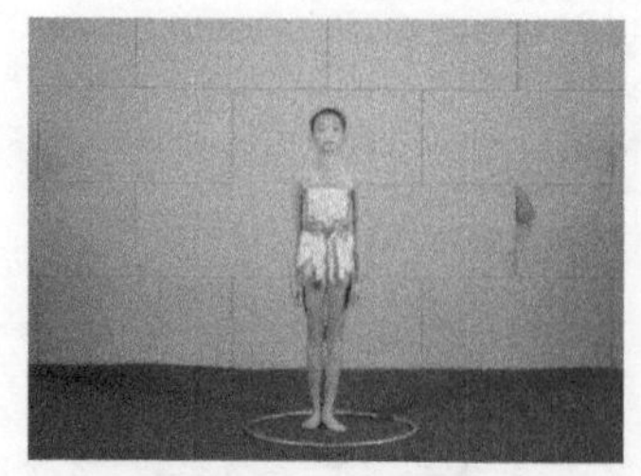

图4-1-3-37

5~6拍：右脚向侧一步迈出圈，重心在右腿，右臂经侧摆至上举，左臂摆至侧举，眼看左手（图4-1-3-38）。

图4-1-3-38

7~8拍：右脚出圈，下蹲，右手持圈，左手后上举（图4-1-3-39）。

图4-1-3-39

★第十二个八拍

1~8拍：右脚向侧一步，左脚向右并，两脚立踵顺时针旋转360°，同时左手贴于体侧，右手持圈从体前向头上摆，然后将圈向下，使上体穿过圈。结束时，自然站立，右手持圈（额状面）侧举，圈一侧紧贴腰左侧，左手侧上举（图4-1-3-40至图4-1-3-42）。

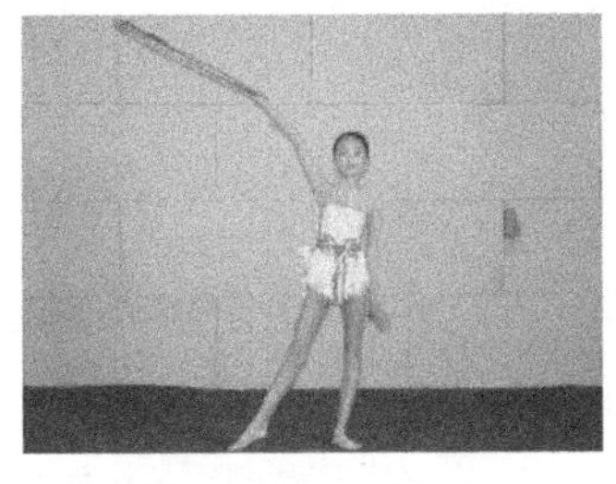
图4-1-3-40

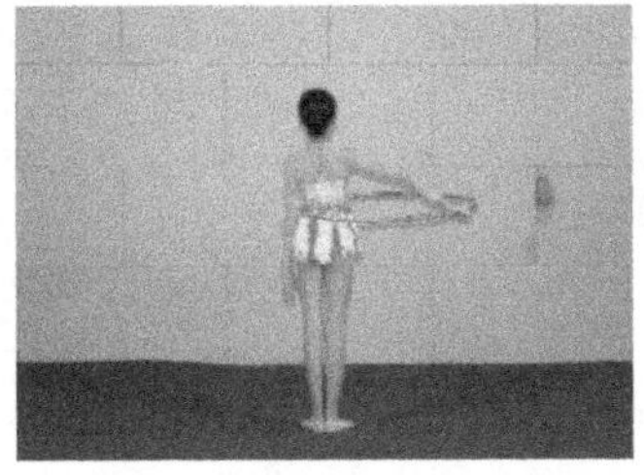
图4-1-3-41

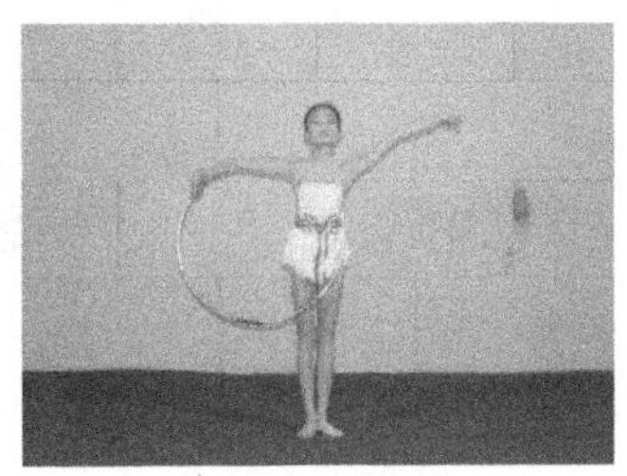
图4-1-3-42

★练习提示

① 先进行单个器械动作的学习，再注意动作的衔接。

② 注意器械的发力和器械轴、器械面，随惯性运动。

③ 较难动作先徒手体会，再持圈小幅度、慢速练习，熟练后增强动作表现力。

四、纱巾的基本动作与组合

（一）持纱巾方法

1. 双手握法

中指、食指握纱巾的前面，拇指、无名指、小指握纱巾的后面，形成钳子似的自然弯曲握住纱巾，可握住纱巾窄边或宽边。

2. 单手握法

中指、食指握纱巾的前面，拇指、无名指、小指握纱巾的后面，形成钳子似的自然弯曲握住纱巾的一角或者双角。

（二）纱巾的基本动作

1. 摆　动

两手握纱巾宽边右侧举，两臂以肩为轴由右向左或由左向右侧上方摆动，纱巾可前后、左右、上下摆动。

动作要领：双手持纱巾以肩为轴，利用惯性的作用，使手臂在身体的各个面上做钟摆式的运动。

2. 绕　环

（1）体前垂直大绕环。

两臂以肩为轴由右向左在体前垂直大绕环。

动作要领：双手持纱巾以肩为轴，臂伸直，在体前、体侧做360° 以上的环形动作。

（2）体侧“8”字大绕环。

两臂以肩为轴尽量向右后经体侧向前大绕环至上举，随后两臂以肩为轴尽量向左后经体侧向前大绕环至上举。

动作要领：绕环时以肩为轴，上摆利用摆动的惯性，动作连贯伸展，纱巾在摆动绕环时飘起。

（3）绕五花。

两臂摆至体侧前交叉（右臂在上），接着右臂领先向左、向后、向右、头上水平绕环至右侧举（左臂与右臂上、下交叉），然后左臂再领先做体前小五花水平小绕环还原至右侧前举（右臂在上交叉），即头上水平大五花接体前小五花。

动作要领：绕环时臂要伸直，上下水平绕环要连贯圆滑不可中断。动作熟练后速度要快，两手腕要靠近，距离不可太远。两臂上举在头上，两手分别在前和后做依次“8”字绕环。

3. 向后抛接

两脚蹬地，同时两臂向后上方摆动纱巾，利用两臂向上摆动的惯性，手腕发力使纱巾向后上方抛出，抬头挺胸。接着两臂上举，接握纱巾另一边的窄边，目视后上方。

动作要领：利用两腿蹬地的力量向上摆臂，摆臂用力不可太猛，动作伸展。抛纱巾有力、接纱巾准确。

（三）纱巾的动作组合

※预备姿势

自然站立，八字脚，同时两手体前交叉握纱巾的宽边，纱巾在体后展开。

★第一个八拍

1~4拍：保持预备姿势（图4-1-4-1）。

图4-1-4-1

5~8拍：两腿成八字脚，同时两臂经体侧至侧上举做手臂波浪（图4-1-4-2至图4-1-4-4）。

图4-1-4-2

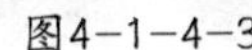

图4-1-4-3

图4-1-4-4

★第二个八拍

1~2拍：左脚向左侧迈出脚尖点地，右腿微屈成右侧弓步，同时左臂向右摆动于耳侧，右臂向下摆动成一位手（图4-1-4-5）。

3~4拍：左脚还原，同时两臂还原成侧上举（图4-1-4-6）。

图4-1-4-5

图4-1-4-6

5~8拍：与1~4拍动作相同，但方向相反。

★第三个八拍

1~4拍：两腿微屈，同时两臂胸前交叉环抱，低头含胸（图4-1-4-7a、图4-1-4-7b）。

5~8拍：两腿直立，同时两臂还原成侧上举，展开纱巾（图4-1-4-8）。

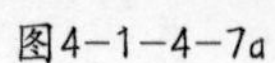
图4-1-4-7a

图4-1-4-7b

图4-1-4-8

★第四个八拍

1~4拍：左腿直立，右脚脚尖向右侧点地，同时左臂上举，右臂下摆至一位手，做侧波浪成上举（图4-1-4-9至图4-1-4-12）。

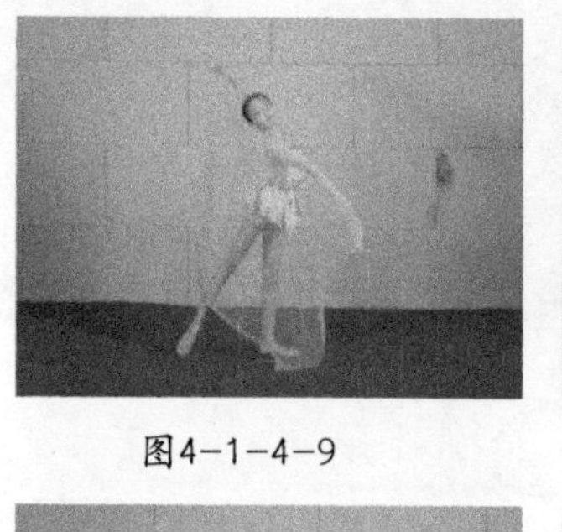
图4-1-4-9

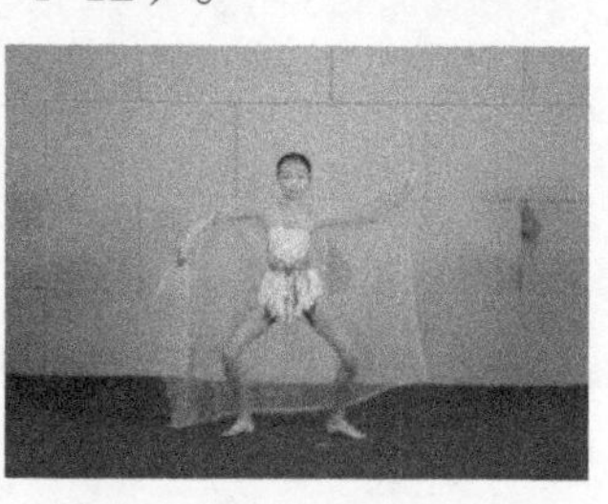
图4-1-4-10

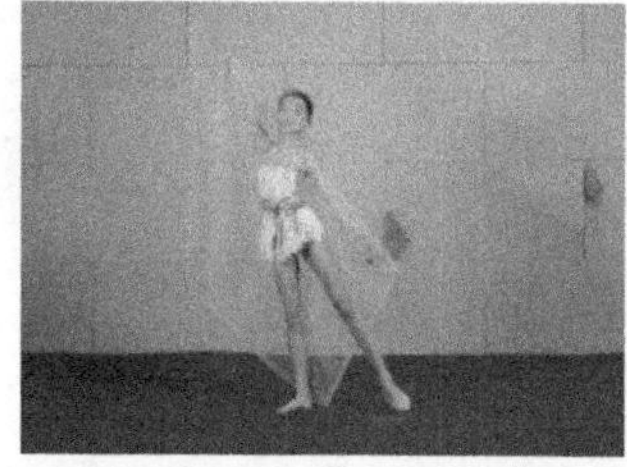
图4-1-4-11

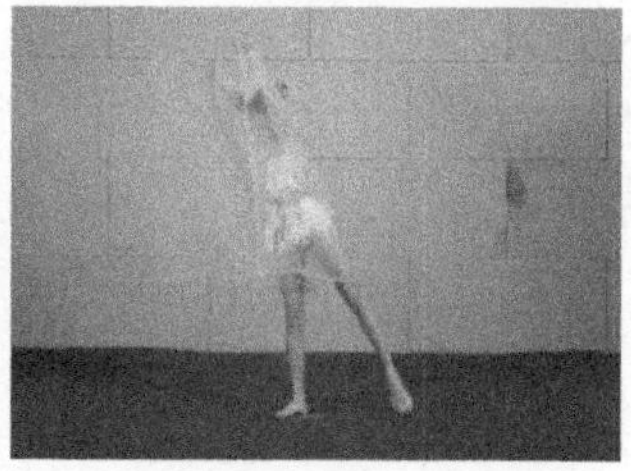
图4-1-4-12

5~6拍：右腿站立，左脚向后点地，同时两臂从上举经后绕环做后波浪，重心在右腿（图4-1-4-13）。

图4-1-4-13

7~8拍：左脚还原，两腿微屈，同时两臂由后向前摆动纱巾至体前，低头含胸，纱巾在体前展开（图4-1-4-14、图4-1-4-15）。

图4-1-4-14

图4-1-4-15

★第五个八拍

1~4拍：左腿向左侧迈出屈膝，右脚脚尖点地，同时右手握住纱巾的一端由侧举向下经左至上举做体前绕环，抛出纱巾侧上举停住，左臂侧上举（图4-1-4-16、图4-1-4-17）。

图4-1-4-16

图4-1-4-17

5~6拍：左腿还原，同时两手握纱巾的宽边（图4-1-4-18）。

图4-1-4-18

7~8拍：两脚原地小碎步向右转体360°，同时两臂成立圆（图4-1-4-19至图4-1-4-22）。

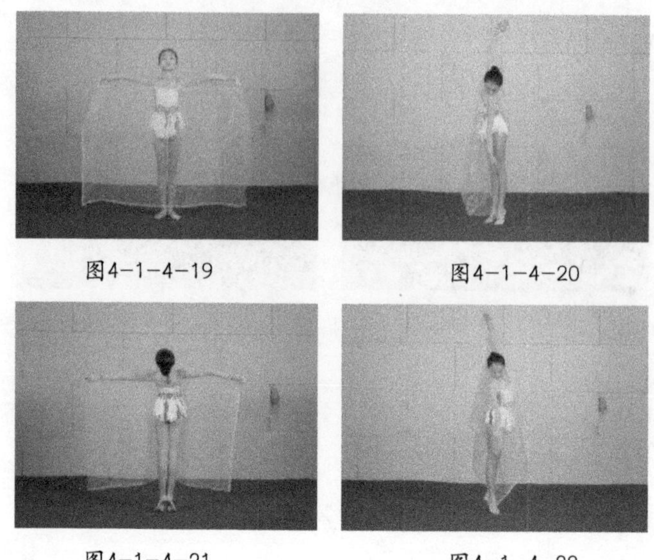

图4-1-4-19　图4-1-4-20

图4-1-4-21　图4-1-4-22

★第六个八拍

1~2拍：右腿直立，左腿前吸腿，同时两手由下经体侧至上举，右手握纱巾的一端在最高点时交换到左手（图4-1-4-23）。

3~4拍：左腿还原，两腿屈膝，同时两臂由上举经体侧至胸前交叉，左手握纱巾的一端，低头含胸（图4-1-4-24）。

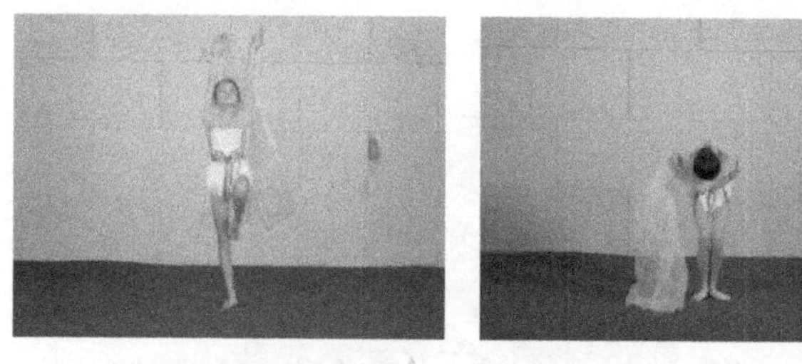

图4-1-4-23　图4-1-4-24

5~8拍：与1~4拍动作相同，但方向相反。

★第七个八拍

1~8拍：右脚向右后方撤步做华尔兹舞步两次，同时右手握纱巾的一端（图4-1-4-25至图4-1-4-28）。

图4-1-4-25

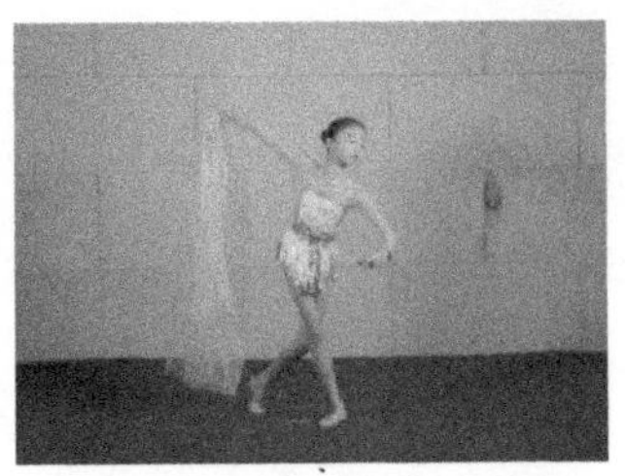
图4-1-4-26

图4-1-4-27

图4-1-4-28

★第八个八拍至第十一个八拍

第八个八拍至第十一个八拍与第四个八拍至第七个八拍动作相同，但方向相反。

★第十二个八拍

1~4拍：右脚向右侧迈出，左腿侧吸腿向右转体360°，同时右臂侧上举、左手背于腰后，纱巾在体前展开（图4-1-4-29）。

图4-1-4-29

5~8拍：右脚向右侧迈出，左腿并于右腿，同时两手体前握纱巾宽边，做绕五花（图4-1-4-30至图4-1-4-33）。

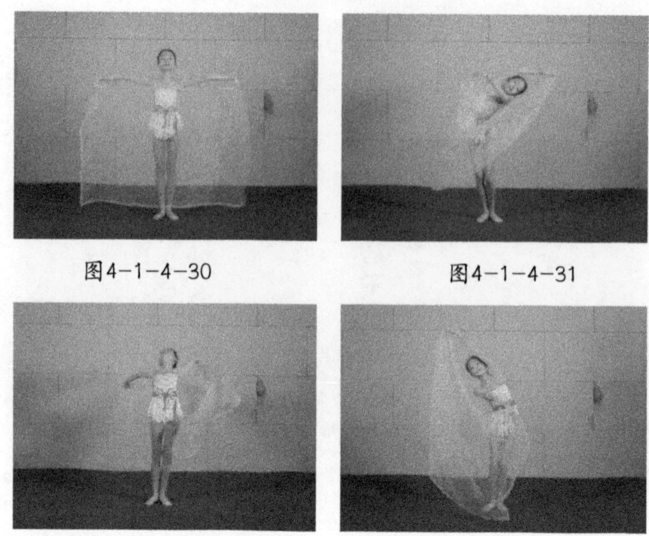

图4-1-4-30　　图4-1-4-31

图4-1-4-32　　图4-1-4-33

★第十三个八拍

1~4拍：与第十二个八拍5~8拍动作相同。

5~6拍：两脚原地小碎步向右转体360°，同时两臂侧上举，纱巾在体后展开（图4-1-4-34）。

7~8拍：两腿并立，同时两臂侧举，两手握纱巾宽边至体前（图4-1-4-35）。

图4-1-4-34

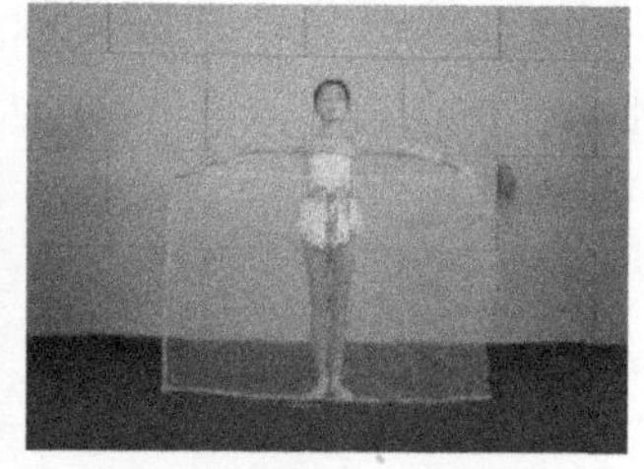

图4-1-4-35

★第十四个八拍和第十五个八拍

第十四个八拍和第十五个八拍与第十二个八拍和第十三个八拍动作相同，但方向相反。

※结束姿势

右臂由下经上摆至最高点时抛出纱巾，左脚向右前迈出一步，右脚后点地，同时两臂接纱巾缠绕后双臂上举（图4-1-4-36、图4-1-4-37）。

图4-1-4-36

图4-1-4-37

★练习提示

① 先徒手练习成套的身体难度（如身体波浪、手臂波浪、巴塞转体等）。

② 练习抛纱巾动作前，先做好上、下摆动练习，体会手持纱巾的感觉，掌握出手时机，利用惯性向上摆出，使纱巾在空中展开。

③ 结合舞步向前、向侧做华尔兹、侧并步跳摆动纱巾等练习。

④ 原地徒手做绕五花动作，然后再双手握纱巾慢动作做大五花练习。熟练掌握后可加转体练习。

第二节　器械成套动作练习

一、快乐球操（水平一）

快乐球操时间为1分15秒，17个八拍动作，可分为3段。在球操成套动作中，身体基本动作包括：波浪摆动、小碎步转、踏步、小跳、小跨跳、纵叉、横叉、举腿；器械基本动作包括：两臂滚球、两手胸前滚球、背滚球、两腿滚球、地面滚球、两手搓球滚动、膝弹球、双手抛球。

熟练掌握球操的各个基本动作，使球的运动与身体运动融于一体，球成为肢体的延伸，有利于增强练习者的协调能力，加强学生的肌肉控制能力，对增强学生的柔韧性和方位感有很大帮助。

※预备姿势

身体面向2点方向，成跪坐姿势，上身直立，两臂在胸前交叉抱球，掌心向内（图4-2-1-1）。

图4-2-1-1

※第一段

★第一个八拍

1~4拍：跪立，两臂胸前滚球，由上臂至手，两手持球前上举（图4-2-1-2、图4-2-1-3）。

图4-2-1-2

图4-2-1-3

5~6拍：身体面向2点方向，跪坐，左手在1点方向放球，右臂贴于体侧。接着左腿向七点方向出腿，呈半劈腿坐，同时左手向左做地面滚球，右臂侧上举（图4-2-1-4、图4-2-1-5）。

图4-2-1-4

图4-2-1-5

7~8拍：面向1点方向，收左腿成跪坐，同时左臂在体前地面拨球到右手，左臂侧上举，眼看球（图4-2-1-6、图4-2-1-7）。

图4-2-1-6

图4-2-1-7

★第二个八拍

1~2拍：右臂在体前地面拨球到左手，右臂侧上举，眼看球（图4-2-1-8）。

图4-2-1-8

3~6拍：跪立，两手持球贴于颈后，做背滚球，两手在腰部接球（图4-2-1-9至图4-2-1-12）。

图4-2-1-9

图4-2-1-10

图4-2-1-11

图4-2-1-12

7~8拍：左腿向前一步，单腿跪立起，结束时成并立，同时两臂经侧至上举，两手持球（图4-2-1-13至图4-2-1-15）。

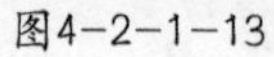
图4-2-1-13

图4-2-1-14

图4-2-1-15

★第三个八拍

1~4拍：由左腿开始向左小碎步，结束时左腿屈膝右腿脚尖点向8点方向，同时左臂摆至侧下举（与右腿平行），左手持球，右臂侧上举（图4-2-1-16）。

图4-2-1-16

5~8拍：与1~4拍动作相同，但方向相反。

★第四个八拍

1~4拍：原地小碎步向左转360°，同时两臂由侧上举至胸前平屈，两手持球（图4-2-1-17至图4-2-1-19）。

图4-2-1-17

图4-2-1-18

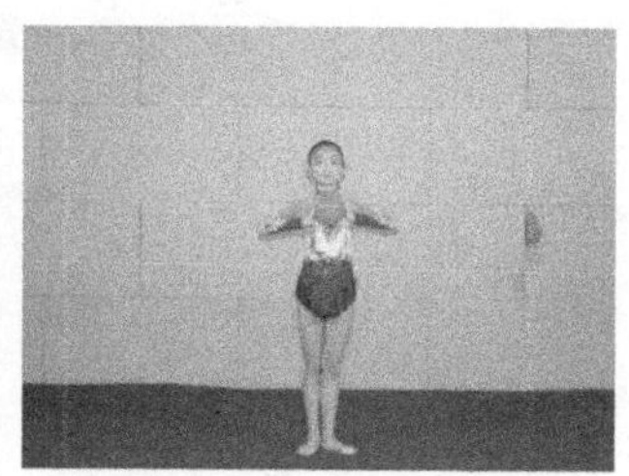
图4-2-1-19

5~8拍：面向8点方向，两手小拨球接胸前滚球，球由上臂至手，两手持球前下举（图4-2-1-20）。

图4-2-1-20

★第五个八拍

1~4拍：面向8点方向，两腿并立，两臂伸直向前上方抛球（图4-2-1-21）。

图4-2-1-21

5~8拍：两臂屈肘抱球，五指分开，掌心向下，两脚立踵（图4-2-1-22）。

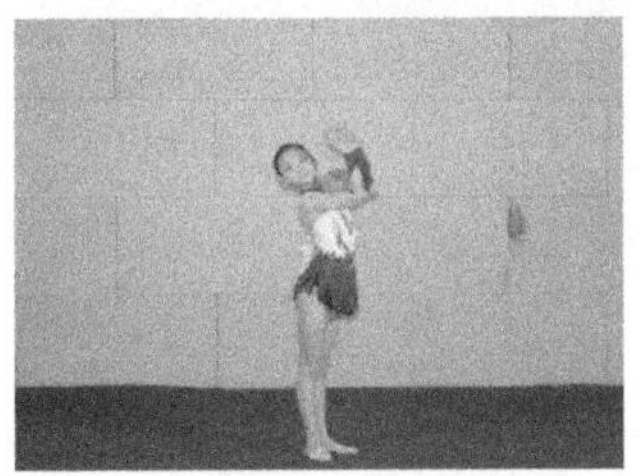

图4-2-1-22

★第六个八拍

第六个八拍与第四个八拍动作相同，但方向相反。

★第七个八拍

第七个八拍与第五个八拍动作相同，但方向相反。

★第八个八拍

1~8拍：由左腿开始向8点方向高抬腿踏步，两手分别持球上下部，向前滚动球（图4-2-1-23、图4-2-1-24）。

图4-2-1-23

图4-2-1-24

※第二段

★第九个八拍

1~2拍：左腿前吸腿，用大腿正面做膝弹球，结束时直立，两手胸前平屈接球（图4-2-1-25）。

图4-2-1-25

3~4拍：左腿向左侧一步，脚尖点地，右腿屈膝，同时两手持球下举（低头）（图4-2-1-26）。

图4-2-1-26

5~6拍：左腿屈膝，右腿向右侧一步，脚尖点地，同时两手持球上举（抬头）（图4-2-1-27）。

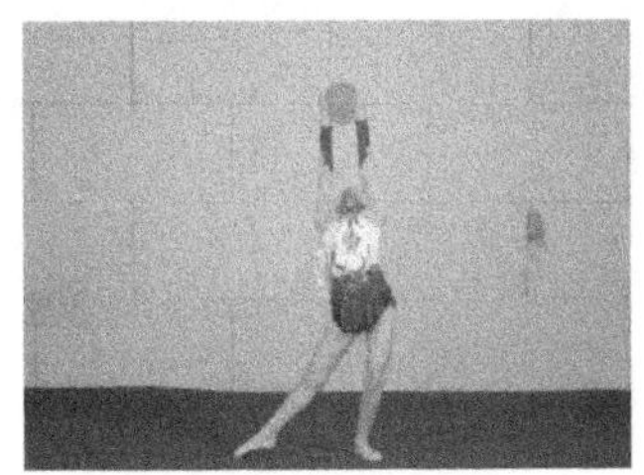

图4-2-1-27

7~8拍：还原成直立，两手持球胸前平屈。

★第十个八拍

第十个八拍与第八个八拍动作相同，但方向相反。

★第十一个八拍

第十一个八拍与第九个八拍动作相同，但方向相反。

★第十二个八拍

1~4拍：直立，两手持球前上举，眼看手（图4-2-1-28）。

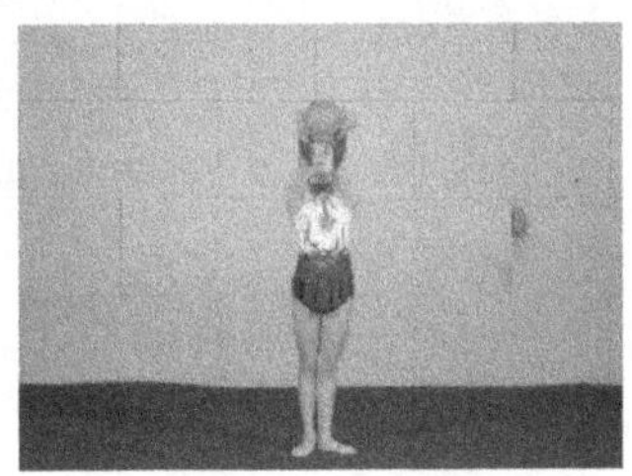

图4-2-1-28

5~8拍：小碎步向后退，同时两手持球贴于胸前，球经上臂滚至手，结束时直立，两手持球下举（图4-2-1-29至图4-2-1-31）

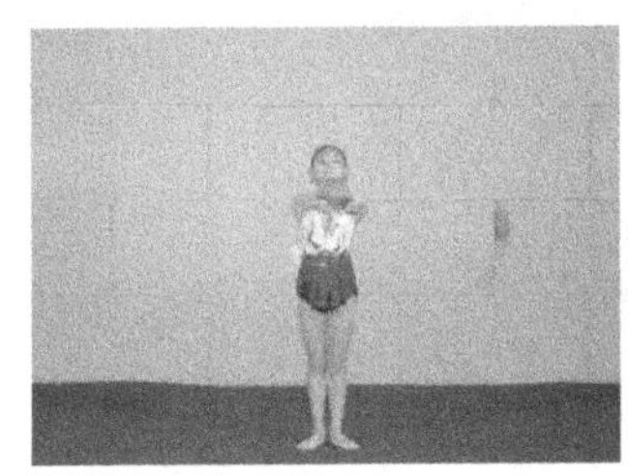

图4-2-1-29

图4-2-1-30

图4-2-1-31

★第十三个八拍

1~8拍：两腿屈膝，小碎步向右转体360°，同时两臂侧上举，右手托球（图4-2-1-32至图4-2-1-34）。

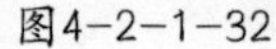
图4-2-1-32

图4-2-1-33

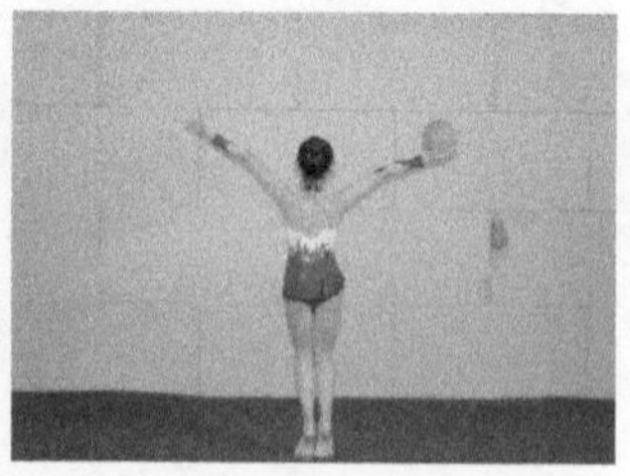
图4-2-1-34

※第三段

★第十四个八拍

1~4拍：向3点方向做右脚小跨跳两次，同时左臂侧平举、右臂侧下举，右手持球（图4-2-1-35、图4-2-1-36）。

图4-2-1-35

图4-2-1-36

5~6拍：面向3点方向，做右脚在前的小跨跳接左腿跪地，两臂贴于体侧，右手持球（图4-2-1-37、图4-2-1-38）。

图4-2-1-37

图4-2-1-38

7~8拍：向3点方向做右腿滑叉下地（图4-2-1-39）。

图4-2-1-39

★第十五个八拍

1~4拍：两腿伸直，转成横叉（图4-2-1-40）。

图4-2-1-40

5~6拍：向左地面滚球，左手扶球，右手侧上举，然后将球拨回，两手体前持球（图4-2-1-41、图4-2-1-42）。

图4-2-1-41

图4-2-1-42

7~8拍：与5~6拍动作相同，但方向相反。

★第十六个八拍

1~2拍：保持横叉，向左两手搓球，头向左倾（图4-2-1-43）。

图4-2-1-43

3~4拍：与1~2拍动作相同，但方向相反。

5~6拍：与1~2拍动作相同。

7~8拍：与3~4拍动作相同。

★第十七个八拍

1~2拍：转向3点方向，两腿并拢，两手将球放在腿上，两臂伸直（图4-2-1-44）。

图4-2-1-44

3~4拍：两腿向上抬45°，将球滚至大腿，同时两臂伸直，两手撑地（图4-2-1-45、图4-2-1-46）。

图4-2-1-45

图4-2-1-46

5~8拍：两腿屈膝，脚尖点地，大腿正面与腹部夹球，两臂由后向前大绕环（图4-2-1-47）。

※结束姿势

两腿屈膝，脚尖点地，大腿正面与腹部夹球，两臂伸直在胸前交叉（图4-2-1-48）。

图4-2-1-47

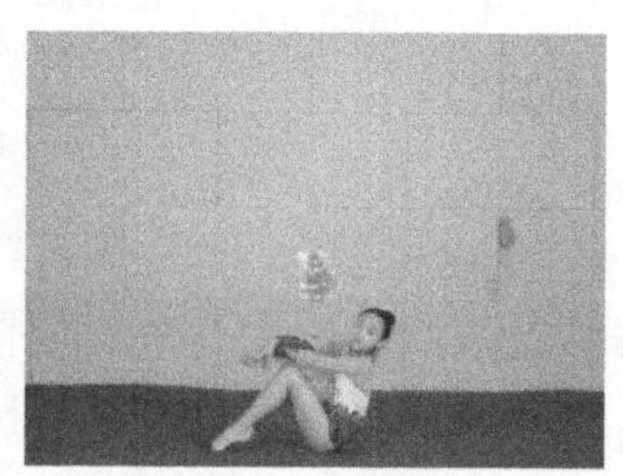

图4-2-1-48

★练习提示

① 练习时注意将球的动作与身体动作充分结合起来，节奏一致。

② 重视球操的基本步伐、基本手臂动作和身体姿态的学习，打好基础。

③ 完成双足立踵或转体时，膝盖伸直，两腿夹紧并拢。

④ 手臂滚球动作，为避免球脱手的情况出现，当球从手臂滚至手心时要将球稍向上托。

⑤ 通过不同形式的抛接球、拍球、滚动球的练习，提高球性和控制球的能力，同时提升练习的趣味性。

二、快乐绳操（水平二）

快乐绳操成套动作共3分16秒，52个八拍动作，可分为3段。其中身体动作主要包括踏步、手臂摆动、绕环、体前屈、身体转动以及并腿跳、高抬腿跳等基本动作，器械动作包含摇绳、停绳、绳的转动、缠绕等。快乐绳操可有效发展儿童下肢力量、灵敏和协调能力。

建议配合音乐《快乐的歌》进行练习。

※预备姿势

四折绳，两手持绳两端，直立（图4-2-2-1）。

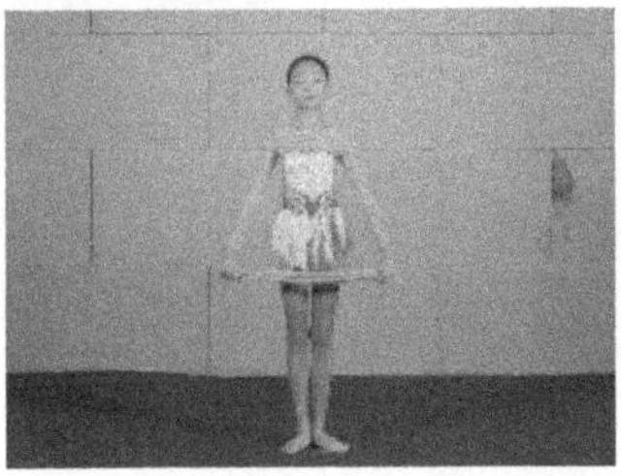

图4-2-2-1

※第一段

★第一个八拍

1~2拍：四折绳，两手分别持绳两端，左腿开始原地踏步，两臂前举（图4-2-2-2）。

3~4拍：原地踏步，同时两臂上举（图4-2-2-3）。

5~6拍：原地踏步同时左转90°，两臂前举（图4-2-2-4）。

7~8拍：原地踏步，同时两臂下举（图4-2-2-5）。

图4-2-2-2

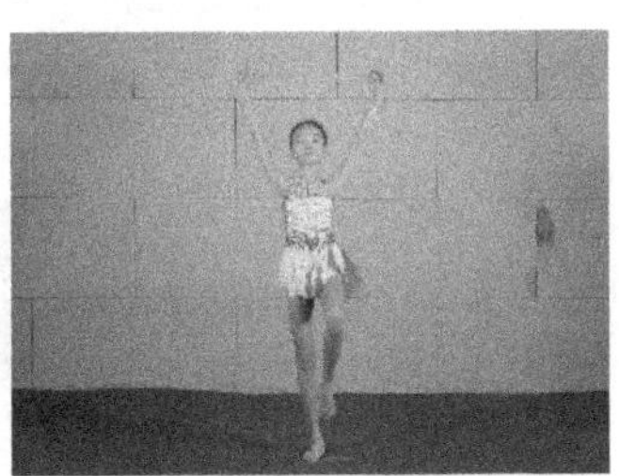

图4-2-2-3

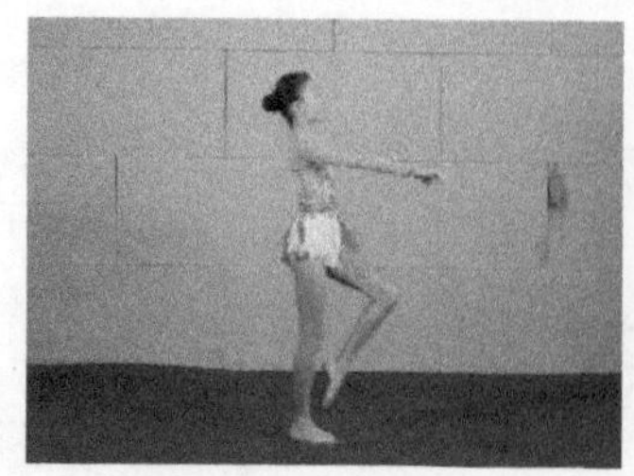
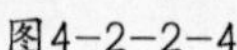
图4-2-2-4

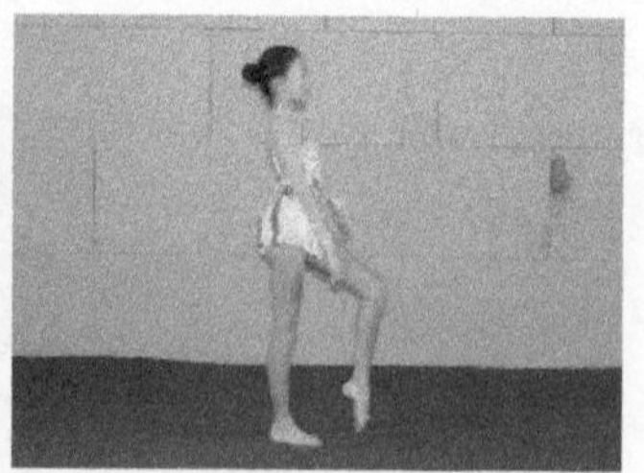
图4-2-2-5

★第二个八拍

1~2拍：先右后左交换后踢腿小跳两次，同时两臂前举（图4-2-2-6）。

3~4拍：交换后踢腿小跳两次，同时两臂上举（图4-2-2-7）。

5~8拍：交换后踢腿小跳同时右转90°，两臂由上举至下举。

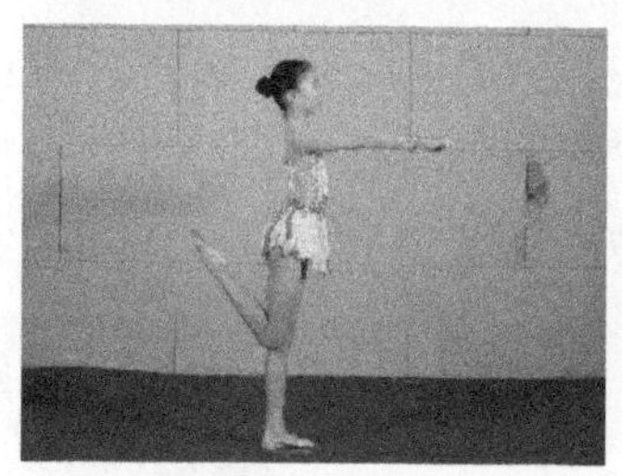
图4-2-2-6

图4-2-2-7

★第三个八拍和第四个八拍

第三个八拍和第四个八拍与第一个八拍和第二个八拍动作相同，但方向相反。

★第五个八拍

1~4拍：面向左前方向，两腿屈伸两次，同时两次扩胸（图4-2-2-8、图4-2-2-9）。

5~6拍：右腿向后一步成左弓步，同时向右顶髋一次（图4-2-2-10）。

7~8拍：右腿还原，同时两臂还原成前举。

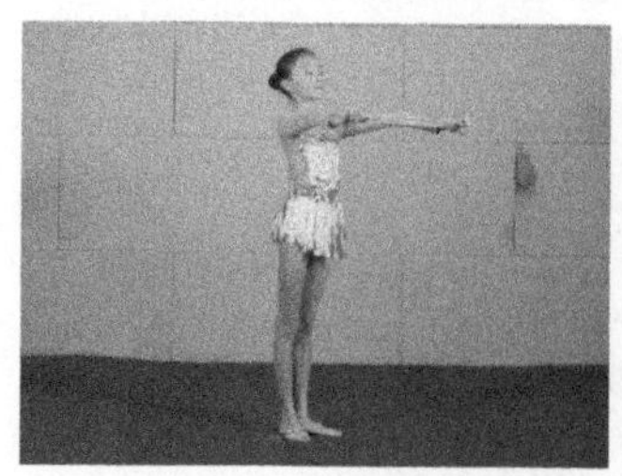
图4-2-2-8

图4-2-2-9

图4-2-2-10

★第六个八拍

第六个八拍与第五个八拍动作相同。

★第七个八拍

1~4拍：面向左前方向，右腿向后一步成开立，同时两臂上举振臂两次（图4-2-2-11、图4-2-2-12）。

5~8拍：两臂向后静力拉伸。

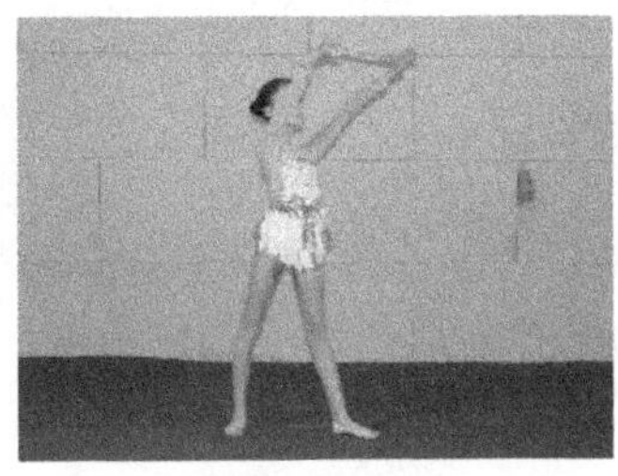
图4-2-2-11

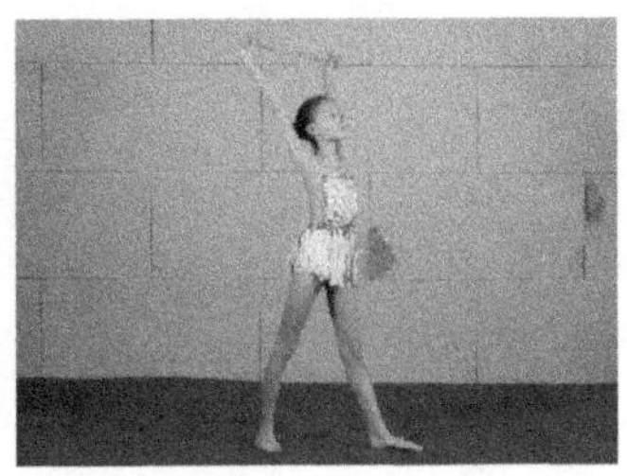
图4-2-2-12

★第八个八拍

1~4拍：体前屈，两臂沿左腿向下伸（图4-2-2-13）。

5~8拍：身体还原直立，同时两臂由下举至上举（图4-2-2-14）。

图4-2-2-13

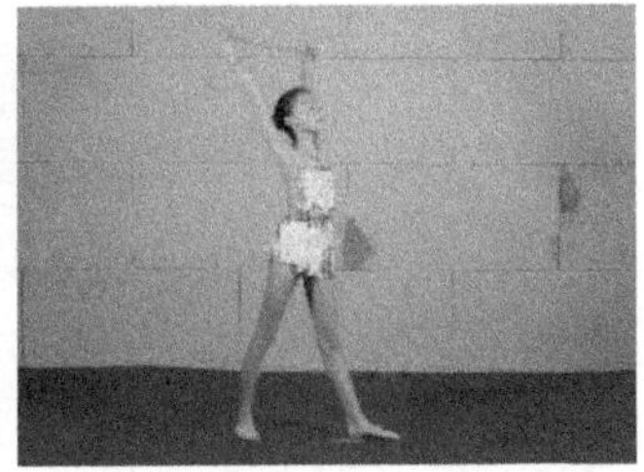
图4-2-2-14

★过渡节拍

1~4拍：右腿开始原地踏步同时右转90°，两臂由上举至下举。

★第九个八拍至第十二个八拍

第九个八拍至第十二个八拍与第五个八拍至第八个八拍相同，方向相反，但第十二个八拍7~8拍左腿还原，同时两臂由上至下举，身体面向前方。

※第二段

★第十三个八拍

1~8拍：左腿开始原地踏步，同时两手持绳头向后绕至身体后方（图4-2-2-15至图4-2-2-17）。

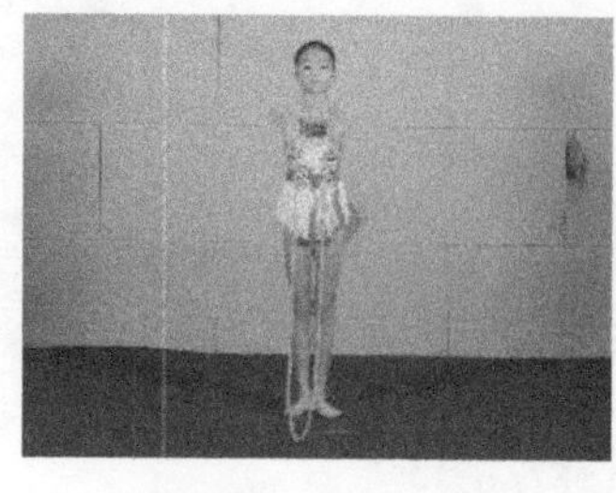
图4-2-2-15

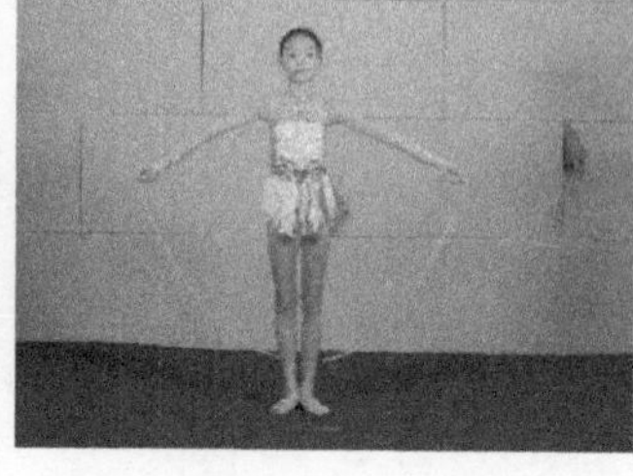
图4-2-2-16

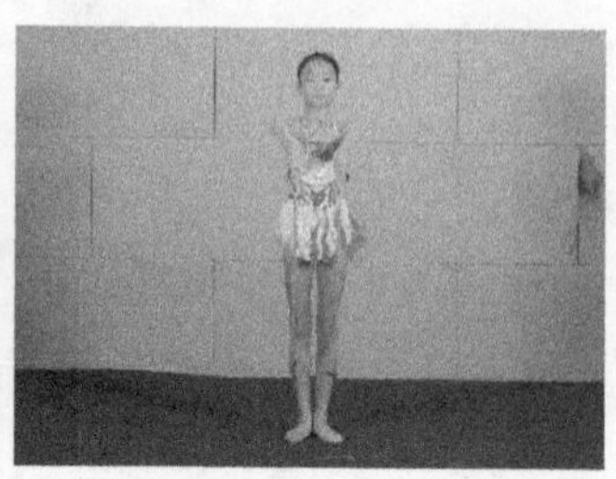
图4-2-2-17

★第十四个八拍至第十七个八拍

两手持绳两端，两脚原地过绳跳，两拍一动（图4-2-2-18）。

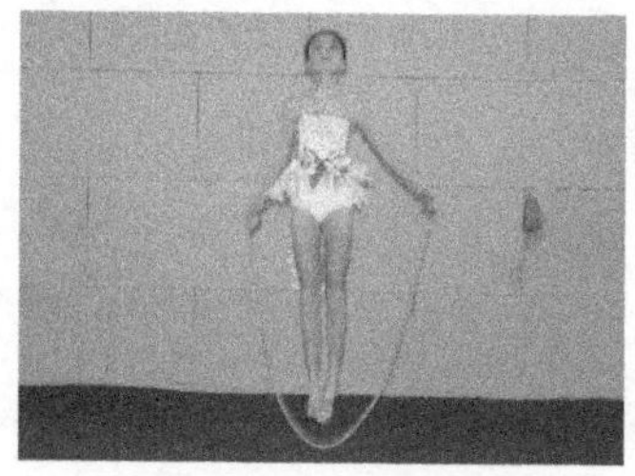
图4-2-2-18

★第十八个八拍

1~4拍：左腿开始原地踏步，同时左转90°，左手在上、右手在下前举（图4-2-2-19）。

5~8拍：还原面向前方原地踏步，同时两臂前举（图4-2-2-20）。

★第十九个八拍

第十九个八拍与第十八个八拍动作相同，但方向相反。

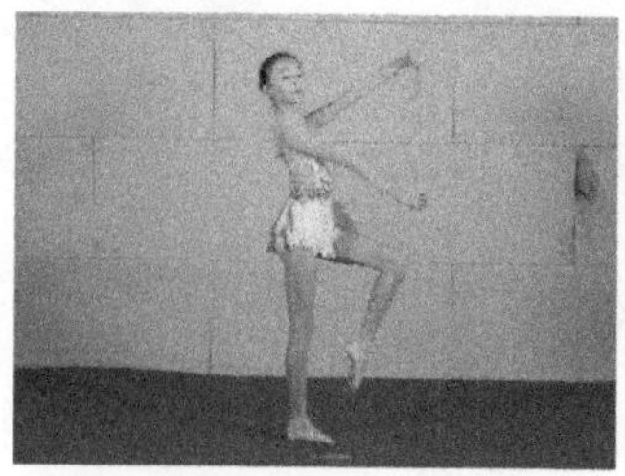
图4-2-2-19

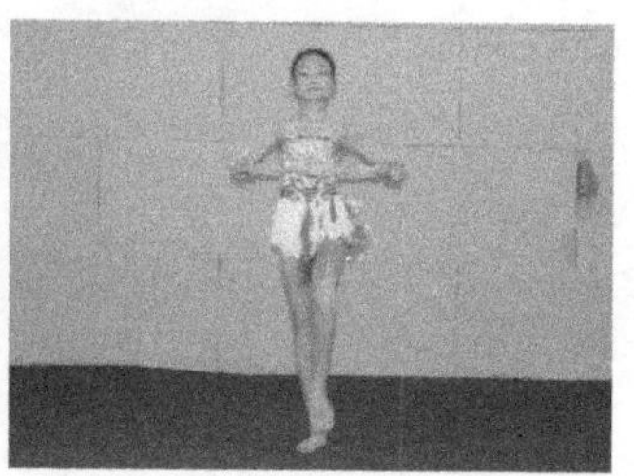
图4-2-2-20

★第二十个八拍

1~8拍：先左后右地交替勾脚前点地4次，后并还原直立，同时两臂做摆臂动作4次（图4-2-2-21）。

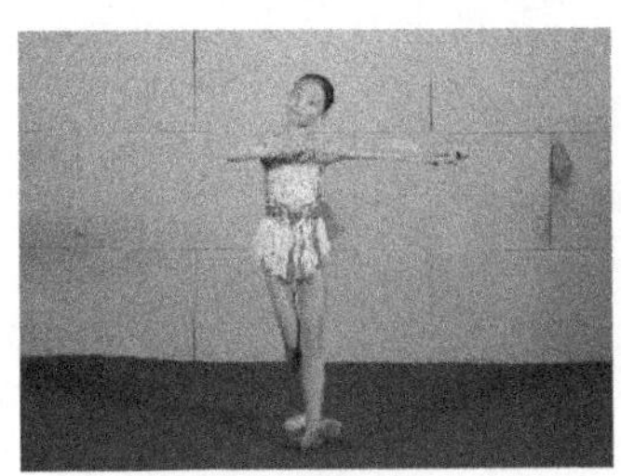

图4-2-2-21

★第二十一个八拍

1~8拍：踏步，同时两臂经左—上—右—下—左的方向绕环（图4-2-2-22）。

图4-2-2-22

★第二十二个八拍和第二十三个八拍

第二十二个八拍和第二十三个八拍与第二十个八拍和第二十一个八拍相同，但方向相反。

★第二十四个八拍

1~4拍：踏步，同时两臂上举。

5~8拍：踏步，同时体后交换成两折绳。

★第二十五个八拍

1~2拍：左腿向左一步成开立，同时头向左侧屈，还原直立。

3~4拍：右腿向右一步成开立，同时头向右侧屈，还原直立。

5~8拍：踏步，同时体后交换成持绳两端。

※第三段

★第二十六个八拍至第二十七个八拍

1~8拍：两手持绳两端，两脚原地过绳跳，一拍一动。

★第二十八个八拍至第二十九个八拍

1~8拍：两脚滑雪过绳跳，一拍一动（图4-2-2-23）。

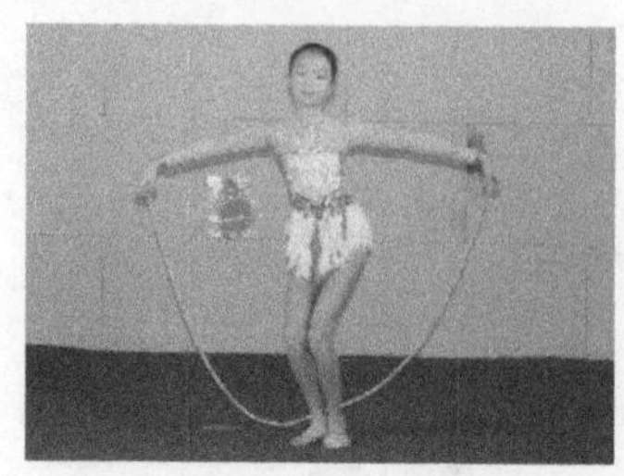

图4-2-2-23

★第三十个八拍

1~8拍：高抬腿过绳跳，同时左转45°，一拍一动（图4-2-2-24）。

图4-2-2-24

★第三十一个八拍

1~8拍：高抬腿过绳跳，同时还原面向前方，一拍一动。

★第三十二个八拍

1~8拍：前踢腿过绳跳，同时右转45°，一拍一动（图4-2-2-25）。

图4-2-2-25

★第三十三个八拍

1~4拍：前踢腿过绳跳。

5~6拍：向前停绳（图4-2-2-26）。

7~8拍：踏步同时两折绳，左手持绳头，右手持绳中段。

图4-2-2-26

★第三十四个八拍

1~8拍：左脚开始踏步，同时左手叉腰，右手向前逆时针转动绳（图4-2-2-27）。

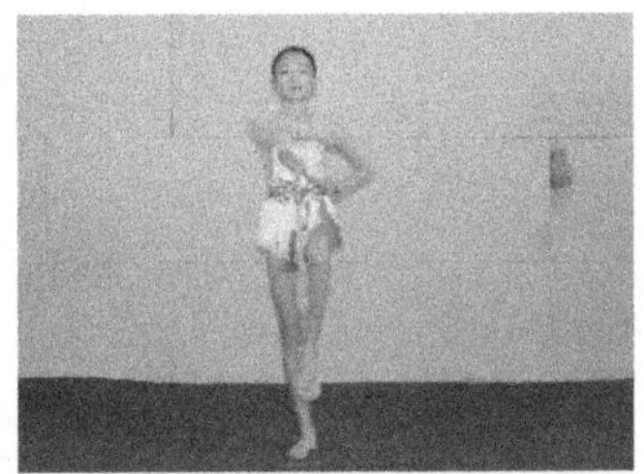

图4-2-2-27

★第三十五个八拍

1~8拍：踏步同时身体左转90°，在身体右侧转动绳（图4-2-2-28）。

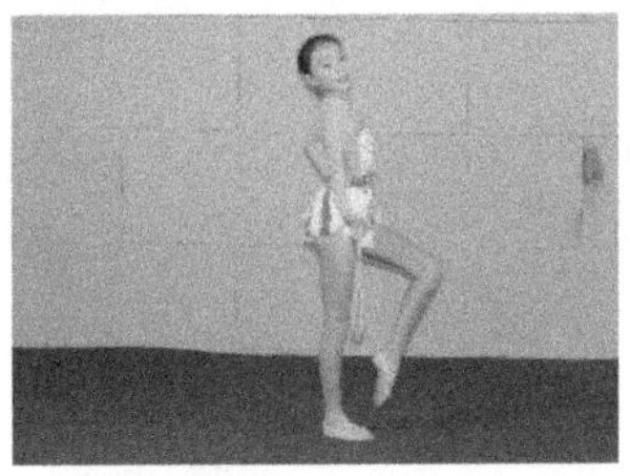

图4-2-2-28

★第三十六个八拍

1~8拍：踏步同时身体左转270°，左手叉腰，右手头上转动绳使绳做缠腰动作（图4-2-2-29）。

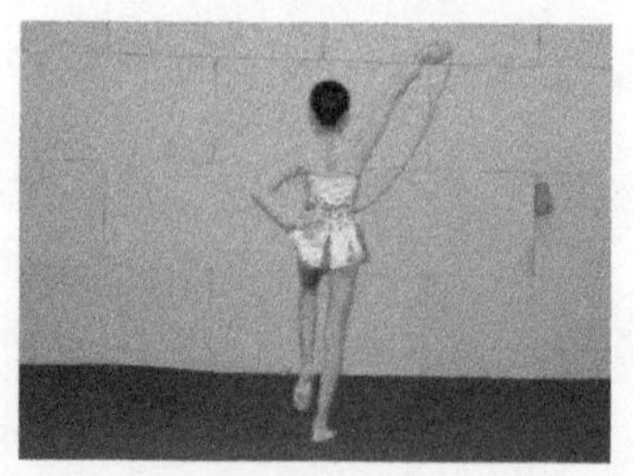

图4-2-2-29

★第三十七个八拍

1~8拍：反方向绕回还原。

★第三十八个八拍至第四十一个八拍

第三十八个八拍至第四十一个八拍与第三十四个八拍至第三十七个八拍动作相同，但方向相反。

★第四十二个八拍

1~4拍：踏步，同时两臂经上举至体后持两折绳（图4-2-2-30、图4-2-2-31）。

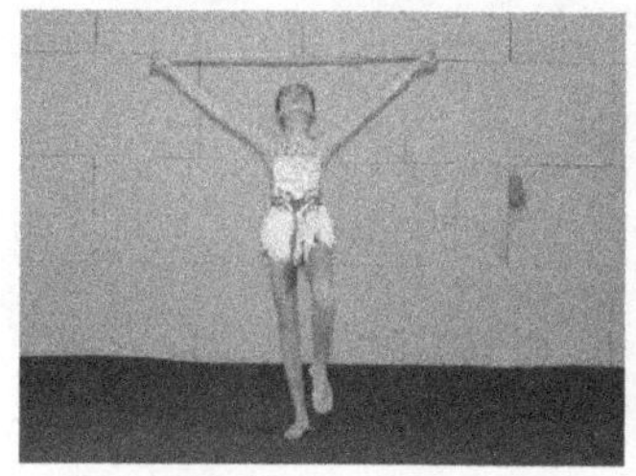

图4-2-2-30

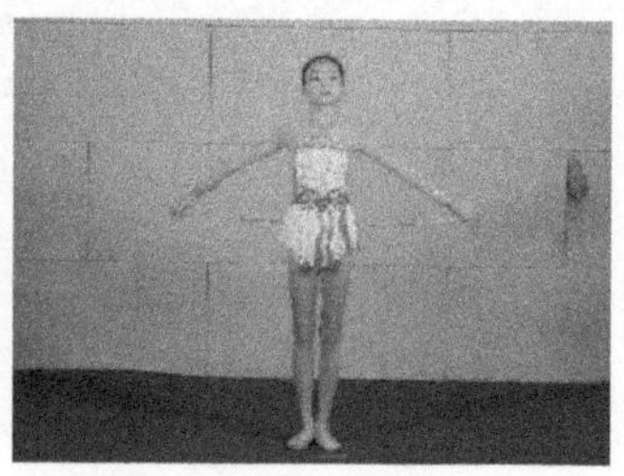

图4-2-2-31

5~6拍：左腿向侧点地同时右腿屈成左弓步，身体右转，并还原（图4-2-2-32）。

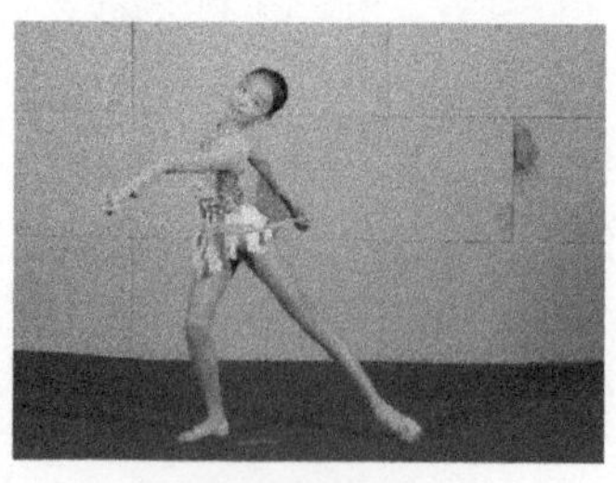

图4-2-2-32

7~8拍：与5~6拍动作相同，但方向相反。

★第四十三个八拍

1~8拍：踏步，同时持绳两端。

★第四十四个八拍和四十五个八拍

1~8拍：两脚原地过绳跳，一拍一动（图4-2-2-33）。

★第四十六个八拍和四十七个八拍

1~8拍：两脚开合过绳跳，一拍一动（图4-2-2-34）。

★第四十八个八拍和四十九个八拍

1~8拍：交换腿弓步过绳跳，同时左转45°，一拍一动（图4-2-2-35）。

★第五十个八拍和五十一个八拍

1~8拍：后踢腿过绳跳，一拍一动（图4-2-2-36），并停绳（图4-2-2-37）。

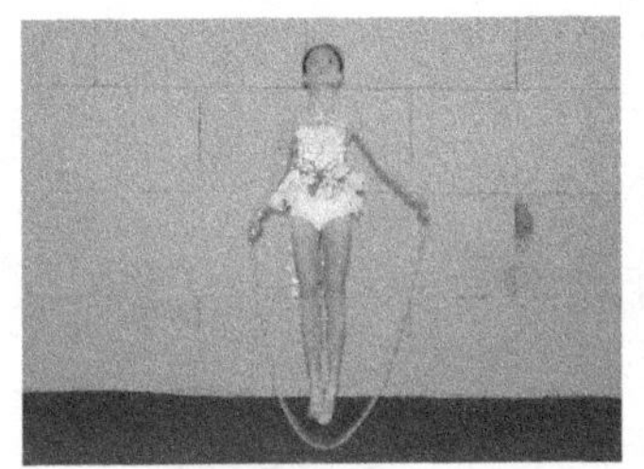

图4-2-2-33

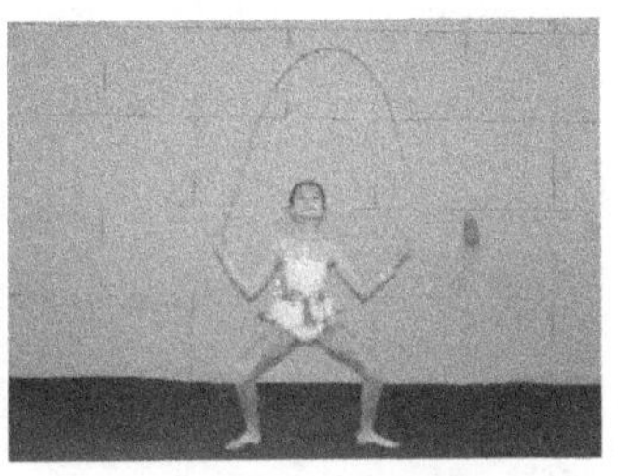

图4-2-2-34

图4-2-2-35

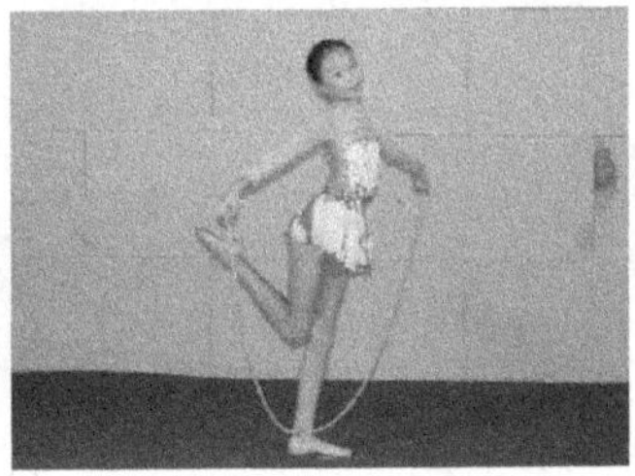

图4-2-2-36

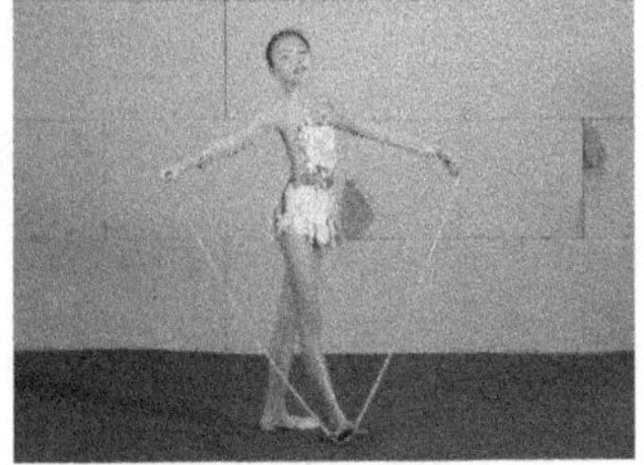

图4-2-2-37

第五十二个八拍

1~8拍：踏步，同时手持两折绳，两臂经上举至体前，还原直立。

★练习提示

① 本组合主要发展下肢肌肉力量和上下肢配合的协调性，以过绳跳为基本动作。在练习过绳跳时，建议先进行两拍一动的练习，待熟练后进行一拍一动的练习。

② 启动绳和停绳是使动作连贯的关键，需重点练习。停绳时注意身体重心在左腿，右脚勾起，脚跟向前点地，用脚掌将绳停住，并将绳拉直。

③ 转动绳时，前臂和手腕发力，注意转动的面和方向。

④ 本组合的难点是动作和音乐的配合，在学习动作的同时，应注重节奏感的训练。

三、快乐圈操、纱巾操（水平三）

（一）快乐圈操

快乐圈操时长1分48秒，共分为3段，28个八拍动作。身体动作包括踏步、侧交叉步、小碎步、并脚立踵转体、巴塞转体、分腿小跳、向前小跳（跳圈）、高抬腿跳、屈膝后踢腿等。器械难度包括两手绕圈、腰间转动圈、两手翻转圈、两手翻抛圈、身体穿过圈、摆动、绕环、“8”字。圈是一项很有价值的运动，它有助于培养人体灵巧、快速、协调性和准确性素质。

※第一段

★预备姿势

自然直立，小八字脚，挺胸抬头，两手持圈两侧，自然贴于体前（图4-2-3-1）。

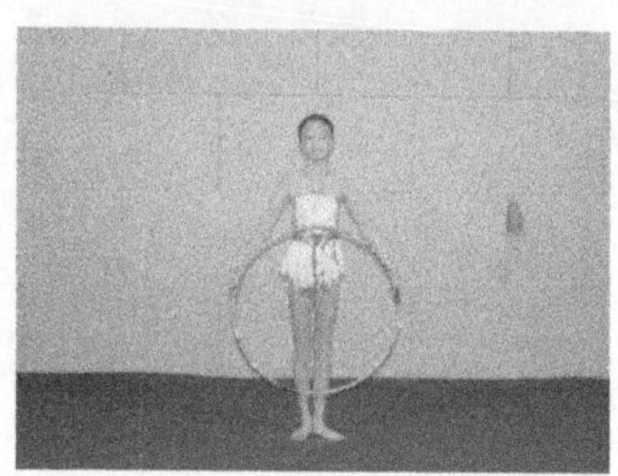

图4-2-3-1

★第一个八拍

1~2拍：两手持圈（水平面）两侧前举（图4-2-3-2）。

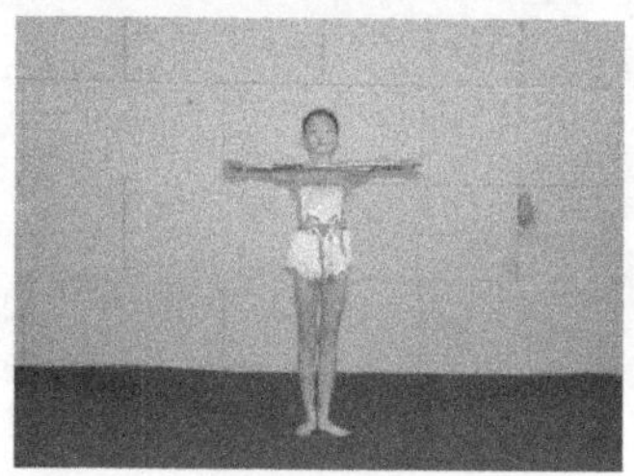

图4-2-3-2

3~4拍：屈膝，上体左转45°，同时左手摆至前上举、右手摆至前下举，两手持圈（矢状轴），头向右斜前方看（图4-2-3-3）。

5~6拍：两手还原成持圈（水平面）两侧前举（图4-2-3-4）。

图4-2-3-3

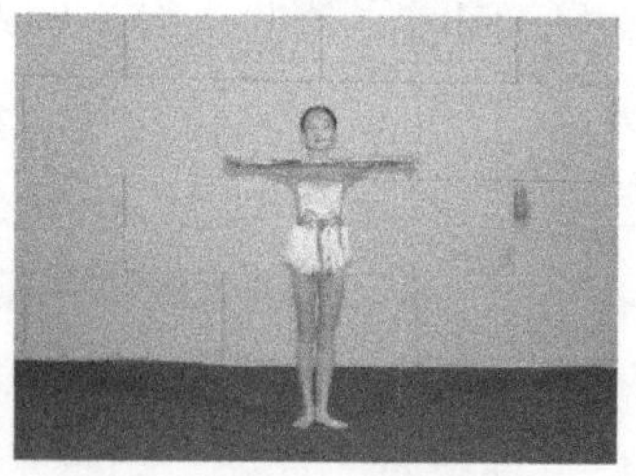

图4-2-3-4

7~8拍：还原成预备姿势（图4-2-3-5）。

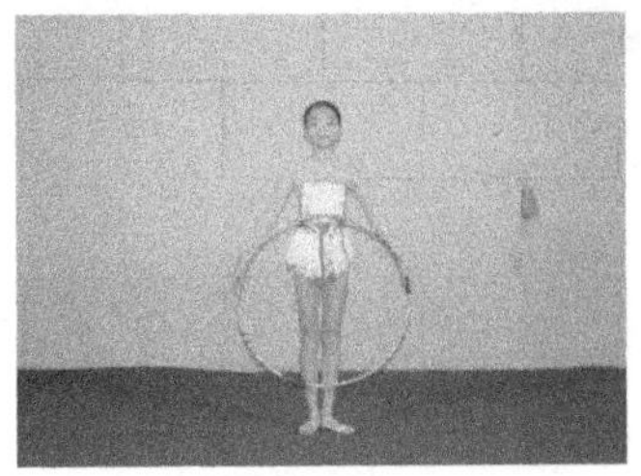

图4-2-3-5

★第二个八拍

第二个八拍与第一个八拍动作相同，但方向相反。

★第三个八拍

1~2拍：两手持圈（水平面）两侧前举（图4-2-3-6）。

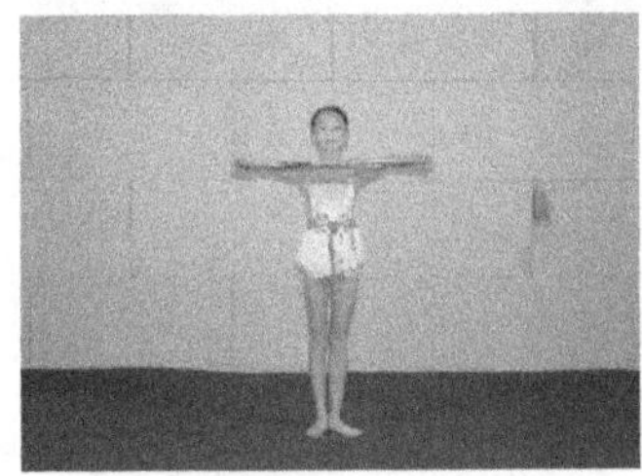

图4-2-3-6

3~4拍：两手持圈（额状面）两侧上举（图4-2-3-7）。

图4-2-3-7

5~6拍：屈膝，同时向左转体并在体侧屈两臂，两手持圈（水平面）两侧向下至头顶穿过圈面（图4-2-3-8）。

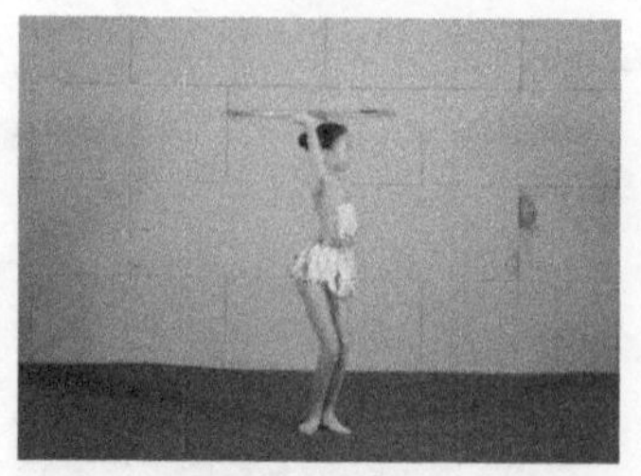

图4-2-3-8

7~8拍：还原成直立，两手持圈（水平面）上举（图4-2-3-9）。

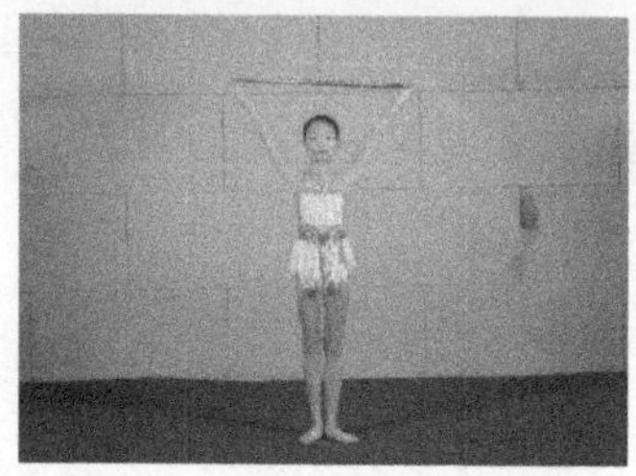

图4-2-3-9

★第四个八拍

1~2拍：右腿屈膝，左腿提膝，同时向左转体并在体侧屈两臂，两手持圈（水平面）两侧向下至头顶穿过圈面（图4-2-3-10）。

图4-2-3-10

3~4拍：还原成直立，两手持圈（额状面）上举（图4-2-3-11）。

图4-2-3-11

5~6拍：小碎步，挺胸前屈，同时两手持圈经前至下举（低头）（图4-2-3-12、图4-2-3-13）。

图4-2-3-12

图4-2-3-13

7~8拍：还原成预备姿势（图4-2-3-14）。

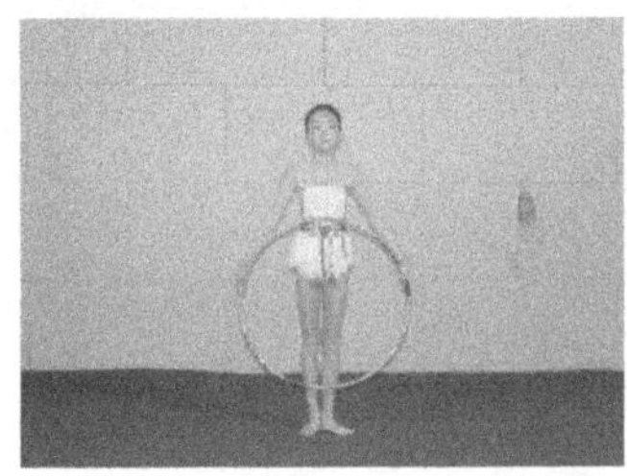
图4-2-3-14

★第五个八拍

第五个八拍与第三个八拍动作相同，但方向相反。

★第六个八拍

第六个八拍与第四个八拍动作相同，但方向相反。

★第七个八拍

1~4拍：左腿原地踏步，两手持圈（额状面）两侧前举（图4-2-3-15）。

图4-2-3-15

5~6拍：左脚向侧一步，脚跟点地，同时屈右膝，左手摆至前上举，右手摆至前下举，两手持圈（额状面）两侧，颈向左侧屈（图4-2-3-16）。

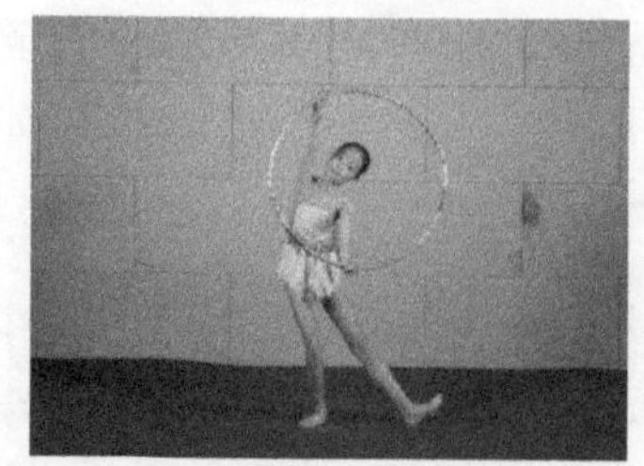

图4-2-3-16

7~8拍：还原成直立，两手持圈（额状面）两侧前举（图4-2-3-17）。

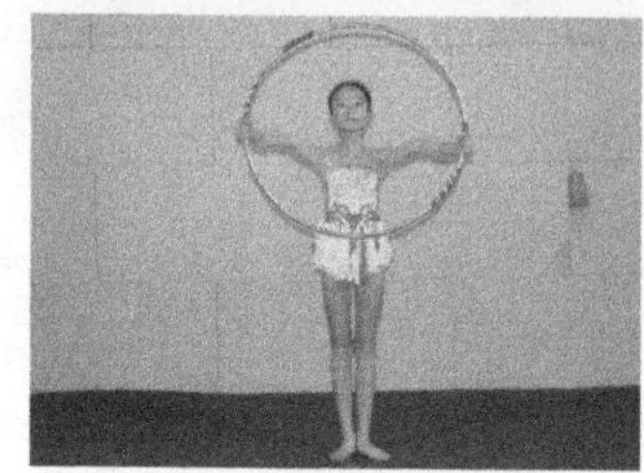

图4-2-3-17

★第八个八拍

第八个八拍与第七个八拍动作相同，但方向相反。

★第九个八拍

1~8拍：左脚原地踏步，两臂从左臂侧举、右臂胸前平屈开始逆时针绕环540°至右臂侧举、左臂胸前平屈，双手持圈（额状面）两侧，眼看圈（图4-2-3-18）。

图4-2-3-18

★第十个八拍

第十个八拍与第九个八拍动作相同，但方向相反。

※第二段

★预备姿势

自然直立，小八字脚，挺胸抬头，两手持圈（额状面）两侧，自然贴于体前。

★第十一个八拍

1~2拍：两手经下至侧上举，左手持圈（额状面），掌心向上（图4-2-3-19）。

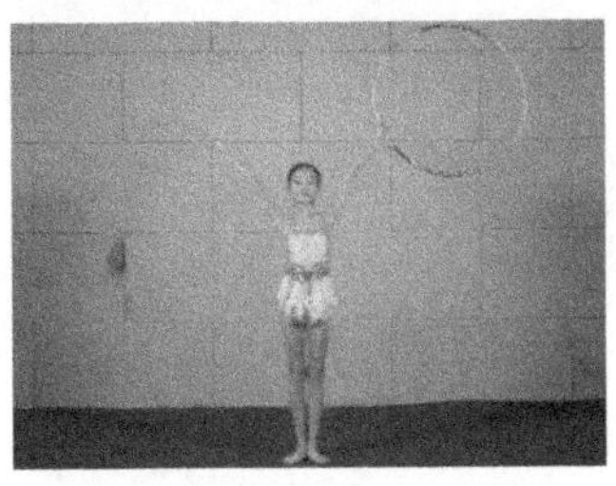

图4-2-3-19

3~4拍：弹膝，两手由侧上举经下至胸前并拢，圈（额状面）在胸前逆时针转动360°（图4-2-3-20）。

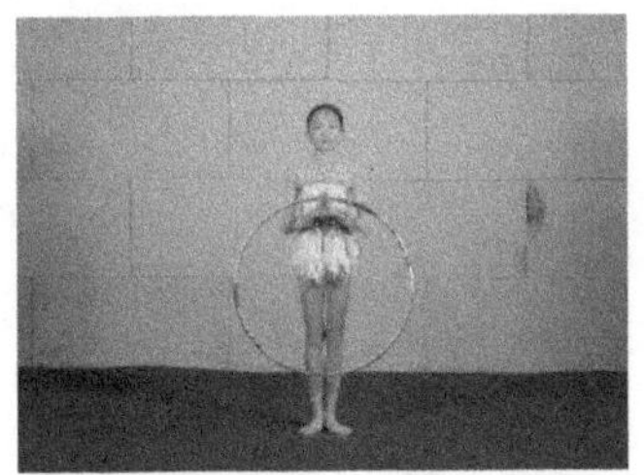

图4-2-3-20

5~6拍：两手经下至侧上举，右手持圈（额状面），掌心向上（图4-2-3-21）。

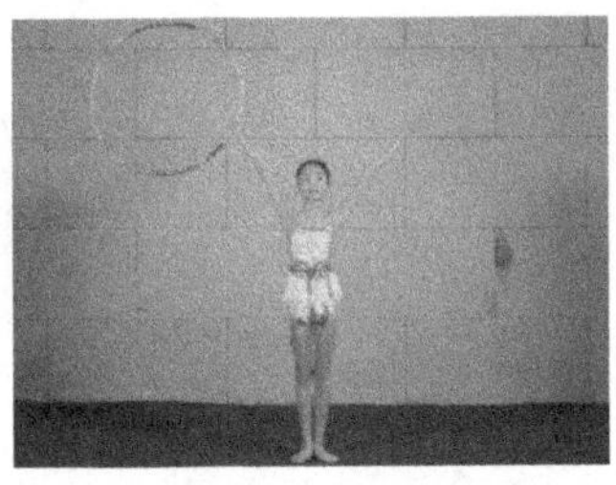

图4-2-3-21

7~8拍：弹膝，两手由侧上举经下至胸前并拢，圈（额状面）在胸前逆时针转动360°（图4-2-3-22）。

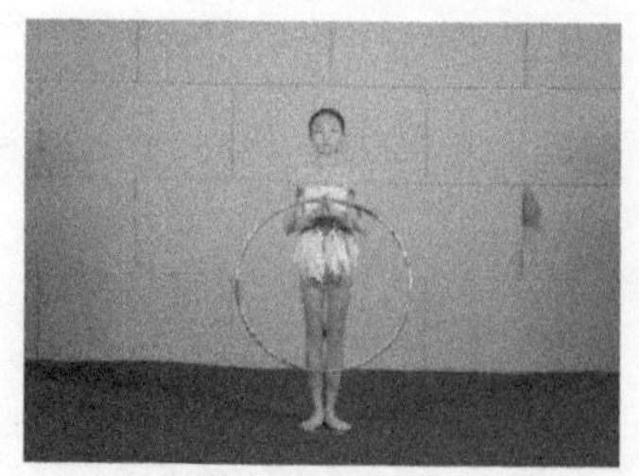

图4-2-3-22

★第十二个八拍

第十二个八拍与第十一个八拍动作相同。

★第十三个八拍

1~6拍：向左做侧交叉步，两手胸前并拢，胸前顺时针转动圈（额状面）（图4-2-3-23至图4-2-3-25）。

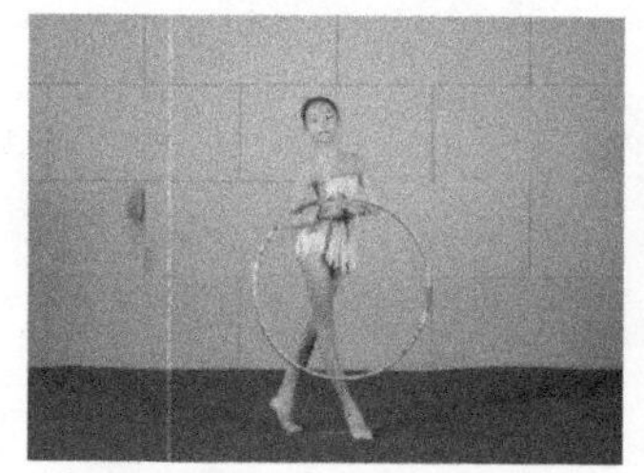

图4-2-3-23

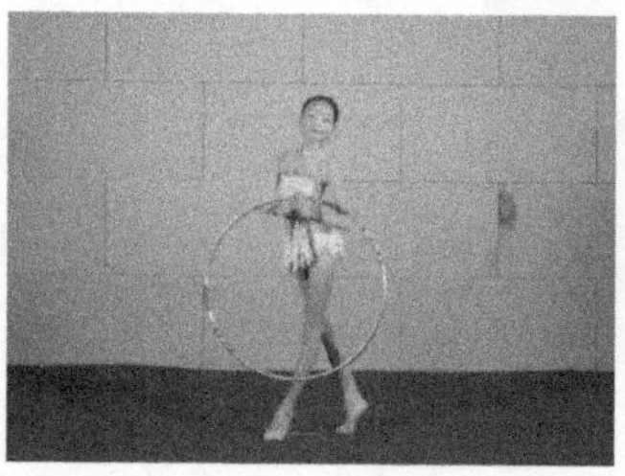

图4-2-3-24

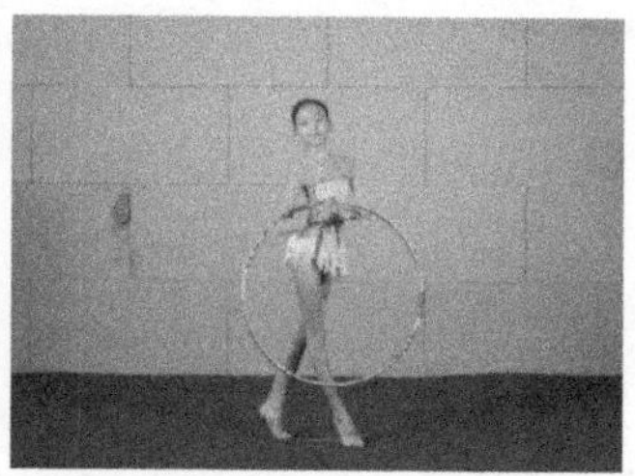

图4-2-3-25

7~8拍：两脚起踵，左脚向侧一步，右脚向左并，左手持圈（额状面）经下至侧上举，右臂侧平举，眼看圈（图4-2-3-26、图4-2-3-27）。

图4-2-3-26

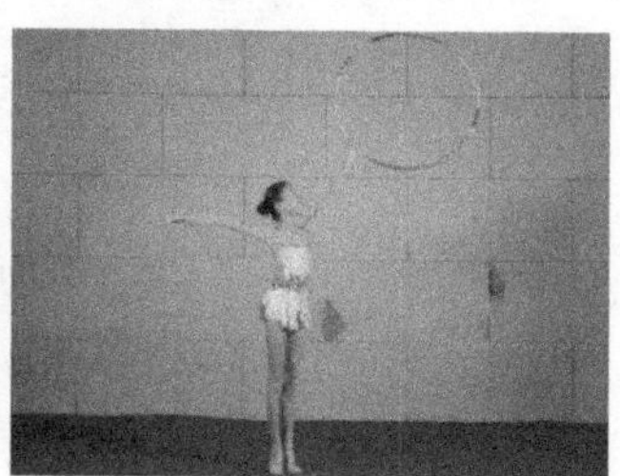

图4-2-3-27

★第十四个八拍

第十四个八拍与第十三个八拍动作相同，但方向相反。

★第十五个八拍

1~2拍：两脚并立，挺胸低头，两手持圈（水平面）两侧上举，掌心向外（图4-2-3-28）。

3~4拍：右脚向侧一步成开立，挺胸塌腰抬头，上体前屈稍向右转，同时两手持圈两侧向下，使圈穿过上体，至其后侧轻搭在腰上，面向左前方（图4-2-3-29）。

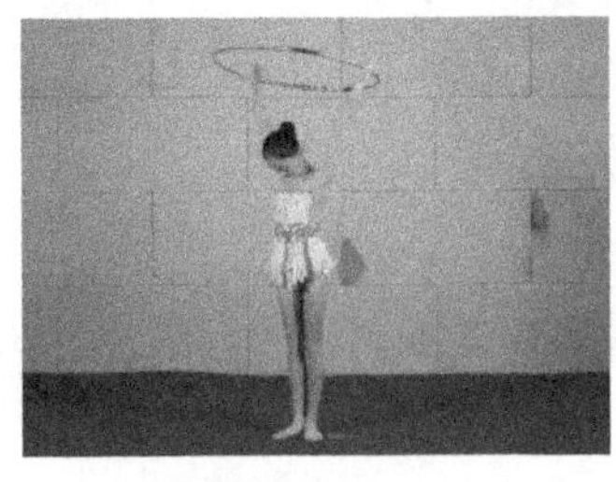

图4-2-3-28

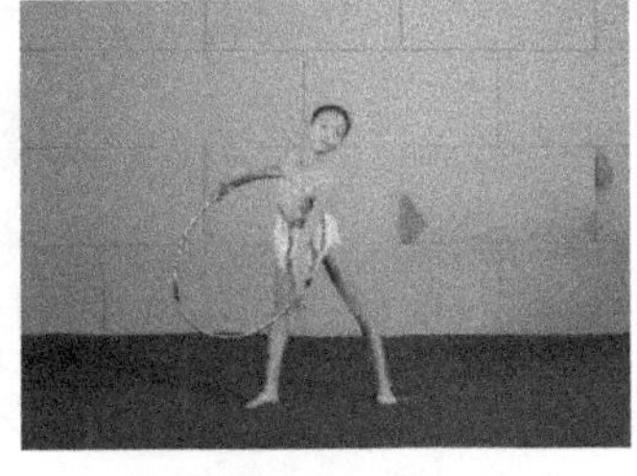

图4-2-3-29

5~6拍：右脚向左并，身体向左转，两手持圈两侧，绕圈后侧（轻搭在腰上的部分）向后翻转圈（图4-2-3-30）。

7~8拍：面向左侧屈膝立踵，右手在前下，左手在背后屈肘，两手持圈（矢状面）两侧，贴于身体右侧（图4-2-3-31）。

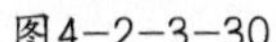

图4-2-3-30

图4-2-3-31

★第十六个八拍

1~2拍：右脚向前一步，成弓步，同时向前翻转圈，使上体穿过圈，然后上体向左转，两手持圈（水平面）两侧，圈后侧轻搭在腰上，圈随身体向左转（图4-2-3-32、图4-2-3-33）。

图4-2-3-32

图4-2-3-33

3~6拍：做右腿为主力腿的单脚转体（巴塞转）360°，同时两手持圈（水平面）由下举向上至上举，使上体穿过圈（图4-2-3-34）。

图4-2-3-34

7~8拍：两脚跟落地，同时两手持圈（水平面）两侧由侧上举向下至腰部，使上体穿过圈，接着圈贴在腰部向右预旋转（图4-2-3-35、图4-2-3-36）。

图4-2-3-35

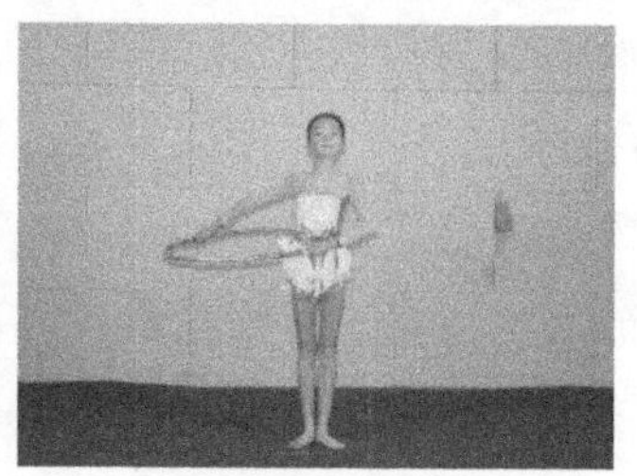

图4-2-3-36

★第十七个八拍

1~2拍：腰间向右转动圈，接着两脚依次向左右分腿起踵，同时同侧手依次侧上举（图4-2-3-37、图4-2-3-38）。

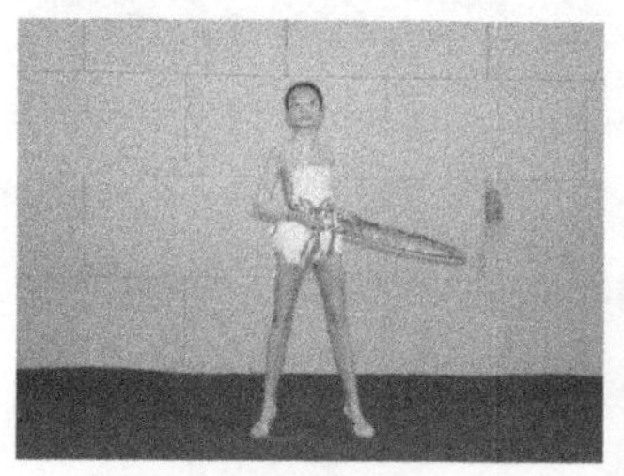

图4-2-3-37

图4-2-3-38

3~4拍：两腿跳成并立屈膝，同时含胸低头，两臂胸前立屈，圈自然落地（拳心向内）（正面如图4-2-3-39，侧面如图4-2-3-40）。

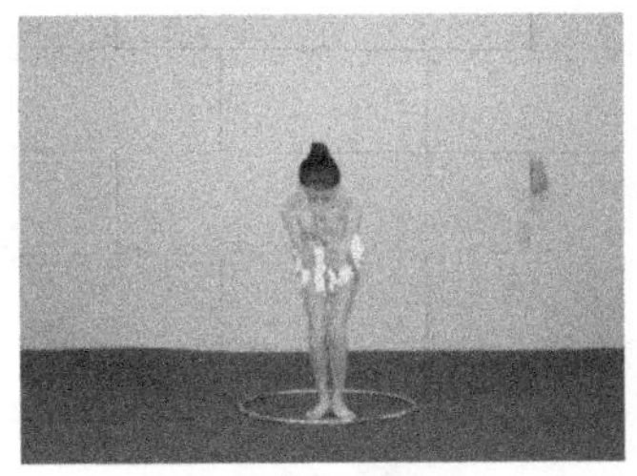

图4-2-3-39

图4-2-3-40

5~6拍：跳成分腿起踵立，同时两臂侧上举，掌心向下，圈在地面（图4-2-3-41）。

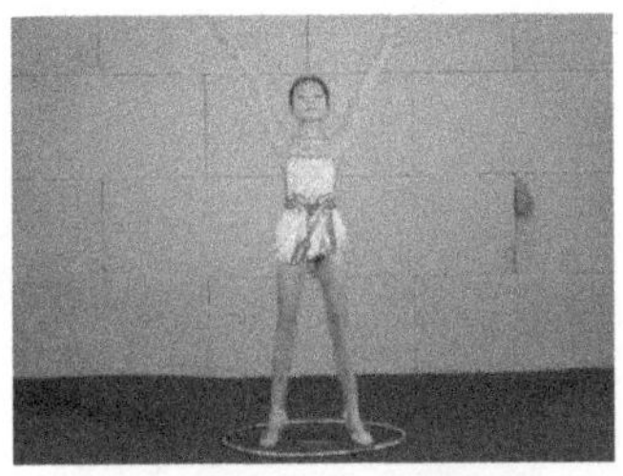

图4-2-3-41

7~8拍：跳成下蹲姿势，同时两手拿圈（图4-2-3-42）。

图4-2-3-42

★第十八个八拍

1~2拍：从下蹲姿势站起，做分腿小跳，两手持圈（水平面）由下向上穿过身体至上举（图4-2-3-43、图4-2-3-44）。

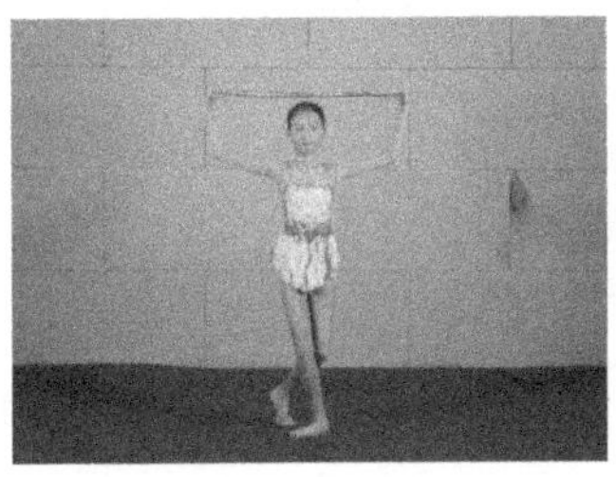

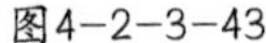

图4-2-3-43

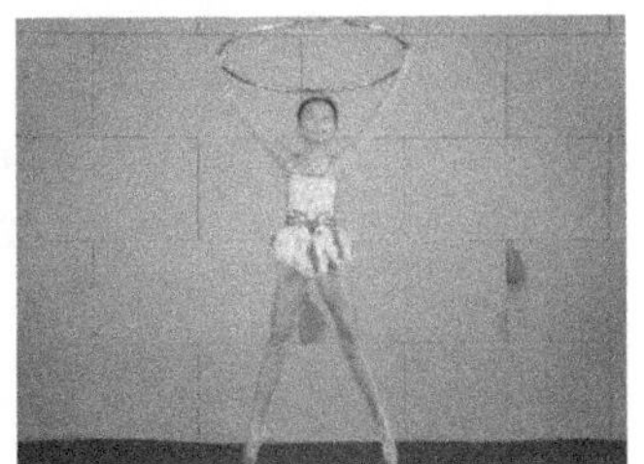

图4-2-3-44

3~4拍：四位脚落地同时屈膝，两臂持圈（水平面）体侧立屈（图4-2-3-45）。

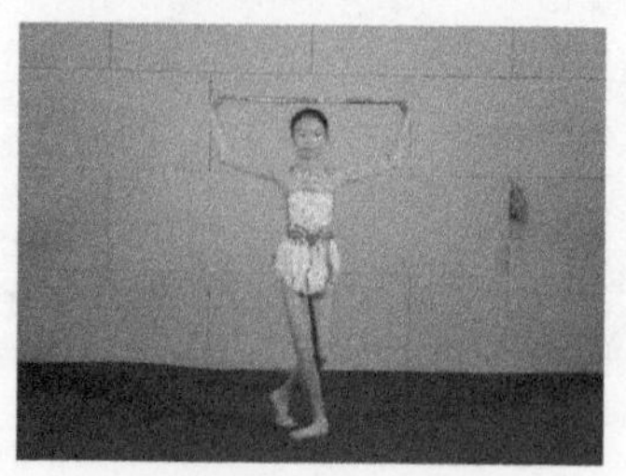

图4-2-3-45

5~8拍：并脚，两脚立踵顺时针旋转360°，同时右手持圈以圈接触腰后部分为轴向后翻圈，使上体穿出圈，眼看右手。接着右手持圈从右摆至体前，身体随惯性转向前。结束时，右手持圈（额状面）上沿放于体前，左手自然贴于体侧（图4-2-3-46至图4-2-3-48）。

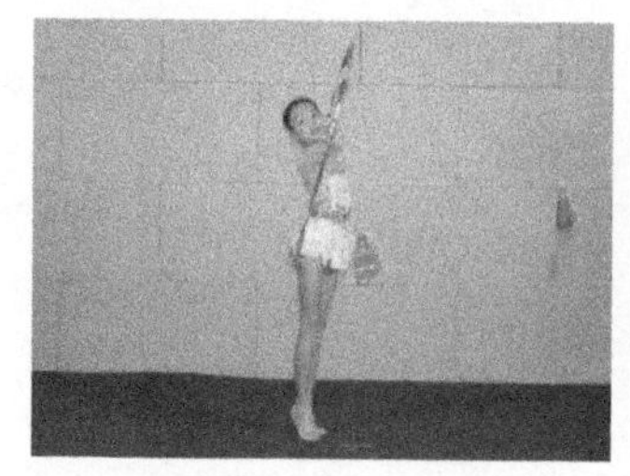

图4-2-3-46

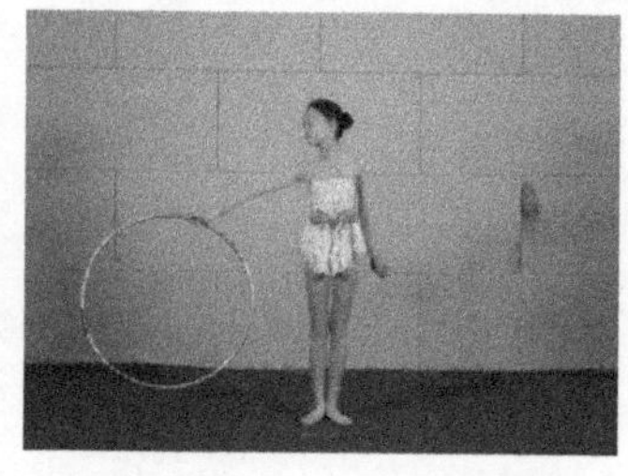

图4-2-3-47

图4-2-3-48

※第三段

★预备姿势

自然直立，小八字脚，挺胸抬头，右手持圈（额状面）上沿放于体前，左手自然贴于体侧（图4-2-3-49）。

图4-2-3-49

★第十九个八拍

1~2拍：两脚立踵，左腿弹腿向右前一步，穿圈落地，右手持圈（额状面），左手贴于体侧（图4-2-3-50、图4-2-3-51）。

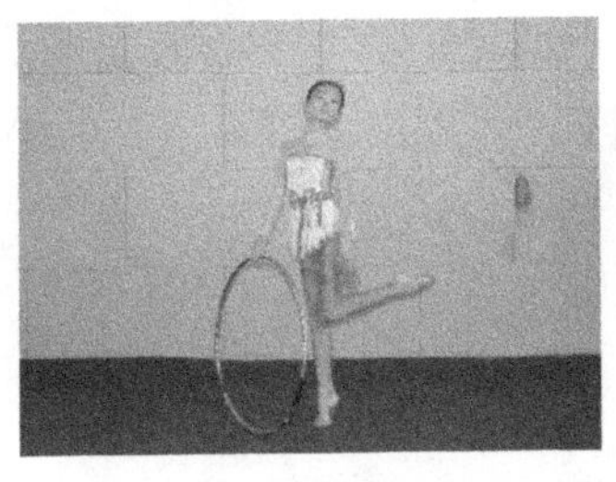
图4-2-3-50

图4-2-3-51

3~4拍：两脚立踵，右腿弹腿向左前一步，同时右手持圈（额状面），圈绕右手顺时针翻转180°，左手贴于体侧（图4-2-3-52、图4-2-3-53）。

图4-2-3-52

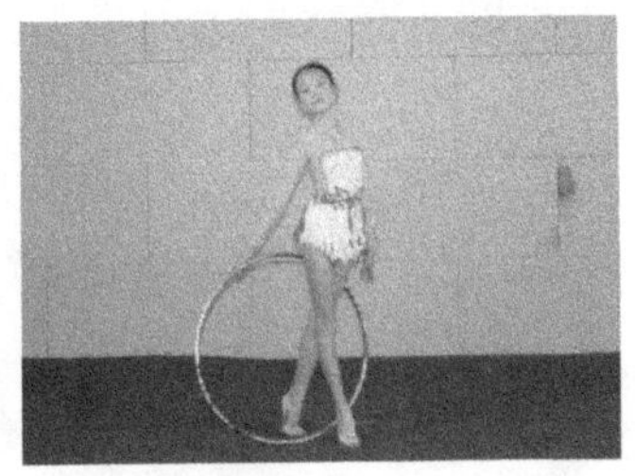
图4-2-3-53

5~6拍：两脚立踵，左脚向左前一步，接着右脚向侧一步成开立，同时右手持圈（水平面），圈在腰上体前交换一次、体后交换一次（正面如图4-2-3-54，侧面如图4-2-3-55）。

图4-2-3-54

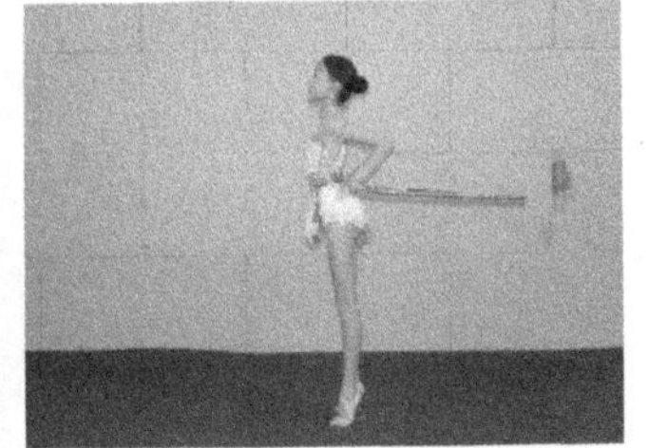
图4-2-3-55

7~8拍：左脚向右并，身体面向右前2点方向，两手持圈（额状面）两侧上举（图4-2-3-56）。

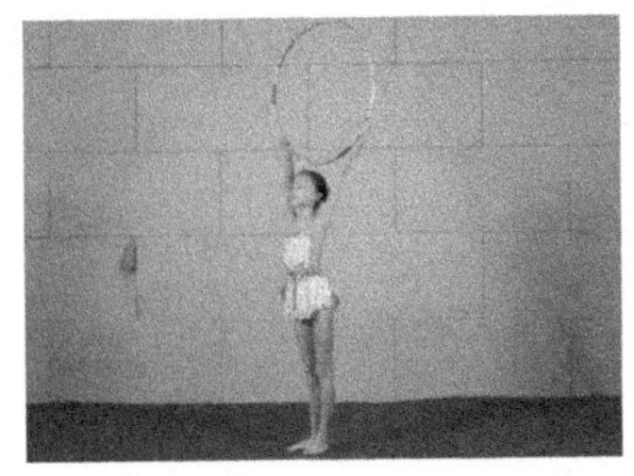
图4-2-3-56

★第二十个八拍

1~6拍：两手持圈向下摆，跳圈3次（图4-2-3-57、图4-2-3-58）。

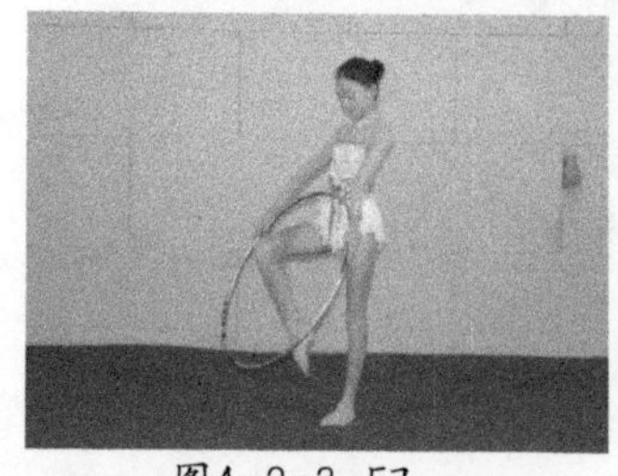

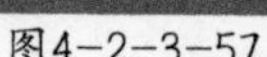

图4-2-3-57

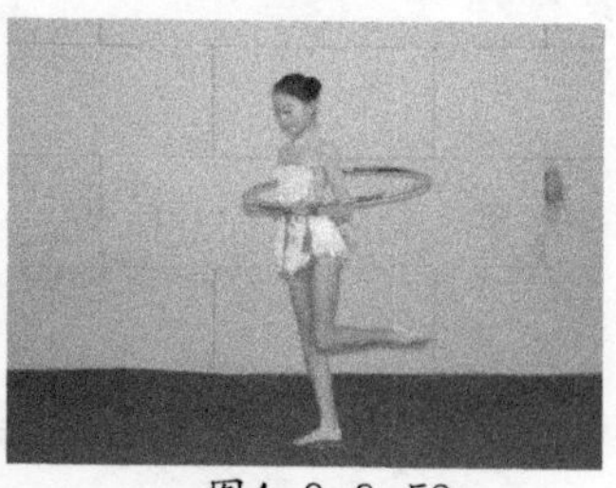

图4-2-3-58

7~8拍：两手持圈（额状面）上举（图4-2-3-59）。

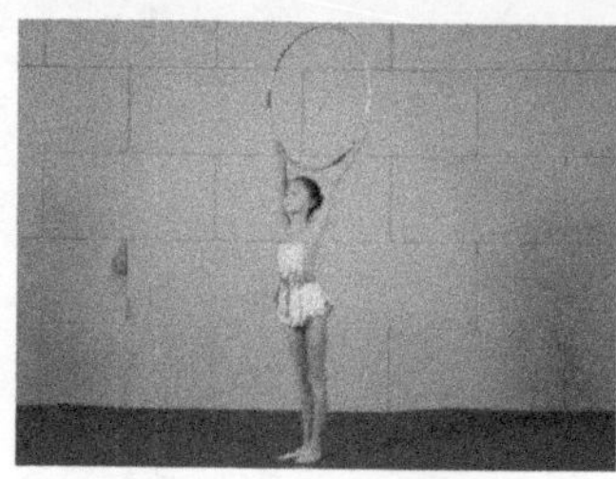

图4-2-3-59

★第二十一个八拍

1~2拍：小碎步向后退，同时左手自然贴于体侧，右手持圈（矢状面）在体侧做右侧起的8字绕环一个半（图4-2-3-60至图4-2-3-62）。

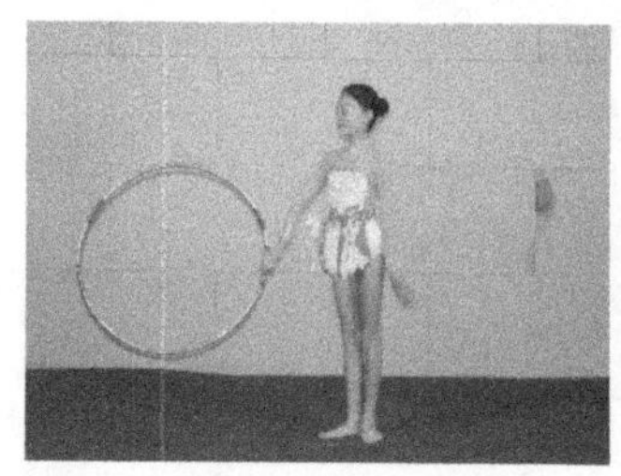

图4-2-3-60

图4-2-3-61

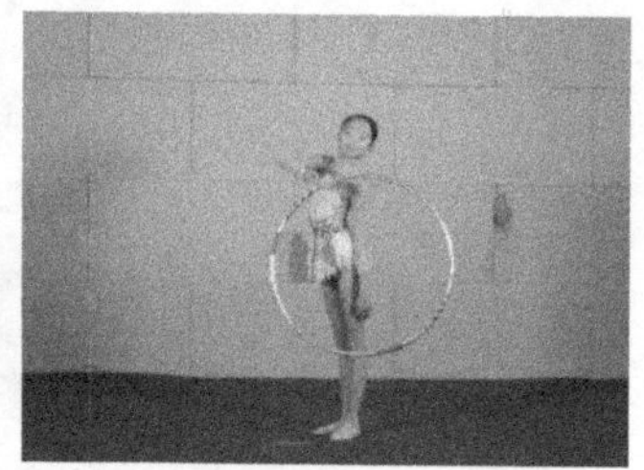

图4-2-3-62

7~8拍：并腿立，两手持圈（额状面）侧上举，面向左8点方向（图4-2-3-63）。

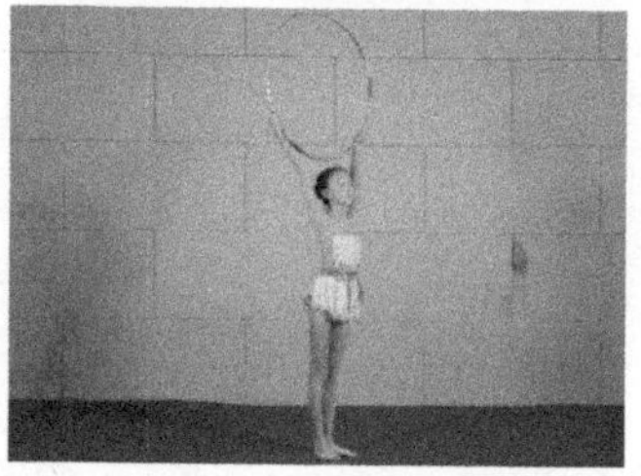

图4-2-3-63

★第二十二个八拍

第二十二个八拍与第二十个八拍动作相同，但方向相反。

★第二十三个八拍

1~8拍：左腿向右前方一步，同时左臂由侧向下至体侧自然下垂，右手持圈从上向右预摆，接着右脚向左脚并拢，将圈挂在左肩，从后接到右手上，同时左臂向侧上方做波浪，掌心向下（图4-2-3-64至图4-2-3-67）。

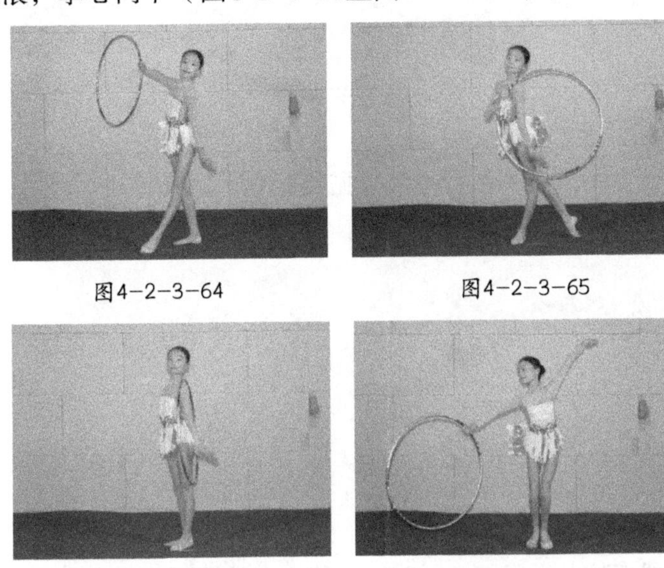

图4-2-3-64　图4-2-3-65

图4-2-3-66　图4-2-3-67

★第二十四个八拍

1~4拍：右脚向前一步，同时两手持圈一侧，圈绕两手向后翻转，上体自然穿过圈，直至未手持一侧贴近膝盖。接着，左脚向前并拢，屈膝起踵，同时挺胸，两臂在身前伸直，双手持圈一侧，将圈提至卡住膝盖窝，眼看左前方（图4-2-3-68、图4-2-3-69）。

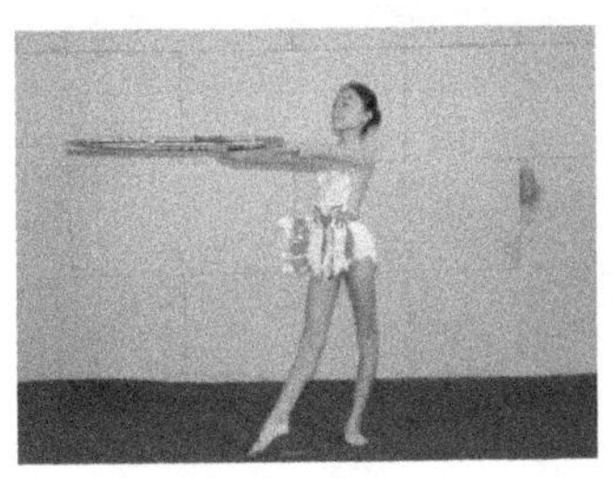

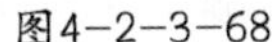

图4-2-3-68　图4-2-3-69

5~8拍：小碎步向后退，同时两手持圈一侧向前翻转圈，使上体穿过圈至两手持圈（水平面）前举（图4-2-3-70）。

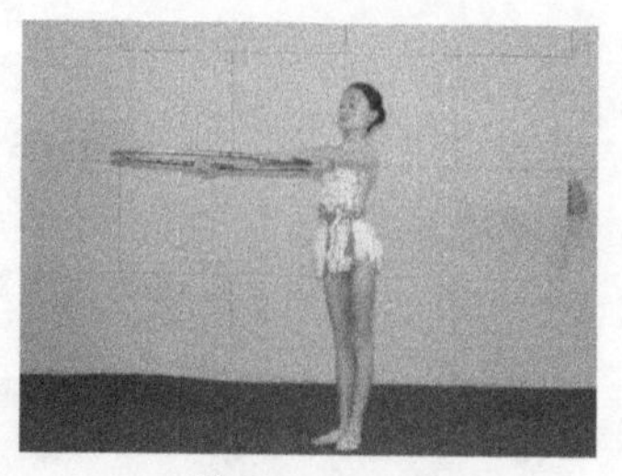

图4-2-3-70

★第二十五个八拍

1~2拍：提右膝，同时两手向后翻抛圈180°，接着还原成直立，两手持圈（水平面）前举（图4-2-3-71、图4-2-3-72）。

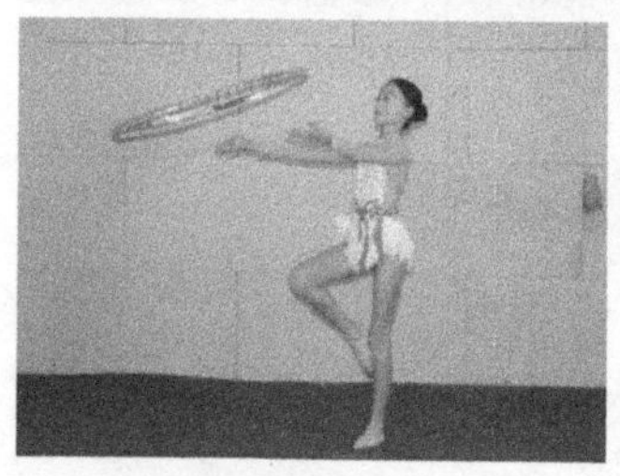

图4-2-3-71

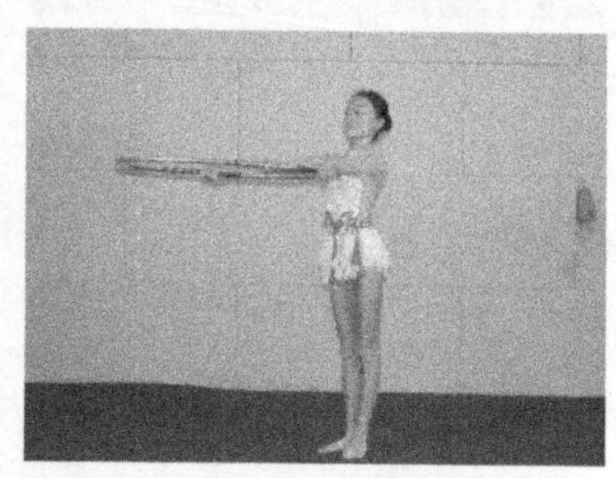

图4-2-3-72

3~4拍：左腿直膝向后踢腿，同时屈右膝，两手持圈前举向远伸，抬头（看左前方）。接着还原成直立，两手持圈（水平面）前举（图4-2-3-73、图4-2-3-74）。

图4-2-3-73

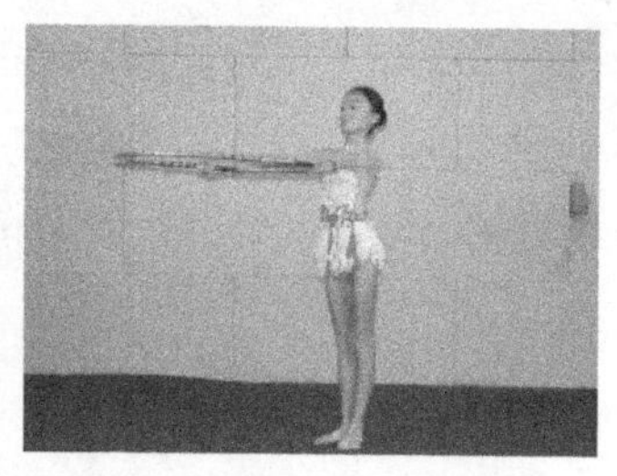

图4-2-3-74

5~6拍：与1~2拍动作相同。

7~8拍：与3~4拍动作相同。

★第二十六个八拍

1~8拍：向左一步开始逆时针小跑，同时右手侧平举，左手持圈，以左肩为轴，体前由右经前向左侧头上大绕环360°，继续绕环至体后换右手持圈，顺势摆至体前。结束时向前直立，两手持圈（额状面）两侧前举（图4-2-3-75至图4-2-3-78）。

图4-2-3-75

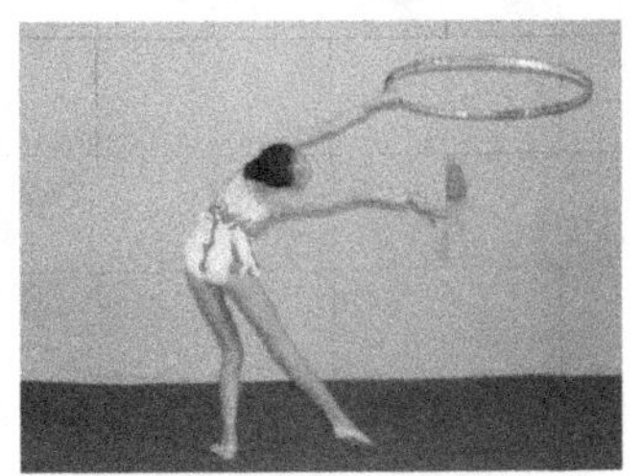
图4-2-3-76

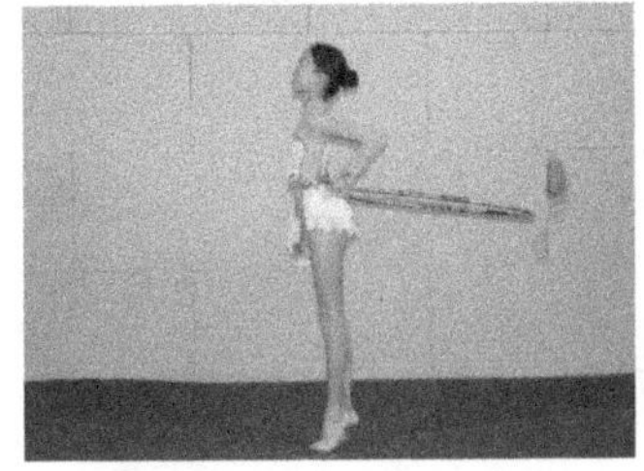
图4-2-3-77

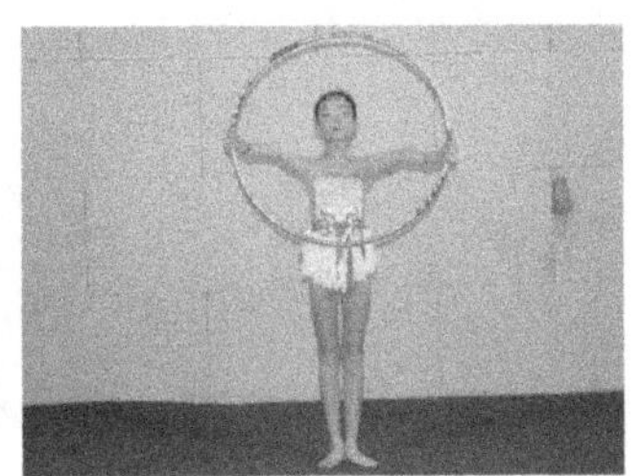
图4-2-3-78

★第二十七个八拍

1~4拍：左脚原地高抬腿跳，两手持圈（额状面）两侧前举（图4-2-3-79）。

图4-2-3-79

5~6拍：左脚向侧一步，向左顶髋，左手摆至前上举，右手摆至前下举，两手持圈（额状面）两侧（颈向左侧屈）。接着向右顶髋，右手摆至前上举，左手摆至前下举，两手持圈（额状面）两侧，颈向右侧屈（图4-2-3-80、图4-2-3-81）。

图4-2-3-80

图4-2-3-81

7~8拍：还原成直立，两手持圈（额状面）两侧前举（图4-2-3-82）。

★第二十八个八拍

第二十八个八拍与第二十七个八拍动作相同，但方向相反。结束时，直立，两手持圈（额状面）侧上举（图4-2-3-83）。

★练习提示

图4-2-3-82

① 由于圈的面积大，在做各种动作时，较难控制圈面的准确性。因此，在动力、幅度和完成速度之间要非常和谐，与身体动作的配合要求较高的协调性。练习者应熟练圈的各类基本动作，并结合各种不同的身体动作进行练习。

图4-2-3-83

② 先进行单个器械动作的学习，再注意动作的衔接。

③ 注意器械的发力和器械轴、器械面，随惯性运动。

④ 较难动作先徒手体会，再持圈小幅度、慢速练习，熟练后增强动作表现力。

⑤ 本套动作的难点是翻抛圈，手腕和食指向上拨圈时要快而轻巧。初学时，圈翻转的高度要低，使圈沿横轴翻转，随熟练程度提高，圈翻转的周数和高度可逐渐增加。

（二）快乐纱巾操（水平三）

快乐纱巾操成套共2分56秒，29个八拍动作，可分为3段。其中身体动作包括侧波浪、后波浪、绕五花、华尔兹舞步等，器械动作包含体前垂直大绕环、风火轮、摆动纱巾、向后抛接纱巾等。快乐纱巾操可促进儿童及青少年进行锻炼和提高人体各器官的功能，培养动作的节奏感、优美感和韵律感，增强协调性。

建议配合音乐《夏恋》进行练习。

※预备姿势

图4-2-3-84

自然站立八字脚，两手握纱巾宽边，低头，纱巾在体前展开（图4-2-3-84）。

※第一段

★第一个八拍

1~2拍：两臂侧上举（图4-2-3-85）。

3~4拍：两臂肘关节微屈下摆，同时抬头（图4-2-3-86）。

图4-2-3-85

图4-2-3-86

5~6拍：与1~2拍动作相同。

7拍：左腿侧吸腿，同时右臂上举，左臂侧平举，眼看向左前方向（图4-2-3-87）。

图4-2-3-87

8拍：左腿还原成八字脚站立，同时两臂还原成侧举。

★第二个八拍

第二个八拍与第一个八拍动作相同，但方向相反。

★第三个八拍

1~8拍：两腿屈膝后蹬直，同时两手握纱巾宽边，由左侧开始做绕五花两次（图4-2-3-88至图4-2-3-91）。

图4-2-3-88

图4-2-3-89

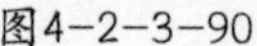
图4-2-3-90

图4-2-3-91

★**第四个八拍**

1~2拍：两腿屈膝，同时两臂由侧上举经体侧至胸前交叉环抱，低头含胸（图4-2-3-92）。

3~4拍：两腿站立，同时两臂经体侧至侧上举，纱巾在体后展开（图4-2-3-93）。

图4-2-3-92

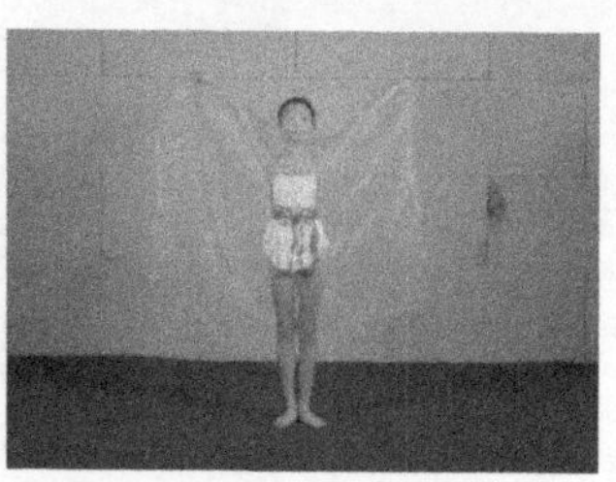
图4-2-3-93

5~8拍：两腿屈膝，同时右臂由侧经前绕环，左臂由后经右至体前做绕五花，纱巾在体前展开（图4-2-3-94至图4-2-3-96）。

图4-2-3-94

图4-2-3-95

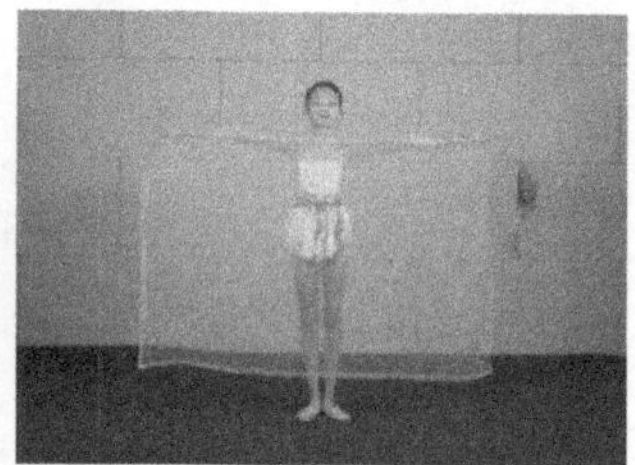
图4-2-3-96

★**第五个八拍**

1~2拍：左腿向左迈步后，右腿向左前方迈步，同时两臂由左经上至右做体前垂直大绕环，纱巾在体前展开（图4-2-3-97、图4-2-3-98）。

图4-2-3-97

图4-2-3-98

3拍：左腿向左迈步，右腿向侧后踢腿至90°，同时两臂由下至上摆，甩动纱巾（图4-2-3-99、图4-2-3-100）。

图4-2-3-99

图4-2-3-100

4拍：右腿还原，两腿屈膝，同时两臂下摆（图4-2-3-101）。

5~6拍：右腿向侧后踢腿至90°，左臂由下至上摆，右臂由下至侧举，纱巾在体前展开（图4-2-3-102）。

图4-2-3-101

图4-2-3-102

7~8拍：右腿还原，两臂由下至侧举。

★第六个八拍

第六个八拍与第五个八拍动作相同，但方向相反。

★第七个八拍

1~6拍：左脚向左侧迈步，屈膝，右脚脚尖点地，同时右手握住纱巾的一端由侧举向下经左至上举，做风火轮两次（图4-2-3-103至图4-2-3-106）。

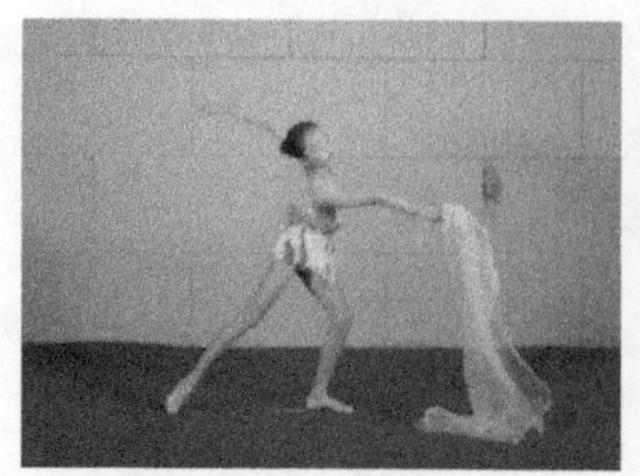

图4-2-3-103

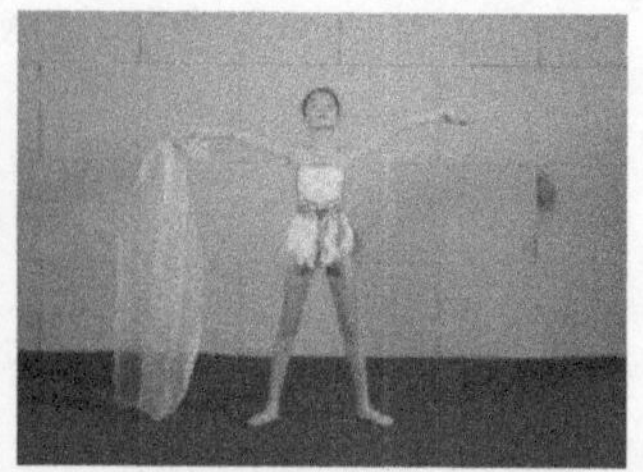

图4-2-3-104

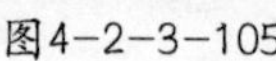

图4-2-3-105

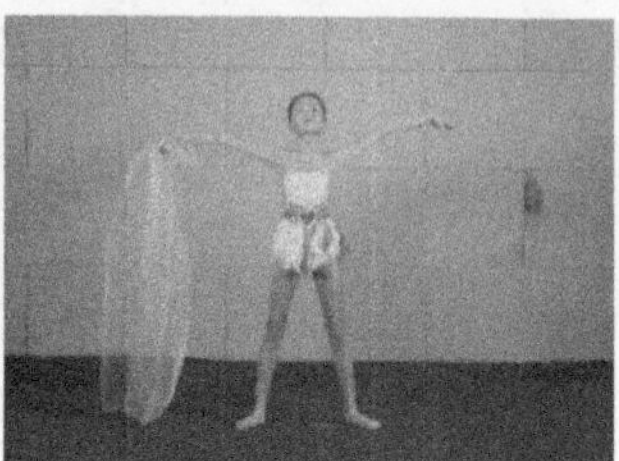

图4-2-3-106

7~8拍：八字脚，同时右手上摆至最高点时，将纱巾横向抛出后两手握纱巾宽边（图4-2-3-107、图4-2-3-108）。

图4-2-3-107

图4-2-3-108

★第八个八拍

1~4拍：右脚向后方迈步，左腿侧吸腿向右转体360°，同时左手手背后，右手侧上举，纱巾在体前展开（图4-2-3-109）。

图4-2-3-109

5~8拍：八字脚，同时两臂侧举做手臂波浪一次（图4-2-3-110、图4-2-3-111）。

图4-2-3-110

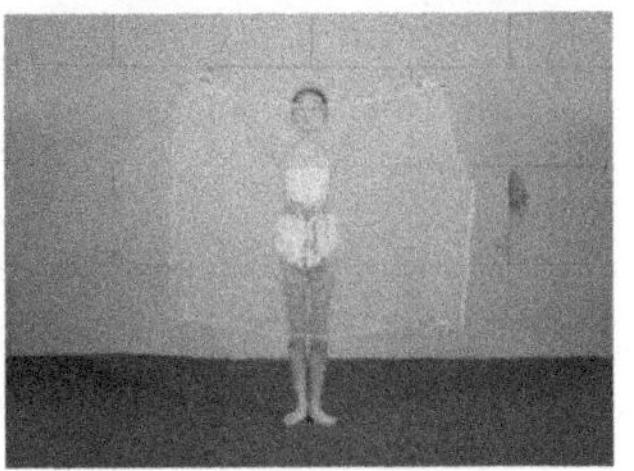
图4-2-3-111

※第二段

★第九个八拍

1拍：右脚脚尖向左前方点地，左腿屈膝，同时右臂侧上举，左臂侧下举，重心在左腿（图4-2-3-112）。

2拍：左腿侧吸腿，同时左臂由下至侧举（图4-2-3-113）。

3~4拍：左脚向侧点地，同时两臂侧举，重心在右腿（图4-2-3-114）。

图4-2-3-112

图4-2-3-113

图4-2-3-114

5~6拍：右腿屈膝，同时左臂推波浪一次（图4-2-3-115、图4-2-3-116）。

图4-2-3-115

图4-2-3-116

7~8拍：左腿向左做侧并步，同时两臂侧举（图4-2-3-117、图4-2-3-118）。

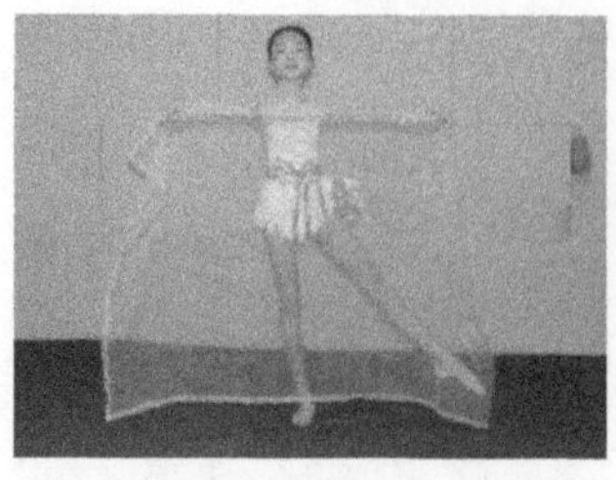

图4-2-3-117　　图4-2-3-118

★第十个八拍

1~4拍：右脚向后滑至左后方，脚尖点地，左腿屈膝，同时两臂在右侧上方绕五花成左臂前举，右臂侧上举，转腰后背面向8点方位（图4-2-3-119至图4-2-3-121）。

图4-2-3-119

图4-2-3-120

图4-2-3-121

5~8拍：两脚原地小碎步向左转体360°，同时两臂在右侧上方绕五花，纱巾在体前展开（图4-2-3-122至图4-2-3-124）。

图4-2-3-122

图4-2-3-123

图4-2-3-124

★第十一个八拍

第十一个八拍与第九个八拍动作相同，但方向相反。

★第十二个八拍

1~4拍：与第十个八拍1~4拍动作相同，但方向相反。

5~8拍：两脚原地小碎步向右转体360°，同时两臂侧上举，纱巾在体后展开（图4-2-3-125）。

图4-2-3-125

★第十三个八拍

1~4拍：右脚向右迈步，两腿成二位屈膝，同时向右做侧波浪成上举（图4-2-3-126至图4-2-3-129）。

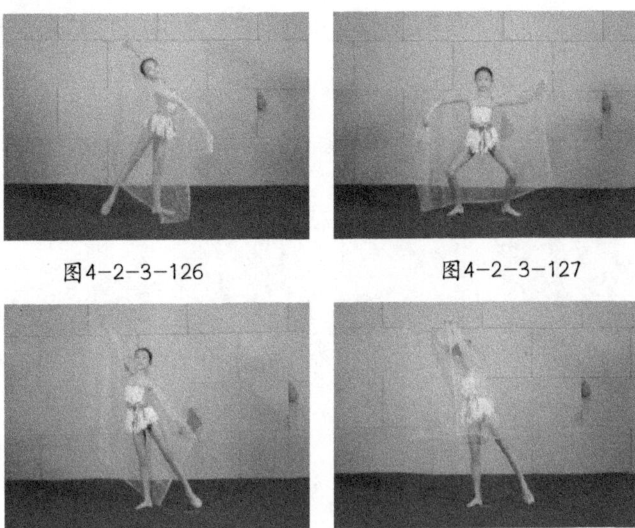

图4-2-3-126　图4-2-3-127

图4-2-3-128　图4-2-3-129

5~6拍：左脚向后点地，两臂上举做向后波浪，重心在右腿（图4-2-3-130）。

图4-2-3-130

7~8拍：左脚收回，两腿屈膝，同时两臂向体前摆动，将纱巾摆于体前，低头含胸（图4-2-3-131、图4-2-3-132）。

图4-2-3-131

图4-2-3-132

★第十四个八拍

1~2拍：左脚向左侧迈步屈膝，同时右手握纱巾一端由体侧经下向左侧绕环至最高点时将纱巾横向抛出（图4-2-3-133、图4-2-3-134）。

3~4拍：左腿还原，同时两手握纱巾宽边，纱巾在体前展开（图4-2-3-135）。

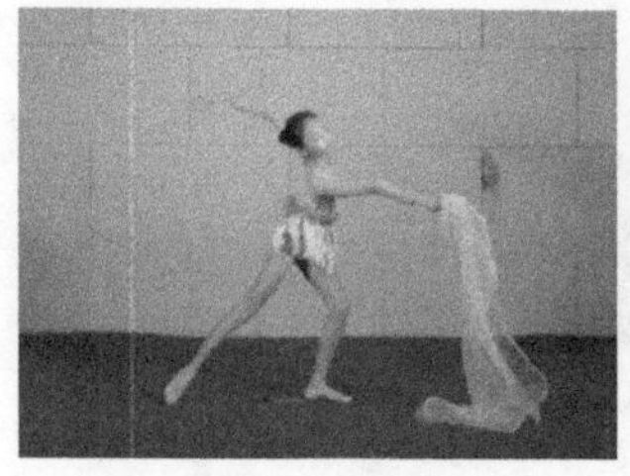
图4-2-3-133

图4-2-3-134

图4-2-3-135

5~8拍：两脚原地小碎步向右转体360°，两臂成立圆（图4-2-3-136至图4-2-3-139）。

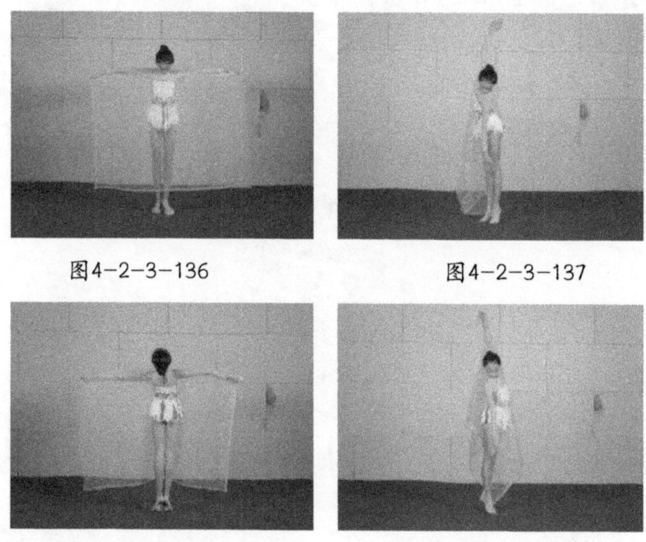
图4-2-3-136　图4-2-3-137

图4-2-3-138　图4-2-3-139

★第十五个八拍

1~2拍：左腿前吸腿，同时两臂由下经体侧至上摆，右手握纱巾一端在上摆最高点时交换给左手（图4-2-3-140）。

3~4拍：左腿还原，两腿屈膝，同时两臂由上经体侧至胸前交叉（图4-2-3-141）。

图4-2-3-140　　图4-2-3-141

5~8拍：与第1~4拍动作相同，但方向相反。

★第十六个八拍

1~4拍：右脚向右后侧迈步，同时右手握纱巾一端做华尔兹舞步两次（图4-2-3-142至图4-2-3-145）。

图4-2-3-142　　图4-2-3-143

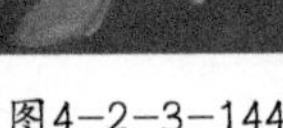

图4-2-3-144　　图4-2-3-145

5~6拍：两腿并立，八字脚，右手将纱巾在体前横向抛出（图4-2-3-146）。

7~8拍：两手握纱巾宽边向上摆动，纱巾在体后展开（图4-2-3-147）。

图4-2-3-146　　图4-2-3-147

★第十七个八拍至第二十个八拍

第十七个八拍至第二十个八拍与第十三个八拍至第十六个八拍动作相同，但方向相反。

※第三段

★第二十一个八拍

1~4拍：身体向右转90°，先左后右前吸腿走四拍，同时右臂由侧经上摆至前举，右手手背贴于身体左侧（图4-2-3-148）。

5~6拍：两腿屈膝，同时左臂由前经下至后上举，抬头（图4-2-3-149）。

7~8拍：两腿屈膝，同时左臂还原至前举，低头含胸（图4-2-3-150）。

图4-2-3-148

图4-2-3-149

图4-2-3-150

第二十二个八拍

1~2拍：左脚向后点地，右腿屈膝，同时左臂由前经下至后上举，重心在右腿（图4-2-3-151）。

3~4拍：右脚还原，两腿屈膝，同时左臂还原至前举，低头。

5~6拍：左臂由下向后绕环至体前时，两腿屈膝（图4-2-3-152至图4-2-3-154）。

图4-2-3-151

图4-2-3-152

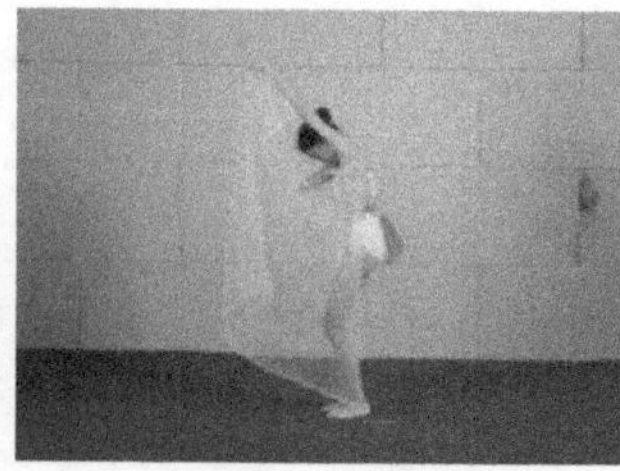

图4-2-3-153

图4-2-3-154

7~8拍：身体向左转180°，同时右臂经上摆至前举，左手手背贴于身体右侧。

★第二十三个八拍

第二十三个八拍与第二十二个八拍动作相同，但方向相反。

★第二十四个八拍

1~2拍：左腿前吸，同时两臂由下至上举，甩动纱巾，抬头（图4-2-3-155）。

3~4拍：左腿还原，两腿微屈，同时两臂下摆，低头含胸（图4-2-3-156）。

5~6拍：两脚立踵，同时两臂上摆抛出纱巾（图4-2-3-157）。

图4-2-3-155

图4-2-3-156

图4-2-3-157

7~8拍：两脚小碎步，同时两手握纱巾宽边，向1点方位跑动。

★第二十五个八拍

1~4拍：两腿屈膝，纱巾在右侧做绕五花，纱巾在体后展开（图4-2-3-158至图4-2-3-160）。

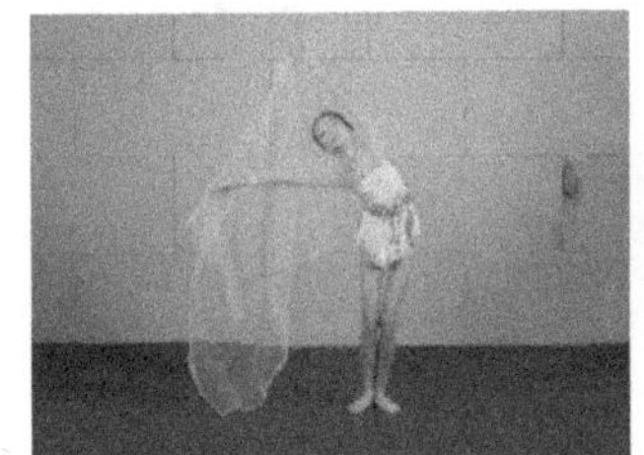
图4-2-3-158

图4-2-3-159

图4-2-3-160

5~6拍：左脚脚尖向左侧点地，右腿屈膝，同时两臂由下经体侧至上举，两手手背相对，重心在右腿（图4-2-3-161）。

7~8拍：两臂向左前摆动将纱巾摆于体前，重心移至左腿（图4-2-3-162）。

图4-2-3-161

图4-2-3-162

★第二十六个八拍

1~2拍：与第二十三个八拍1~2拍动作相同，但方向相反。

3~8拍：向左转体180°，与第二十三个八拍3~8拍动作相同，但方向相反。

★第二十七个八拍

第二十七个八拍与第二十四个八拍动作相同，但方向相反。

★第二十八个八拍

1~6拍：两脚原地小碎步向右转体180°，同时先左臂向下，右臂向上做手臂波浪3次，纱巾在体后展开（图4-2-3-163）。

图4-2-3-163

7~8拍：两腿并立，两臂侧上举。

★第二十九个八拍：结束动作

1~4拍：右脚向左前方上步，左脚脚尖点地，同时右臂由上经侧做一次绕环，（图4-2-3-164）。

5~8拍：左脚向右前方上步，同时左臂由侧经下摆动至左手搭肩，右手背后（图4-2-3-165、图4-2-3-166）。

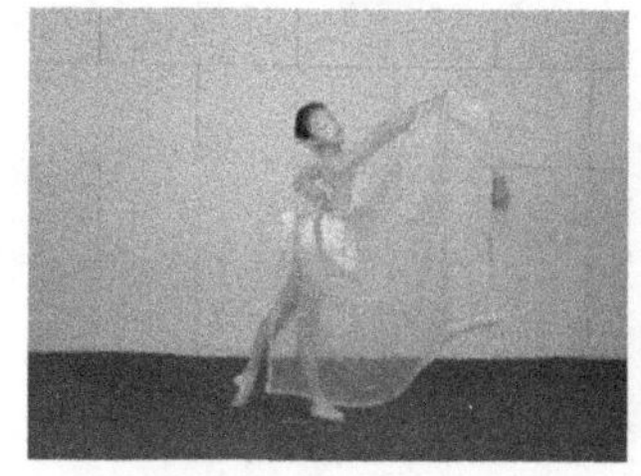

图4-2-3-164

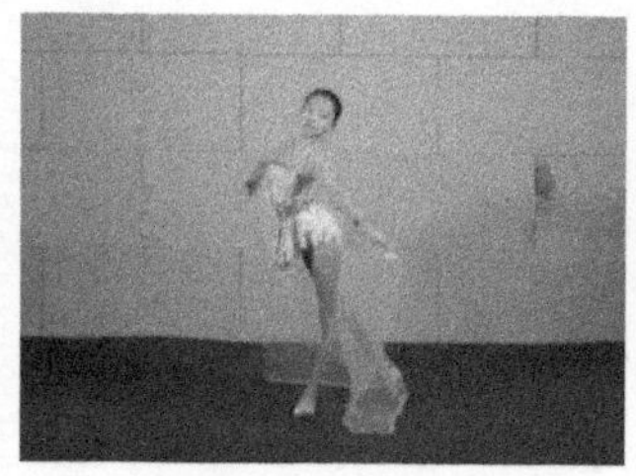

图4-2-3-165

图4-2-3-166

★练习提示

① 在持纱巾做摆动练习时，要防止耸肩、屈臂、肩部紧张和手持纱巾太放松，尽量使纱巾和手臂在一条直线上。

② 在持纱巾练习绕环时要求手指尖走最远路线，肩部放松，两臂稍加控制，注意动作幅度。先原地练习两臂绕环动作，再结合成套中步伐的移动进行练习。

③ 在持纱巾练习绕五花时要注意两手腕分开过大，五花动作不对称、不均匀、纱巾没有飘逸感，动作不连贯，所以先分解练习单手上下小绕环，再双手慢动作进行五花练习，最后再持纱巾结合身体波浪进行完整练习。

④ 先练习成套中的单个动作，熟练掌握后，注意每个动作之间的衔接动作。

⑤ 分段进行配音乐练习，最后配音乐进行完整练习。

第五章 校园快乐艺术体操成套动作创编方法

校园快乐艺术体操的创编在艺术体操教学中具有重要的意义。在艺术体操教学中，不仅要教会学生基本的身体动作和器械动作，对于具有一定训练基础的小学高年级学生，还应有目的地培养其基本的创编能力，提高学习兴趣和教学质量。此外，小学生好奇心强，求新求异的心理浓厚，需要教师不断推陈出新，创编适合儿童身心发展的各种组合或成套动作，以满足不同年级学生的学习和锻炼需求。

第一节　成套动作创编的基本原则

一、注重基础性

艺术体操的基本功和基本动作训练是小学艺术体操教学的起点和重点，身体基本动作和器械基本动作是创编组合与成套动作的基础。因此，创编小学艺术体操组合或成套动作需从最基础的动作开始，其动作数量、动作难易程度等应根据基本技术的发展规律和不同年级学生动作的发展特点逐渐递进。

例如：按照身体动作技术难易程度递进的特点，从简单的站立（立踵）、手位、摆绕、波浪以及脚位、擦地、踢腿和基本步伐开始，逐渐结合转体（双脚立转90°、180°、360°，过渡到单脚转体90°、180°、360°）、平衡、各种小跳等身体动作，创编简单易学的徒手组合或成套动作。

在学生初步掌握了身体基本动作的基础上，再结合不同器械的基本动作（包括不同的持器械方法、停法）设计创编不同器械的组合或成套动作。首先，在器械的选择上，低年级的小学生宜选择球、圈和纱巾等较易控制的轻器械；其次，在动作的设计上，组合或成套动作的设计应从最基础的双手持球、拍球、地上滚动球、抛接球（或抱球）开始，逐渐过渡到单手持球、抛接球、身上滚动球等基本动作。此外，音乐宜选择节奏清晰欢快、强弱分明，旋律简单易懂的儿童乐曲。

二、要有科学性

小学艺术体操动作创编的科学性，首先体现在创编的组合或成套动作应符合儿童的年龄特征，根据不同年级学生的生长发育特征、体能和动作发展水平，针对艺术体操技术发展规律以及场地、器材条件，合理安排每一套动作的运动负荷。

首先，小学阶段是神经系统、柔韧和灵敏素质发展的敏感期，各器官系统尚未发育完善。创编组合或成套动作时，宜设计简单的，体现柔韧、灵巧、平衡以及不同空间和方位变化的身体或器械的基本动作，适合学生身心发展特点，有目的地发展学生的柔韧、灵敏素质以及方位感、协调性和平衡能力。

其次，动作创编的科学性还体现在运动负荷的合理安排。艺术体操运动负荷是指学生在完成一套组合或套路动作时，身体所承受的生理负荷量，它由套路动作的总时间、动作数量、强度（心率）、动作的难易度、速度（节奏）、幅度以及器械重量等因素确定。如一套小学低年级的艺术体操成套动作时间一般为1分至1分10秒，动作速度较慢，并可左右对称设计动作，动作速度一般为每6~8秒做8拍动作；高年级成套动作的时间则可增加为1分15秒至1分30秒，且动作速度稍快，可增加为每4~6秒做8拍动作。

三、体现艺术特性

艺术体操，顾名思义是一项体育与艺术相结合的女子体育运动项目。风格各异的音乐、优美的形体、舒展的身体动作以及绚丽多变的轻器械是它的关键词。

一套艺术体操动作的艺术性体现在多方面。首先，体现在身体姿态、音乐的节奏和旋律方面。音乐的选配应是儿童熟悉的，节奏明快、旋律轻松活泼的乐曲、歌曲或童谣，与动作和谐一致。其次，体现在身体动作的韵律感、灵巧性、表现力，动作之间巧妙的转换衔接，集体动作的队形变化、协作等方面；同时，器械的空间变化、器械的流动、造型、敲击声以及器械的形状、色彩等等也是艺术性的一种体现。如球操的创编，可根据小球可以转动、滚动、拍/击、反弹、抛接等特性动作，结合不同的身体姿势和基本动作，通过身体动作与球的协调运动，使整套操不仅具有锻炼价值，同时也更具趣味性和观赏性，从而体现出它的艺术特性。

四、突出各项器械的特性

手持轻器械完成一系列身体动作，是艺术体操的主要特征。艺术体操轻器械包括球、圈、绳、火棒、彩带、纱巾、旗等。由于各种器械的形状、重量、材质不同，形成了各自不同风格和特点的器械动作。例如：球为圆形，橡胶制成，具有滚动、反弹等特性，因此，创编一套球操，首先要设计各种不同形式的拍球、抛接球、滚动球等基本动作，以及手持球做平衡、翻转、绕环、绕“8”字等动作。

圈操和绳操是小学喜闻乐见的运动项目，在小学课内外体育活动中奠定了良好的基础。创编圈操，可利用圈为圆形、空心等器械特征，设计丰富多样的滚动、转动（手上或身上不同部位）、从圈中钻过或跳过等童趣动作。创编绳操，则可设计各种不同形式的、有节奏的过绳小跳以及绳的摆动、转动、缠绕制动等花样动作，增添成套动作的趣味性和健身实效性。

第二节　成套动作创编的基本要素

设计和创编小学艺术体操成套动作时需考虑到以下5个基本要素，即动作要素、时间要素、空间要素、衔接转换要素、音乐要素，并按一定的规律和顺序在基本动作的基础上进行拓展、串联和创新，最后形成一套完整的动作套路。

一、动作要素

动作要素是艺术体操成套动作创编的主体，包括身体动作要素和器械动作要素。创编徒手体操只考虑身体动作要素；创编轻器械套路动作，在考虑身体动作的基础上，侧重考虑器械动作。艺术体操项目自身具有一套完善的动作内容体系，教师应在全面了解艺术体操动作内容体系的基础上，根据器械的性能、学生的年龄特点、动作发展水平等实际进行套路动作的设计和创编。

艺术体操身体基本动作（徒手练习）包括基本姿态、举、屈伸、摆动、绕环、波浪、基本步伐与舞步、跳跃、转体、平衡、柔韧、垫上技巧等。持轻器械一般可做不同形式的举、摆动、绕环、绕“8”字动作、转动、抛接等器械基本动作；圆形、有弹性的器械还可以做在地上或在身上的滚动、弹动；各种器械动作可以单手或双手或在身体不同部位完成，可以在不同方向、不同层面和不同节奏完成，还可在原地或移动中或通过两人、多人配合完成。

二、时间要素

时间要素是指一套艺术体操动作的时间长短，动作速度、节奏的快慢以及动作与动作之间的间隔等方面。在小学艺术体操动作套路的教学中，全套动作的时间相对较短，一般控制在1分至1分30秒，动作之间的转换相对较快，动作速度和节奏以慢速、中速为宜。

大课间艺术体操套路动作的时间可增加到3分钟以上，动作相对简单、左右对称、多次重复，同时加上队形变化、两人或多人相互协作配合，同时在动作的转换之间，留有足够的节拍或停顿完成动作转换等，使得套路动作的总时间相对延长。此外，在创编动作时，应考虑到动作速度、音乐速度、节奏的快慢以及节奏的变化等与时间相关的要素。可以在不改变音乐节奏的情况下，两拍一动或半拍一动，放慢动作速度或加快动作速度完成动作，从而起到良好的效果。

三、空间因素

艺术体操成套动作的空间要素，一方面是指身体各部位移动的方位以及身体前后、左右移动而形成的水平空间；另一方面是指人体通过俯卧、跪立、半蹲、站立、跳跃等不同层次变化，或器械在头上方、躯干、下肢或地面运动等而形成的垂直空间层次变化。

创编一套小学艺术体操动作，需考虑到水平空间和垂直空间的多向变化。一般通过改变动作方向、移动路线、体位等方式来拓展新动作。以简单的踢腿动作为例：（1）改变动作的方向，可向前、向侧、向后踢腿。（2）改变移动的路线，可沿直线行进间踢腿，可围绕圆圈行进间踢腿等。（3）改变体位，可站立踢腿、跪撑踢腿、仰卧踢腿等。以水平转动圈为例，手上举转动圈、腰部转动圈、脚踝转动圈，形成了不同空间层次的变化效果。

四、衔接转换要素

每一套艺术体操动作是由无数个单个动作相接构成。每个单个动作之间，需通过合理的衔接或过渡，才能形成一套流畅的套路动作。因此，在创编小学艺术体操动作时，需考虑到动作之间的衔接转换要素，明确和规范每一个动作的结束姿势，使之能顺利地向下一个动作过渡。

在一套完整的艺术体操成套动作中，上一个动作的结束姿势就是下一个动作的开始姿势。只有做好了结束姿势，才能顺利地完成动作之间的转换，完成成套练习。尤其是低年级学生在做体操时，身体的方位感、协调性以及音乐配合能力等相对较差，设计和编排体操时，将动作与动作之间的衔接动作合理化、简单化，更有利于学生的学习和掌握。

五、乐曲要素

选择合适的音乐或歌曲是创编小学艺术体操不可缺少的一个重要因素。音乐优美的旋律、明快的节奏能激发儿童大脑皮层的兴奋性，使之情绪活跃起来，从而调动起做操的积极性。

小学艺术体操乐曲的选配，首先要符合学生的情绪、情感和认知特点。尤其对于低年级的小学生，宜选择儿童熟知的流行歌曲、钢琴曲、铃鼓等伴奏；尽量避免复杂的、旋律起伏大、节奏过快的成人乐曲。此外，艺术体操乐曲的选配要符合器械特点。如小球体操，因小球能抛接、滚动、弹动、拍击等，应选择节奏清晰、优美，带有滑音或悦动感的音乐。在有条件的情况下，可按照成套动作的时长、器械特点和创意，对某一现成的音乐进行剪接或添加动效等，使动作和音乐和谐统一。

第三节　成套动作创编的基本步骤

一、确定目的，搜集素材

这是创编艺术体操前需做的准备工作。首先，要明确创编的目的和任务，确定所要创编的套路动作是艺术体操教学用还是大课间锻炼或表演用，或兼而有之。其次，确定练习对象。根据不同年级学生的身体发展特点、运动基础和能力来设计动作。最后，了解场地、器材情况。在确定目的和了解学校实际情况的基础上，有针对性地搜集相关的音乐、儿歌和动作等创编素材。素材的来源主要为艺术体操相关的教材、书籍、视频、微信、专家咨询、小学体育活动的观察实践等。

二、制订创编方案

（一）确定项目

小学艺术体操的成套动作丰富多样，包括身体基本动作的徒手操，不同器械的绳操、圈操、球操、棒操、带操、纱巾操等套路动作。选用哪一项器械动作进行创编，需根据不同年级学生的年龄特点和场地、器材情况而定。如小学1~2年级，宜选择小球器械，进行球操套路动作的创编。绳操、棒操相对于1~2年级的小学生较难掌握，一般在3年级以上采用。

（二）确定套路动作的风格

项目确定后，需根据器械特性以及编操目的，确定整套操是活泼欢快，还是舒展柔和，抑或是俏皮可爱等风格。如纱巾操，适合3年级以上学生练习。因纱巾具有轻盈飘逸、色彩艳丽等特性，编操时可通过一些蹲起、摆动和跑动等动作，使整套体操体现出上下起伏、流动舒展的风格；又如小球体操，适合低年级学生应用，可利用小球为圆形、具有弹性等器械特征，创编多种形式的滚动、抛接和拍球、击球等动作，以体现出小球操欢快、活泼，具有跳动感的风格。

（三）确定套路动作的时间

确定艺术体操套路动作的时间和动作速度是创编小学艺术体操需注意的一个

重要方面。因为一套艺术体操的总时间和动作速度代表着该操的强度和难度。一套艺术体操如果时间过长或动作速度过快，学生在单位时间里完成的动作总量就大，难度和运动负荷相对也高。因此，创编小学艺术体操需合理确定每套操的总时间、每套操的长度、动作速度等。一般情况下，小学1~3年级成套动作的时间为1分至1分10秒，4~6年级成套动作的时间为1分15秒至1分30秒，一般表演艺术体操或课间艺术体操在3分钟以上。

（四）确定套路动作的主体内容、顺序和结构

每套艺术体操的主体内容，根据身体基本动作、器械基本动作及其变化形式来确定。对于丰富多样的基本动作，先做什么、后做什么，用什么样的形式完成等，需要根据艺术体操套路动作的创编规律合理设计。一套艺术体操成套动作结构包括开始部分（基本站立姿态或动作造型）、基本部分和结束部分，三个部分缺一不可。

（五）确定音乐或歌曲

在有了上述基本构架以后，主要根据动作风格选配或剪辑合适的乐曲。在选配音乐的过程中，为了使动作与音乐的节奏和旋律相吻合，还要不断地对动作方案进行适当的调整和补充。

三、设计和创编动作

根据上述套路动作的创编方案，开始设计每一节（段）体操的具体动作，并随时将每一节或每一段动作的做法、节拍数等用速记的方式或用手机拍摄成视频的方式记录下来。

四、进行试做、修改

一套操编好以后，要让适龄的学生进行试练习，观察所编排的套路动作是否符合儿童动作和身体素质特点，观察学生的身体动作、器械动作、动作之间的衔接、音乐配合以及运动负荷等各个方面的情况如何。如发现动作偏难，或动作转换模糊，或节奏较快，或音乐较为复杂等编排问题，应及时修改。此外，为了创编一套较为新颖好看的艺术体操成套动作，一般需经过多次不同程度的、反复的

“修改—试做—再修改”，最后形成一套较完善的体操动作。

五、进行润色和提升

创编一套新颖、独特的艺术体操成套动作，在经过初创、试做、修改的基础上，还需经过进一步的完善和润色。

（1）可通过编排简单的弹动动作、蹦跳和转体动作，以增添体操动作的趣味性、灵动感和表现力。

（2）巧妙应用“发声”的动作。在艺术体操动作创编中，声源主要来自乐曲、口令、节拍、哼唱儿歌以及器械的撞击声和身体不同部位的拍击声等。各种不同特色的“发声”效果，可增加动作的力度、振奋精神、活跃气氛。

（3）在套路动作的创编中，可适当编排形式多样的队形变化、“协作”配合动作以及 “造型”等集体动作。如双人或三人击掌、牵手或挽臂跑跳，器械交换，身体或器械动作造型，队形由两路纵队变一路纵队或变为圆形、弧形等。通过配合性动作和队形变化，能有效培养学生团结协作的意识，同时也丰富了动作的完成形式，提高学生的练习兴趣。

（4）一套操可选择两首甚至三首乐曲。一套操的动作不变，但音乐变换，学生做起来同样具有新鲜感。

六、套路动作的记录与存留

动作创编完成后，为了保存好动作套路，一方面通过动作套路记录的方式，将套路动作记录下来。更为便捷的方法即用手机拍摄下来，不仅使创编成果得到存留，同时通过微信平台进行更广泛地交流（表2）。

表2 艺术体操套路创编记录表

项目：　套路时长：　节拍总数：　动作速度：　拍/10秒

套路结构	身体基本动作	器械基本动作
开始部分		
基本部分		
结束部分		
乐曲名称		

第六章
校园快乐艺术体操教学与指导方法

第一节　校园快乐艺术体操的教学方法

一、示范法与讲解法

小学体育教学既要贯彻当今社会发展对儿童身心发展所提出的要求，又要充分体现小学体育活动的趣味性、健身性和安全性。因此，在体育教学中需依据儿童生长发育特点和身心发展规律，合理应用体育教学的示范法与讲解法、分解法与完整法、帮助法与保护法、游戏法与竞赛法等教学与指导方法，因材施教，保证教学效果和质量。

（一）示范法

示范法是艺术体操教学中的一个重要方法。示范法使学生形象直观地了解所要学习的身体动作和器械动作的概貌、技术结构、动作要领和规范，帮助学生建立正确的动作表象。在小学艺术体操教学活动中，示范法的应用需注意以下几个方面。

（1）示范应目的明确、重点突出。在小学艺术体操教学中，首先要明确教会学生什么？示范的重点在身体动作和器械动作的技术要领、关键环节，身体动作与器械动作分别示范。避免盲目地长段示范或“表演性”示范。

（2）动作示范要正确、规范，具有表现力。示范时要按照动作技术要领、顺序和要求来完成，示范力求熟练、优美，具有启发性和表现力，使学生建立完整、直观的动作表象，正确掌握动作要领，激发学习的兴趣。

（3）动作示范应采取合理的示范位置、示范面和方向。在小学艺术体操教学活动中，教师示范的位置和方向应根据学生的人数、队形、器械技术、观察部位以及场地情况和安全要求等因素综合考虑。示范面主要采用背面示范、侧面示范，在学生熟练掌握动作的情况下，可采用镜面示范。此外，调整好示范视线，选择合适的距离进行示范。一般学生视线与动作示范面越接近垂直越有利于观察、看清楚动作。如学生人数多或成弧形或分散站立时，则应站在稍离学生远一些的位置示范。如果在室外进行教学，教师应面向太阳或迎风站位示范，避免学生面向太阳或迎风而影响观察效果。总之，动作示范应重点突出，以学生能看清教师的示范为准，且动作示范要与讲解有机结合。

（二）讲解法

讲解法是教师在艺术体操教学活动中，通过简明、生动的口头语言，向学生传授艺术体操的基础知识、动作要领、练习方法等的一种教学指导方法。在小学艺术体操教学活动中，讲解法的应用需注意以下几个方面。

（1）讲解应目的明确、条理清晰、技术要领正确。体育教师要根据教学内容、任务以及学生的实际水平，明确一节课中“讲什么”“怎样讲”，做到心中有数，有的放矢。此外，讲解符合儿童的接受与理解程度，讲解时结合动作示范，正确讲解动作的要领、完成方法，提示易犯错误和注意事项。讲解时应注意语言的准确性和术语的规范性。

（2）讲解生动形象、通俗易懂、重点突出。尤其对于低年级的小学生，简明扼要、生动形象的语言，不仅可简化较复杂的技术和练习，同时可激发学生的练习兴趣。如在学校艺术体操教学活动中，常以学生熟悉的事物作为比喻进行讲解，如抛器械的弧形可形容像“彩虹”一样，一些轻巧的小跳如“猫跳”“羚羊跳”等等。

（3）精讲多练。在小学艺术体操教学中，切忌“多讲少练”。直观形象的动作示范结合生动简练的讲解，适合小学生的认知特点和模仿特点。因此，教师在教学中避免讲得过多、过细，应更多地让学生进行模仿性练习。讲解和语言提示的重点为动作方向、动作部位、动作要领、表情等细节，保证良好的讲解效果。

（4）讲解与示范相结合。在艺术体操教学中利用讲解法时，注意抓住讲解的时机，动作的关键环节，与示范有机结合。一般先示范、后讲解，或做动作示范的同时结合简单的讲解。讲解时可结合简单的艺术体操术语进行讲解，如身体波浪、小跨跳、单脚或双脚过绳小跳、“8”字绕环等，系统地建立艺术体操的基本知识、技术和技能。

二、分解法与完整法

（一）分解法

分解法是小学艺术体操教学中最常用的教法之一，主要用于较复杂的动作、纠正错误动作和提高动作质量。手持器械器进行各种身体动作的练习，相对于小学生有一定难度。采用分解教学法，利于抓住动作重点、难点，简化动作，降低学习难度，帮助学生掌握动作要领，增强掌握动作的信心，提高学习效率。如：过绳小跳动作，利用分解法，先教授有节奏地双脚跳，再讲解向前的摇绳动作，最后进行“过绳小跳”的完整教学和练习。

（二）完整法

完整法是指对单个动作不分部分地进行教学，一般用于比较简单或结构严谨、较难分解的动作。如平衡动作、转体90度动作、转动圈动作、地上滚动球动作等，可直接采用完整法教学，效果更好。这种教学方法不会破坏动作结构，易于建立完整的动作概念。

（三）教学要领

分解与完整教学法不是孤立、固定不变的，在教学实践中灵活地交替运用，二者相互补充。分解与完整教学法要领如下。

（1）对于徒手动作，先教授下肢动作，再教授上肢动作，最后完整动作教学。

（2）对于器械动作，先分别教授握器械方法、器械技术、身体动作，最后进行身体动作结合器械动作的完整教学。

（3）注意对器械之间的转换、对停/控器械的方法进行分解教学。

三、帮助法与保护法

小学生对事物有强烈的好奇心，但缺乏学习和生活经验，同时因神经系统和平衡系统发育尚未完善，学生身心的控制能力相对较弱。在小学艺术体操教学活动中，合理运用帮助与保护法尤为重要，可加强学生完成动作的信心，克服不必要的紧张，有利于学生体会动作要领，建立正确的动作概念，预防伤害事故的发生。

保护与帮助的方式、方法多种多样。根据其性质可分为：直接帮助和间接帮助，他人保护与自我保护等。在小学艺术体操教学活动中，以直接帮助和自我保护为主。如学生完成平衡动作时，教师给予适当的扶持和帮助；在抛/接硬器械时注意自我保护的技巧。总之，教师在指导学生进行练习时，应根据教学内容、特点与具体动作的结构来确定适宜的站位、手法和脚下移动，选择合适的时机，应用有效的语言、口令、击掌等方式，有效地实施帮助与保护。

第二节　艺术体操教学指导建议

一、重视器械动作的握法、停法和换握方法的教授

手持轻器械完成各种身体练习，是艺术体操项目的特征。在学习的开始阶段，首先应要求学生熟练掌握各项器械的基本握法、停法和换握的要领，尤其对于动作发展较不完善、运动基础薄弱的儿童，这是顺利进行艺术体操练习的前提。

二、强调正确的动作技术要领

艺术体操教学，包括身体基本动作和器械基本动作的教学，因此在艺术体操不同器械的教学中，需分别强调正确的身体技术要领和器械技术的控制要领，即讲到“点上”，帮助学生较快地掌握动作，培养运动认知的习惯和能力。如平衡、转体、跳步动作以及各项器械的抛、接技术等，均有各自不同的技术要领和关键环节。

三、适时采用分解教学法

手持器械器进行各种身体动作的练习，相对于小学生有一定难度。采用分解

教学法是降低学习难度的有效方法之一，可帮助学生清晰、准确地掌握动作。分解教学法一般遵循先下肢、后上肢，先局部、后器械，先原地、后移动变化等规律，并适时对器械之间的转换动作或停/控器械的动作进行分解教学。

四、合理应用想象练习法

学生要熟练地掌握一套艺术体操动作，需要多次重复练习。而学生的体力和上课的时间、空间是有限的。在教学中应用想象练习方法，可弥补其不足。一般在学生基本掌握成套动作的基础上，引导学生按照动作的顺序，想象动作过程，熟练掌握动作。一般随口令或在音乐伴奏下进行想象练习，想象练习时可配合身体的小幅度运动和相应部位的肌肉发力，以加强练习的实效性。想象练习的动作应较简单，时间不宜过长。

五、采用游戏法、竞赛法

游戏法和竞赛法是小学艺术体操教学中常采用的组织方法，符合儿童天性。尤其对于一些较为枯燥的素质练习和轻器械配合练习。通过游戏法和竞赛法，可提高练习的趣味性，激发学生练习兴趣，培养规则意识，增强团结协作和拼搏精神，利于掌握动作技术、增强体能。游戏法主要应用于灵敏、速度等身体素质练习中；竞赛法则应在学生掌握组合或成套动作的基础上应用。

第七章 校园快乐艺术体操教学文件编写范例

艺术体操教学是小学体育课程的一部分，是有目的、有计划、系统的艺术体操教育活动。艺术体操课堂教学包括明确的教学目标、系统的教学内容教材、规范的教学评价以及学时和教学要求等方面。

教师需依据不同年级学生身心发展特点，遵循体育教学规律以及艺术体操运动技能形成的规律，制定适宜的教学大纲、教学进度和教学方案，科学有效地指导学生掌握艺术体操的基本技术、基本技能和基础知识，提高身体素质，提高体质健康水平，完成教学任务。

第一节 艺术体操教学大纲编写范例

艺术体操教学大纲是以纲要的形式，根据体育教学计划中规定的艺术体操教学任务、教学要求和学时数等，而编写的相关内容的范围、深度和顺序的教学指导性文件，是教师进行艺术体操教学的主要依据。教学大纲明确规定了艺术体操教学的任务、教学的内容体系和对教学的基本要求，并规定了教材的范围和所要达到的标准。一般教学大纲由课程性质、教学目标、教学内容以及基本要求、学时分配、考核安排等内容组成。

校园快乐艺术体操教学大纲

【课程类别】体育

【授课对象】小学1~6年级

一、课程简介

快乐艺术体操课程是针对小学1~6年级学生开设的一门体育课程。课程内容主要为艺术体操基本功练习、韵律性身体基本动作和手持球、圈、绳、纱巾等轻器械动作。该课程通过动作示范、讲解，应用游戏、竞赛和展演等组织教法，使学生掌握艺术体操基本技术、技能和健身方法，发展学生的柔韧、灵敏、耐力和力量等身体素质，提高身体的协调和平衡能力，形成良好的形态、大方自信的心理品质和团队意识。小学艺术体操教学强调基础性、趣味性、优美性和体能发展性。

二、教学目标

1. 了解不同身体动作和器械的特性，能够愉快地参与艺术体操练习，喜欢艺术体操运动。

2. 掌握艺术体操身体基本动作和球、绳、圈、纱巾基本技术，能够在音乐配合下完成不同水平的徒手操以及球操、圈操、绳操和纱巾操套路动作。

3. 发展运动的节奏感、方位感和身体协调性，培养良好的身体姿态和表现力。

4. 提高走、跑、跳以及支撑、滚动等基本动作能力，提高柔韧、灵敏、力量和有氧耐力等身体素质，增强体质健康水平。

5. 培养愉快的运动体验以及大方自信的心理品质。

三、教学内容和学时分配

教学内容与学时分配表

分类		教学内容	学时	小计	百分比
基本技术	身体动作	1. 姿态、体位、摆动、绕环、波浪等身体基本动作 2. 足尖步、变换步、华尔兹步等基本步伐和舞步 3. 支撑、平衡、小跳、转体、柔韧等身体基本动作 4. 身体基本动作组合 5. 水平一徒手操（1~2年级） 6. 水平二徒手操（3~4年级）	24	24	12.5%
	器械动作	球： 1. 双手、单手持球方法 2. 持球举、旋转、摆动、绕环、“8”字等基本动作 3. 滚动（地面和身上）、抛/接、反弹、拍球等基本动作 4. 小球基本动作组合 5. 水平一球操	24	96	50%
		圈： 1. 不同形式的持圈方法 2. 持圈举、摆动、绕环、“8”字等基本动作 3. 滚动（地面、身上）、转动（不同轴）、抛接、从圈中穿过等基本动作 4. 圈基本动作组合 5. 水平二圈操	24		
		绳： 1. 不同形式的持绳方法 2. 持绳举、摆动、绕环、“8”字、缠身等基本动作 3. 过绳跳、抛接等基本动作 4. 绳基本动作组合 5. 水平三绳操	24		
		纱巾： 1. 不同形式的持纱巾方法 2. 持纱巾举、摆动、绕环、“8”字、缠身等基本动作 3. 纱巾的抛接、五花等基本动作 4. 纱巾基本动作组合 5. 水平三纱巾操	24		
身体素质		1. 柔韧素质练习 2. 灵敏素质练习 （跑跳游戏、垫上技巧） 3. 力量素质练习	24	24	

续表

<table>
<tr><th colspan="2">分类</th><th>教学内容</th><th>学时</th><th>小计</th><th>百分比</th></tr>
<tr><td>基本技能</td><td>表演和竞赛</td><td>1. 徒手体操
2. 绳操
3. 圈操
4. 球操
5. 纱巾操</td><td>12</td><td>12</td><td>18.75%</td></tr>
<tr><td>基础知识</td><td></td><td>1. 艺术体操概述
2. 艺术体操与轻器械
3. 艺术体操与音乐
4. 艺术体操与比赛</td><td>12</td><td>12</td><td>6.25%</td></tr>
<tr><td colspan="2">考试</td><td>1. 水平一徒手操、球操
2. 水平二徒手操、圈操
3. 水平三纱巾操、绳操
4. 艺术体操专项素质（柔韧、力量等）</td><td>24</td><td>24</td><td>12.5%</td></tr>
<tr><td colspan="2">总计</td><td></td><td>192</td><td>192</td><td>100</td></tr>
<tr><td colspan="2">备注</td><td colspan="4">1. 在教学大纲中，课时数按照每学期16周，每周1学时计算，6年合计12个学期，共计192学时
2. 艺术体操基础知识的讲授，渗透在技术教学实践中。</td></tr>
</table>

（一）身体基本动作

1. 姿态、体位、摆动、绕环、波浪、基本步伐等

（1）节奏韵律组合。

（2）基本站立姿态及其组合。

（3）基本手位、脚位及其组合。

（4）手臂摆动、绕环（两臂依次或同时向同方向摆动、绕环）。

（5）手臂波浪、身体波浪（前波浪、侧波浪、后波浪）及其组合。

（6）足尖步、变换步、华尔兹步等基本步法及其组合。

教学重点：身体姿态的控制要领，动作的节奏感，动作路线方位，手臂波浪、身体波浪、基本步法的动作要领和练习方法。组合动作的练习方法，动作之间的衔接转换环节，动作的表现力。

教学要求：针对儿童认知特点，灵活应用艺术体操基本术语，并以规范、形象的动作示范，结合音乐或游戏活动形式展开教学，调动学生的学习兴趣，在愉快的运动中学习掌握艺术体操的基本动作，能够在音乐伴奏下较正确熟练地完成身体基本动作组合。

2. 小跳、转体、支撑、平衡、滚翻等基本动作

（1）有节奏的双脚和单脚小跳、跑跳及其组合。

（2）双足转体180°、360°，单足转体180°。

（3）俯撑、仰撑、侧撑、跪撑、蹲撑等不同形式的支撑及其组合。

（4）跪撑平衡、巴塞平衡、后举腿平衡、燕式平衡。

（5）前滚翻、侧滚翻、陀螺滚动 侧手翻等滚翻类技巧动作。

教学重点：身体重心的控制，小跳、转体、平衡和滚动的技术要领，动作之间的衔接转换要领。组织教法多样性，调动学生练习兴趣。合理安排运动量与强度。

教学要求：教学以动作示范为主，精讲多练，并注意“循序渐进”，结合丰富多样的辅助练习方法，使学生初步掌握基本的小跳、转体、支撑和平衡等单个动作及其组合动作，提高身体协调能力。

3. 徒手成套动作

（1）水平一徒手操。

（2）水平二徒手操。

教学重点：音乐的配合，成套动作的熟练性和连贯性，段落和小节之间的转换方法及要领，动作的表现力，培养学生愉快的运动体验，大方自信、敢于表现。

教学要求：以动作示范为主、精讲多练，重点（要领、方法、注意事项）突出，遵循儿童的年龄特点和教学实际，鼓励学生进行模仿练习，充分发挥学生的特长和个性，在音乐伴奏下熟练掌握成套动作。

（二）器械基本动作

1. 球

（1）球基本动作：①双手、单手持球方法。②持球举、旋转、摆动、绕环、“8”字等基本动作。③滚动（地面和身上）、抛接、反弹、拍球等基本动作。④小球基本动作组合。

教学重点：调动学生学习兴趣，了解球的特性，熟悉球性。持球、拍球、抛接球和滚动球的技术要领和练习方法。球的传递、交换等配合要领，小球基本动作组合的组织教法。

教学要求：通过体验式教学和游戏活动形式，使学生了解球的特性，喜欢球操活动，掌握正确的持球方法以及球的抛接、拍击和滚动等动作技术要领，能够有节奏地完成不同形式的拍球，定向抛接球以及球在身上和地上的滚动等基本动

作，较熟练掌握小球基本动作组合。

（2）水平一球操

教学重点：注重球的趣味性，球、身体动作、音乐三者简单的体验式练习，两人或多人配合。动作之间和段落之间的衔接，双手抛接球，抛球的角度、方向控制，接球的准确性。有节奏地拍球，身体、地上滚动球的技术和节奏。

教学要求：掌握正确的球的单个动作技术要领，能够在音乐配合下较顺利地完成水平一球操成套动作，并初步具有球操的练习能力和表演能力。

2. 圈

（1）圈基本动作：①不同形式的持圈方法。②持圈举、摆动、绕环、“8”字等基本动作。③在地面和身上滚动、不同轴的转动、抛接、从圈中穿过等基本动作。④圈基本动作组合。

教学重点：调动学生的学习兴趣，熟悉圈的特性，注重转动绕圈、滚动圈、抛/接圈、跳过圈的动作技术要领和练习方法，强调圈面的控制、滚动圈的发力方向、抛圈的发力特点、接圈的部位，跳过圈的节奏以及教学安全等。

教学要求：循序渐进，以示范和模仿练习为主，结合游戏、接力、比赛等组织形式，使学生了解圈的特性，掌握正确的转动绕圈、滚动圈、抛接圈、跳过圈的动作技术要领和练习方法，注意积极引导学生养成不怕苦和痛的精神。

（2）水平二圈操。教学重点：换握圈的方法，动作之间和段落之间的衔接，按规范的圈面、轴和路线完成动作，掌握正确的发力要领，使圈随惯性有节奏地运动，成套练习的量与强度，强调安全纪律。

教学要求：掌握正确的单个动作技术要领，先掌握段落动作，再进行成套动作学习。绕圈、抛/接圈等较难的动作，先徒手体会，再持圈进行小幅度、慢速练习。能够在音乐配合下较熟练地完成水平二圈操动作，并具有一定的表现力和表演展示能力。

3. 绳

（1）绳基本动作：①不同形式的持绳方法。②持绳举、摆动、绕环、“8”字、缠身。③抛接绳。④过绳跳。⑤绳基本动作组合。

教学重点：持绳、过绳小跳、摆绕绳、停绳等动作技术要领和练习方法，强调过绳跳上肢动作与下肢动作协调的配合，抛绳的要领及接绳的位置，单个动作之间的衔接，运动量、强度和难度适宜。

教学要求：循序渐进，逐渐增加跳绳的形式和难度，通过游戏、教学竞赛、表演等教学组织形式，学生在“玩”中掌握绳的基本技术，调动练习积极性，发展耐力、灵敏素质和身体协调性。

（2）水平三绳操。

教学重点：持绳、启动绳和停绳动作要领，动作之间和段落之间的转换，转动绳的面的控制，过绳跳技术要领，成套练习的量与强度，注重运动安全。

教学要求：熟练掌握正确的启动绳、停绳、过绳跳和转动绳等基本动作技术，能够按照音乐的节奏熟练地完成水平三绳操动作，并具有良好的绳操自我锻炼和展示能力。发展有氧耐力、灵敏素质，提高体质健康达标成绩。

4. 纱 巾

（1）纱巾基本动作：①不同形式的持纱巾方法。②左、右及上下摆动，绕五花，绕环，“8”字，身等基本动作。③抛接。④纱巾基本动作组合。

教学重点：不同形式的应用纱巾的练习方法，纱巾摆动、抛/接、五花等基本动作技术要领，强调保持纱巾舒展、飘逸，摆动或抛纱巾时肩背部、手腕带动发力，发力的方向正确，接纱巾时快速准确。纱巾单个基本动作组合注重单个动作之间的衔接。

教学要求：循序渐进，逐渐增加纱巾的形式和难度。通过示范和模仿练习，掌握纱巾的器械特征和发力要领；跟随音乐进行组合练习，培养学生美感和表现力，鼓励学生进行展示。

（2）水平三纱巾操。

教学重点：动作之间和段落之间的转换，动作的熟练性、表现力，纱巾的应用技巧，身体动作幅度和姿态。

教学要求：能够在音乐伴奏下较熟练地完成纱巾操，音乐与动作的和谐一致，具有良好的柔韧性、表现力和展示能力。

（三）身体素质

1. 柔韧素质

（1）下肢柔韧练习：①坐、立位体前屈。②纵叉、横叉。③踢腿。

（2）躯干柔韧练习：①跪坐/站立压肩、转肩、振肩。②跪坐压胸、跪立体后屈。③俯卧结环。④仰卧推起成桥、站立下桥。

教学重点：循序渐进，动作要领，练习量与强度的控制，教师辅助的力度，引导语的表达，保护与帮助方法。

教学要求：通过柔韧素质练习，使学生掌握基本的柔韧练习方法和要领，发展柔韧素质，提高艺术体操动作幅度，发展体质健康达标成绩。

2. 灵敏素质

（1）在音乐伴奏下的节奏步法、重心移动训练。

（2）游戏形式的变向、跑跳练习。

（3）垫上爬行、滚翻、侧手翻等技巧练习。

教学重点：灵敏练习的趣味性，游戏规则，运动量与强度的控制，垫上技巧练习的要领及其正确的保护与帮助方法。

教学要求：通过游戏、教学竞赛、集体协作、音乐伴奏等多样组织形式，发展学生灵敏素质，提高协调性。

3. 力量素质

（1）上肢力量：①掌指屈伸。②跪卧撑。③仰卧撑。

（2）躯干腰腹肌力量、背肌力量：①仰卧起坐。②仰卧举腿。③仰卧两头起。④俯卧抬上体。⑤俯卧后举腿。⑥俯卧两头起。

教学重点：力量练习的多样性、趣味性，运动量与强度的调控，练习后的放松方式。

教学要求：通过音乐伴奏、分组竞赛、变通练习形式等丰富多样的方法，提高学生练习的兴趣、坚持性，有效发展学生的力量素质。注意差生的指导，因材施教、区别对待，以鼓励为主。

（四）基本技能

（1）徒手操或器械操教学比赛。

（2）徒手操或器械操大课间锻炼。

（3）徒手操或器械操文体活动表演。

教学重点：课内外结合，教学比赛、汇报表演的组织和评价方式，成套动作的熟练性。注重全员参与，学生能力培养，发挥优生示范作用，激励相对落后的学生。充分发挥学生的想象力、表现力和创新能力。

教学要求：通过课堂教学成果展示、教学比赛、大课间锻炼等多种形式，提高身体动作和器械动作技术，培养学生组织能力、自我锻炼和表现力，提升自信心和团结协作精神。

（五）基础知识

（1）艺术体操运动。

（2）艺术体操与轻器械。

（3）艺术体操与音乐。

（4）艺术体操与比赛。

教学重点：组织形式、多媒体合理运用。艺术体操基础知识的讲授与技术实践相结合，渗透到平时的体操课程中。课内外相结合、线上线下相结合。

教学要求：结合多媒体照片、视频的展示进行知识讲解，分组进行问答、讨论，使学生较全面了解艺术体操运动，欣赏艺术体操运动之美。

四、教学策略与方法建议

（1）根据不同年级学生特点施教。教学中合理应用游戏法、教学竞赛法、集体协作，选配不同风格和特点的音乐等，有效激发学生学习兴趣，活跃课堂气氛。

（2）教学以动作示范为主，讲解为辅，精讲多练。鼓励学生进行模仿性、体验性练习，适时提示正确的动作要领。

（3）灵活应用分解教学法和分解练习法为主。应用节拍、击掌、音乐、语言提示等方法，帮助学生建立正确的动作概念。

（4）教授身体基本动作、器械基本动作的同时，注重学生柔韧素质、灵敏素质和力量素质的发展。

（5）充分利用信息网络平台，为学生提供多方面的艺术体操学习资料。如基本功练习视频、教学内容视频、国内外艺术体操比赛视频等。

（6）关注体能较弱、运动能力较差，有自卑感的学生，组织学生积极参加校内外艺术体操表演、比赛等交流活动，提高学生的技术水平，培养大方自信的心理品质。

五、考核方式与成绩评定

考核方式主要采取期末考试，结合身体素质或体质健康达标测试以及课外锻炼、表演、比赛情况进行综合评定。成绩的评定包括：期末考试成绩、平时成绩、身体素质成绩、比赛或表演成绩。考核总成绩按百分制，满分为100分。一般情况下，期末技术考核成绩占50%~60%；平时成绩占10%~20%，身体素质成绩占10%~20%，表演或比赛占10%。

（1）期末考核成绩：根据徒手操、轻器械操的完成情况评定成绩。

（2）平时成绩：根据学生的出勤情况、进步度、课外锻炼等实际情况评定成绩。

（3）身体素质成绩：根据身体素质测试或体质健康标准测试结果评定成绩。

（4）表演或比赛成绩：根据学生参加艺术体操表演或参加班级、校级、校外竞赛情况评定成绩。

六、场地器材

（1）使用儿童艺术体操器械。器械规格可参照“儿童艺术体操器械规格表”。

（2）根据学生人数配备足够的器械，保证每名学生一个器械。

（3）教学尽可能安排在室内场地，铺有地毯或地板或塑胶。

（4）满足教学需要的音响设备一套。

（5）配备一定数量的小垫子，每人一块或两人一块。

七、教材与学习资源

（1）《大众艺术体操》，艺术体操编写委员会编写，北京体育大学出版社2014年出版。

（2）《学生艺术体操等级规定动作》（包括音像资料），2016年出版。

（3）音像资料：奥运会、世界杯、世锦赛艺术体操比赛实况，全运会艺术体操比赛实况。

（4）浏览的网站：www.cga.net.cnwww.rg.net.cn。

第二节　艺术体操教学进度编写范例

艺术体操教学进度是根据艺术体操教学大纲和学生实际，系统地将每一个学期的教学内容安排到每一次教学课中。教学大纲集中而有序地体现了每一个学期教学内容的递进关系以及教学时数和周次等信息，是教学大纲的具体体现。该教材以小学一年级的第一、第二学期教学进度为例。

艺术体操教学进度表

一年级第一学期

课程名称：校园快乐艺术体操

授课对象：一年级

授课学时：16学时（1学时/周，40分钟/学时）

周次	教学内容	周次	教学内容
1	1. 介绍本学期教学任务、内容、要求 2. 热身练习：“数字抱团”游戏 3. 柔韧素质练习 （1）肩胸、躯干伸展 （2）立位体前屈、弓步压腿 （3）前踢腿 4. 身体基本动作练习 （1）学习站立、坐立基本姿态 （2）介绍并体验身体重心和节奏概念	9	1. 热身练习：螺旋跑结合摸高击掌 2. 柔韧素质练习 （1）地面前、侧、后踢腿 （2）跪姿下桥 3. 身体基本动作 （1）复习波浪组合 （2）学习足尖步基本步法 （3）复习水平一徒手操第1~13个八拍动作 （4）学习水平一徒手操第14~18个八拍动作 4. 垫上腰腹练习：仰卧起坐（10个×3组）
2	1. 热身练习：队形“螺形”跑 2. 柔韧素质练习 （1）肩胸、躯干伸展 （2）立位体前屈、弓步压腿 （3）前踢腿 3. 身体基本动作练习 （1）复习站立、坐立基本姿态 （2）学习向前、向移侧重心练习 4. 垫上腰腹练习：仰卧起坐（10个×2组）	10	1. 热身练习：四足跑接力游戏 2. 柔韧素质练习 （1）地面扳腿、踢腿练习 （2）跪姿下桥 3. 身体基本动作练习 （1）学习踏跳步基本步法 （2）复习水平一徒手操第1~18个八拍动作 （3）学习水平一徒手操第19~21个八拍 4. 垫上背肌练习：俯卧两头起（20个×2组）

续表

周次	教学内容	周次	教学内容
3	1. 热身练习：队形“螺形”跑 2. 柔韧素质练习 （1）横叉 （2）坐位体前屈 （3）坐位踢腿 3. 身体基本动作练习 （1）复习站立基本姿态、重心移动 （2）学习基本手位组合 4. 垫上平板支撑练习（15~20秒）	11	1. 热身练习：鸭子步过河游戏 2. 柔韧素质练习 （1）纵叉练习 （2）仰卧顶桥 3. 身体基本动作学习 （1）学习变换步基本步法 （2）复习水平一徒手操第14~21个八拍动作 （3）学习水平一徒手操第22~24个八拍动作 4. 垫上背肌练习：俯卧两头起（20个×2组）
4	1. 热身练习：队形“8”字跑 2. 柔韧素质练习 （1）坐位体前屈、踢腿 （2）横叉 （3）俯卧体后屈 3. 身体基本动作练习 （1）复习手位组合 （2）学习手臂摆动、绕环和波浪动作 4. 垫上平板支撑练习（20~25秒）	12	1. 热身比赛：横叉接龙 2. 柔韧素质练习 （1）纵叉练习 （2）仰卧顶桥 3. 身体基本动作学习 （1）学习巴塞平衡动作 （2）复习水平一徒手操第14~24个八拍动作 （3）学习水平一徒手操第25~32个八拍动作 4. 斜面支撑手倒立（5秒×2组）
5	1. 热身练习：队形“8”字跑 2. 柔韧素质练习 （1）横叉 （2）俯卧体后屈结环 3. 身体基本动作学习 （1）复习手臂波浪组合 （2）学习八字、丁字基本脚位 （3）学习水平一徒手操第1~4个八拍动作 4. 垫上平板支撑练习（25~30秒）	13	1. 热身比赛：火车钻山洞（仰卧顶桥，依次从“桥”下钻爬过去） 2. 柔韧素质练习 （1）纵叉侧滚 （2）站立踢腿 3. 身体基本动作学习 （1）学习双足转体90°、180°基本动作 （2）复习水平一徒手操成套动作 4. 斜面支撑手倒立（5秒×2组）
6	1. 热身练习：横叉接龙 2. 柔韧素质练习 （1）坐位侧踢腿 （2）俯卧体后屈结环 3. 身体基本动作学习 （1）学习身体波浪 （2）学习地面举腿、腿屈伸、勾绷脚 （3）复习水平一徒手操第1~4个八拍动作 （4）学习水平一徒手操第5~8八拍动作 4. 支撑移动练习（5米/次，3次）	14	1. 热身比赛：火车钻山洞（仰卧顶桥，依次从“桥”下钻爬过去） 2. 柔韧素质练习 （1）纵叉侧滚 （2）站立踢腿 3. 身体基本动作学习 （1）复习平衡、小跳、转体、波浪基本动作 （2）复习水平一徒手操成套动作 （3）成套动作展示表演与展示 （4）学习艺术体操基本知识 4. 斜面支撑手倒立（10秒×2组）

续表

周次	教学内容	周次	教学内容
7	1. 热身练习：鸭子步、纵跳摸高 2. 柔韧素质练习 （1）地面前、侧、后踢腿 （2）跪姿下桥 3. 身体基本动作学习 （1）复习地面举腿、屈伸腿、勾绷脚动作 （2）复习波浪组合 （3）复习水平一徒手操第1~8个八拍动作 （4）学习水平一徒手操第9~13个八拍动作 4. 仰卧举腿练习（10次/组×3组）	15	1. 复习水平一徒手操成套动作 2. 学习艺术体操基本知识 3. 身体素质考核
8	机动 学习艺术体操基础知识	16	1. 水平一徒手操技术考试 2. 教学小结
	备注：1. 每节课均有放松部分，在教学进度中不再重复 2. 水平一徒手操动作说明和技术要领，见本教材第三章第二节		

艺术体操教学进度表

一年级第二学期

课程名称：艺术体操

授课对象：一年级

授课学时：16学时（1学时/周，40分钟/学时）

周次	教学内容	周次	教学内容
1	1. 介绍本学期教学任务、内容、要求 2. 热身游戏：极限挑战 3. 柔韧素质练习 （1）横叉、纵叉练习 （2）双人压肩练习 4. 器械基本技术练习 （1）介绍球的特性 （2）熟悉球性练习 （2）学习双手、单手持球方法	9	1. 热身游戏：夹球蹦跳 2. 柔韧素质练习 （1）纵叉体后屈 （2）站立踢腿 3. 器械基本技术练习 （1）复习双手抛球、接（抱）球动作 （2）复习快乐球操第1~4个八拍动作 （3）学习快乐球操第5~8八拍 4. 平板支撑练习：仰平板支撑、侧平板支撑、俯平板支撑
2	1. 热身比赛：横叉或纵叉接龙 2. 柔韧素质练习 （1）横叉、纵叉练习 （2）跪坐压肩、压脚背 （3）俯卧体后屈结环 3. 器械基本技术练习 （1）复习双手、单手持球 （2）学习单手、双手持球举、摆动动作 4. 腹肌练习：仰卧举腿（10~15次/组×2组）	10	1. 热身游戏：夹球蹦跳 2. 柔韧素质练习 （1）行进间踢腿 （2）下桥 3. 器械基本技术练习 （1）复习快乐球操第1~8个八拍动作 （2）学习胸前滚动球、大腿弹球练习 （3）学习快乐球操第9~12个八拍动作 4. 乌龙绞柱成半劈腿坐立
3	1. 热身游戏：横叉或纵叉接龙 2. 柔韧素质练习 （1）纵叉侧滚动练习 （2）压脚背 （3）俯卧体后屈结环 3. 器械基本技术练习 （1）复习双手、单手持球、举、摆动动作 （2）学习两臂滚球、地滚球 （3）学习快乐球操第1个八拍动作 4. 腹肌练习：仰卧举腿（15~20次/组×2组）	11	1. 热身比赛：两人互抛接球 2. 柔韧素质练习 （1）行进间踢腿 （2）下桥 3. 器械基本技术 （1）复习快乐球操第1~12个八拍动作 （2）学习快乐球操第13~16个八拍动作。 4. 乌龙绞柱成半劈腿坐立

续表

周次	教学内容	周次	教学内容
4	1. 热身比赛：双手持球接力 2. 柔韧素质练习 （1）纵叉侧滚动练习 （2）压脚背 （3）俯卧体后屈结环 3. 器械基本技术练习 （1）复习两臂滚球、地滚球 （2）学习背滚球 （3）复习快乐球操第1个八拍动作 4. 背肌练习：俯卧抬上体（15~20次/组×2组）	12	1. 热身比赛：两人互抛/接球 2. 柔韧素质练习 （1）行进间踢腿 （2）下桥 3. 器械基本技术学习 （1）学习胸前搓球、两腿滚球 （2）复习快乐球操第1~16个八拍动作。 （3）学习快乐球操第17个八拍 4. 斜面倒立支撑（5~10秒×2组）
5	1. 热身游戏：双手持球接力 2. 柔韧素质练习 （1）纵叉侧滚动练习 （2）仰卧推起成桥 3. 器械基本技术学习 （1）复习背滚球 （2）复习快乐球操第1个八拍 （3）学习快乐球操第2个八拍 4. 背肌练习：俯卧抬上体（20~25次/组×2组）	13	1. 热身比赛：小球钻山洞 （下桥，球从“桥”下穿过） 2. 器械基本技术学习 （1）复习快乐球操重点动作 （2）复习球操成套动作 4. 斜面倒立支撑（10~15秒×2组）
6	1. 热身游戏：地面滚球接力 2. 柔韧素质练习 （1）站立踢腿 （2）仰卧推起成桥 3. 器械基本技术学习 （1）学习双手、单手拍球 （2）复习快乐球操第1~2个八拍动作 （3）学习快乐球操第3~4个八拍动作 4. 平板支撑练习：仰卧支撑、俯卧支撑	14	1. 热身比赛：小球钻山洞 （下桥，球从“桥”下穿过） 2. 器械基本技术、知识 （1）复习快乐球操成套动作 （2）发展表演与展示 （3）学习艺术体操基本知识 4. 斜面倒立支撑（10~15秒×2组）
7	1. 热身游戏：地面滚球接力 2. 柔韧素质练习 （1）纵叉体后屈 （2）站立踢腿 3. 器械基本技术学习 （1）复习双手、单手拍球 （2）复习快乐球操第1~4个八拍动作 （3）学习双手抛球、接（抱）球动作 4. 平板支撑练习：仰平板支撑、侧平板支撑、俯平板支撑	15	1. 复习快乐球场成套动作 2. 学习艺术体操基础知识 3. 身体素质考核
8	机动 艺术体操基础知识	16	1. 快乐球操技术考核 2. 教学总结
	备注：1. 每节课均有放松部分，在教学进度中不再重复 2. 快乐球操动作说明，见本教材第四章第二节		